Jonas Grünanger

Social
Bettwork

Jonas Grünanger

Social Bettwork

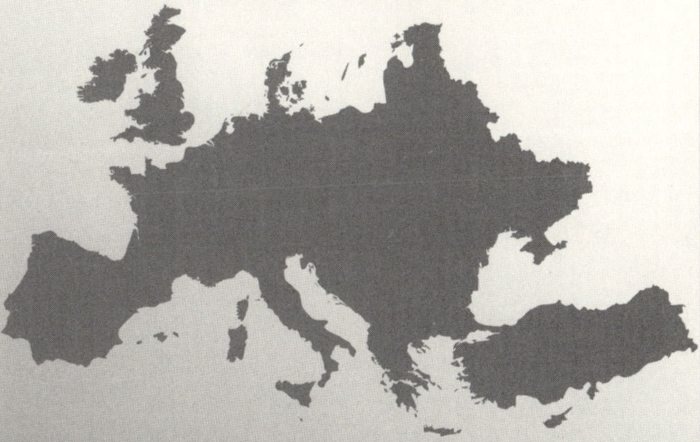

Mein Dating-Marathon mit **Tinder** und Co. durch Deutschland und Europa

Bibliografische Information der Deutschen Nationalbibliothek
Die Deutsche Nationalbibliothek verzeichnet diese Publikation in der Deutschen Nationalbibliografie; detaillierte bibliografische Daten sind im Internet über http://d-nb.de abrufbar.

Für Fragen und Anregungen:
info@rivaverlag.de

1. Auflage 2015

© 2015 by riva Verlag, ein Imprint der Münchner Verlagsgruppe GmbH
Nymphenburger Straße 86
D-80636 München
Tel.: 089 651285-0
Fax: 089 652096

Redaktion: Petra Holzmann
Umschlaggestaltung: Kristin Hoffmann
Umschlagabbildung: unter Verwendung von iStockphoto
Abbildungen Innenteil: Katrin Cremer, in Zusammenarbeit mit Kai Bergold und Gordon Märzke, unter Verwendung von Fotolia
Satz: Daniel Förster, Belgern
Druck: CPI books GmbH, Leck
Printed in Germany

ISBN Print 978-3-86883-699-8
ISBN E-Book (PDF) 978-3-86413-949-9
ISBN E-Book (EPUB, Mobi) 978-3-86413-950-5

Weitere Informationen zum Verlag finden Sie unter

www.rivaverlag.de

Beachten Sie auch unsere weiteren Verlage unter:
www.muenchner-verlagsgruppe.de

Inhalt

Vorwort

Es regnet in Strömen als ich im norwegischen Bergen lande.

Ich soll über einen UFO-Kongress berichten. Unter den Gästen sind sogar eine Frau, die behauptet, von der Venus zu kommen, und ein Mann, der angeblich auf Alpha Ceti geboren wurde. Der größte anzunehmende Wahnsinn trifft hier geballt aufeinander. Und ich bin mittendrin. Ich habe noch eine Nacht, bevor es losgeht. Mein Kameramann kommt erst am nächsten Morgen. Sonst kenne ich niemanden in Bergen. Aber das lässt sich ändern – ich hab ja Tinder. Im Bus, der mich zum Hotel bringt, öffne ich die App und nach knapp zwei Stunden habe ich mein erstes Date. Ich werde mich mit einer Doktorin der Medizin treffen, die grade in Bergen zusätzlich in Philosophie promoviert. Da erwartet mich augenscheinlich ein ziemlich intellektueller Abend. Doch was das Ganze besonders spannend macht: Sie kommt aus dem Sudan. Ich habe noch niemanden kennengelernt, der von dort kommt, und ich weiß auch nicht allzu viel über das Land.

Es wird eine wirklich tolle Nacht. Obwohl meine Begleitung eigentlich gläubige Muslima ist, erweist sie sich am Glas als äußerst erfahren. Wir diskutieren über den Darfour-Konflikt, die Teilung des Sudans, über die ISIS, Unterschiede zwischen Christentum und Islam, und ganz viel über internationale Trinkkultur. Unser Date ist wirklich spannend. Und auf normalem Wege hätte ich diese faszinierende Persönlichkeit niemals kennengelernt. Eine App hat es möglich gemacht.

Ein paar Tage später berichte ich zwei Kolleginnen von meinem Erlebnis. Die eine erzählt mir sofort begeistert von den Online-Dating-Erlebnissen ihrer Freundinnen. Eine von ihnen traf einen Strumpfhosen-Schweiß-Fetischisten, die andere, nach monatelanger Kommunikation, ihren vermeintlichen Traumtypen. Wie sich dann vor Ort herausstellte, war er weder 28 Jahre alt noch muskulöser Sportler, sondern ein 41-jäh-riger Rollstuhlfahrer, der keine andere Möglichkeit mehr sah, als eine Legende zu erfinden, um sich mit tollen Frauen zu treffen. Sie schildert eine herzzerreißende Geschichte.

Im Scherz raten mir meine beiden Kolleginnen, »doch eine Serie dar-aus« zu machen und meine Tinder-Erlebnisse aufzuschreiben. Und so ist es dann auch wirklich gekommen. Anfang des Jahres 2015 erschien eine neunteilige Online-Reihe über meine Erfahrungen mit Tinder in Deutschland. Die meisten Menschen, mit denen ich darüber diskutiert habe, schätzten Tinder als reine Sex-App ein. Ich entgegne in der Regel, dass das jeder selber entscheiden kann. Ich habe mittlerweile einige Pärchen getroffen, die sich so kennen- und lieben gelernt haben.

Ich würde dieses Buch gerne meinen Eltern widmen. Dennoch fürchte ich, dass sie schon massiv enttäuscht sein werden, wenn sie erfahren, was ihr Sohn so mit seinem Leben anstellt: durch die Welt reisen und Frauen daten. Hätte er doch besser Jura studiert!

Um zu verhindern, dass die handelnden Personen identifiziert werden können, habe ich die Frauen, die ich getroffen habe, optisch verändert, ihnen andere Berufe gegeben oder sie manchmal in andere Städte versetzt. Ansonsten habe ich mich an die Wahrheit gehalten. Alle Ge-schichten sind tatsächlich passiert. Solltest du dich in diesem Buch den-noch wiedererkennen, dann wirst du wahrscheinlich enttäuscht von mir sein. Ich möchte mich dafür entschuldigen, dass ich den wahren Grund meiner Treffen mit dir verschleiert habe.

Dieses Buch soll zum einen als kleiner Helfer durch das Dating-Dickicht dienen und zum anderen einfach nur eine unterhaltsame anekdotische Abhandlung über die Kultur und Kunst der Partnersuche im zweiten Jahrzehnt des neuen Jahrtausends sein. Ein Buch über die sonderba-ren und einzigartigen Begebenheiten und Schwierigkeiten des Online-Datings.

Palma de Mallorca, im Mai 2015

Vorspiel

Erst Trennung, dann Tinder

> »Wer jetzt kein Haus hat, baut sich keines mehr.
> Wer jetzt allein ist, wird es lange bleiben.«
> **Herbsttag**, *Rainer Maria Rilke*

Der olle Rilke hat das Singleleben viel zu düster gesehen. Er sagt, wer im Herbst und Winter keinen Partner habe, der müsse sich bis zum Frühling gedulden und irgendwie die Zeit totschlagen. Blödsinn, sagt der moderne Single, Rilke kannte nur kein Internet und Rainer Maria hatte vor allem eines nicht: Tinder. Damit funktioniert die Partnersuche auch in der dunklen Jahreszeit.

Tinder entwickelte sich rasend schnell zur beliebtesten Dating-App. Das liegt daran, dass es wahnsinnig einfach zu bedienen ist und vor allem: Es ist kostenlos! (War es zumindest bis zum Zeitpunkt des Entstehens des ersten Textes hier im Buch.)

Genutzt wird die App auf der ganzen Welt: in Europa, Amerika, Asien, Australien, Afrika. Sogar in Bürgerkriegsgebieten, wie Kollegen berichten. Ein Freund, der bei einem Fernsehsender arbeitet, nutzte die App an der türkischen Grenze, direkt vor Kobane, als die Schlacht gegen die Terrorbande ISIS mitten im Gange war.

Wie irre ist das denn? Er steht da also auf türkischem Gebiet auf einem Hügel, und während er die Einschläge der alliierten Bomben und Raketen in der Stadt gegenüber beobachtet, sondiert er die Singles der Gegend per Handy. Vielleicht muss man als Kriegsreporter genau so etwas tun. Sich ablenken von all dem Schrecken und Elend um einen herum. So denken scheinbar einige Menschen, die täglich der Gefahr, gar dem Tod ausgesetzt sind. Selbst im Krieg stirbt das Begehren nicht. Mein Kollege hatte zumindest kurzfristig Erfolg. Er datete eine junge Frau, die für Ärzte ohne Grenzen an der Grenze zu Syrien arbeitete. Sie traf er allerdings nur kurz, denn die Medizinerin entschuldigte sich quasi dafür, dass sie gerade nicht mit ihm die Nacht verbringen könne, da sie seit zwei Tagen so etwas wie einen neuen Freund habe. Den hat sie natürlich über Tinder kennengelernt. Liebe zu Zeiten des Krieges. Kann ganz schnell gehen. Der abgedroschene Spruch »Lebe den Tag« bekommt eine besondere Bedeutung, wenn jeder Tag wirklich der letzte sein könnte.

Ich bin 39 Jahre alt und wohlbehütet aufgewachsen in einer Kleinstadt. Altlasten habe ich aber keine mit mir herumzuschleppen. Keine Kinder, keine Scheidung, nicht vorbestraft. Zweimal durch die Führerscheinprüfung gefallen, einmal musste ich den Lappen abgeben. Das war's.
Ich bin einigermaßen schlank und 1,78 Meter groß. Beruflich mache ich was mit Medien. Mit Frauen hatte ich langfristig leider bisher nicht das ganz große Glück. Meine längste Beziehung hat gerade mal vier Jahre gedauert. Viele Beziehungen scheiterten innerhalb kurzer Zeit an meiner außerordentlichen berufsbedingten Reisetätigkeit, andere an Eifersüchten aller Art, an zu viel oder zu wenig Liebe oder wahlweise zu viel oder zu wenig Sex, an Untreue, an Distanz, an Psychomacken. An allem, woran moderne Beziehungen heutzutage halt sterben. Nachdem ich so viele Jahre in mehr oder minder schwierigen Partnerschaften, kurz- und langfristigen Affären und dann immer wieder über lange Strecken solo verbracht hatte, machte ich mir immer wieder Gedanken über meine vermeintliche Beziehungsunfähigkeit. Wieso gelingt es mir nicht, was andere Menschen scheinbar so einfach schaffen: eine Familie zu gründen? Mittlerweile habe ich aufgehört, den großen Traum zu träumen, der einem schon von klein auf überzeichnet eingeimpft wird, erst durch Märchen, dann durch

Hollywood. Der Traum der großen Liebe. Permanente Glücksseligkeit in Ewigkeit. Ich mache mir über Topf und Deckel keine Gedanken mehr, füge mich meinem Schicksal. Es hat ja in 25 Jahren nach Vollendung der sexuellen Reife nicht geklappt, das vollkommene Liebesglück zu finden. Nicht mal in Zeiten VOR dem Internet.

Und eigentlich bin ich immer wieder gerne Single, vielleicht diesmal, weil ich es noch nicht allzu lange bin. Auf Tinder hat mich meine Exfreundin aufmerksam gemacht, die während der Beziehung immer wieder mit Tinder-Dates drohte, wenn das so mit uns weitergehen sollte.
Nun, es ist mit uns nicht weitergegangen.
Die Trennung beruhte übrigens auf einem klassischen Missverständnis. Meine vielleicht allzu eifersüchtige Freundin interpretierte einen Facebook-Post grundlegend fehl und folgerte fälschlich, ich hätte eine Affäre mit einer Kollegin. Die Strafmaßnahmen waren drakonisch. Ich war im Spanienurlaub, als mich ein Drei-SMS-Schlag aus heiterem Himmel traf:

SMS 1: Du glaubst wohl, du kannst mich verscheißern. Mit Kumpels in den Urlaub, aber dann die Geliebte mitnehmen????

Kurze Zeit darauf:
SMS 2: Ich habe veranlasst, dass all deine Klamotten in den Keller gepackt werden!

Wenige Augenblicke später:
SMS 3: Ich werde die Schlösser auswechseln lassen. Dein Name wird von Klingel und Briefkasten entfernt.

Tolle Wurst. Wir waren erst kürzlich zusammengezogen, und ich hatte mich von allem überflüssigen Ballast getrennt, der in einem Doppelhaushalt nicht mehr vonnöten ist: Bett, Schränke, Fernseher, Sofa. Verkauft oder auf den Müll. Die kurze Inventur in meinem Kopf ergab, dass sich meine gesamten Habseligkeiten auf Erbporzellan von meiner Oma, Klamotten, Bücher und eine bisher unausgepackte Playstation 4 beschränkten. Mit anderen Worten: Ich hatte nichts mehr, nicht einmal ein Dach über dem Kopf, wenn ich nach Hause kommen würde. Ach, verdammt. Es gab ja kein Zuhause mehr.

Zugegeben, in unserer Beziehung herrschte sowieso schon eine gewisse Unruhe, aber diese in meinen Augen aktionistische Verhaltensweise war schon leicht verstörend. Zumal sie auf keiner vernünftigen Grundlage basierte und der Schlussstrich aufgrund einer bloßen Mutmaßung gezogen wurde. Mit anderen Worten: Da war doch gar nix.

Nach einer gewissen Ernüchterung und dem Fakt, dass dies – nach Rückfrage – alles ganz offensichtlich kein Albtraum war, eröffneten sich mir zwei Möglichkeiten:

- weinen, die Welt ob ihrer Ungerechtigkeit beschimpfen, an Gott zweifeln und laut das eigene Leid beklagen. Panisch werden, sofort auf ImmoScout gehen und hektisch Wohnungen suchen und Termine in der Heimat ausmachen. Auf Facebook posten, dass man dringend eine neue Bleibe braucht. Dabei den Beziehungsstatus auf Single stellen und dafür Beileidsbekundungen aus aller Welt einholen. Gegebenenfalls den Partner öffentlich um Vergebung anflehen!

Oder:

- den Blick über den pittoresken Hafen von Ibiza schweifen lassen, den Sonnenuntergang bei 30 Grad genießen, sich ein Glas eiskalten Rosé einschenken und sich all der sich neu auftuenden Möglichkeiten bewusst werden: Ich bin frei. Freier denn je, denn ich habe nicht einmal mehr Besitz. Vor mir liegt ein großes weites Feld und es ist an mir, welchen Weg ich gehe. Vielleicht ja erst einmal den des fahrenden Gesellen.

Ich sah ein großes Abenteuer vor mir. Noch drei Wochen Urlaub, ich hatte also Zeit, bis die unmittelbare Bedrohung durch Obdachlosigkeit näherrückte. Ich war frei von räumlichen Zwängen, ich besaß, was ich am Leib trug, plus Klamotten für zehn (warme) Tage, und ich hatte ein iPhone. Immerhin. Ich lud mir Tinder herunter. Tipp von meiner Ex. Mal gucken, was passiert ...

Der erste Kontakt

Ich habe die App – nach Ende meiner Beziehung – anfänglich als Reiseführer verstanden. Allein in einer fremden Stadt lernt man, wenn man sich einigermaßen vernünftig verhält, ratzfatz jemanden kennen, der einem die Sehenswürdigkeiten zeigt, und sei es nur eine gute Bar! Und wer weiß, wie der Abend endet. Jedes Date, das weiß ich jetzt, ist eine Wundertüte.

Ein paar Tage nach der abrupten Trennung habe ich mein allererstes Ablenkungsrendezvous: mit einer Deutschen, die genauso wie ich Urlaub auf der Insel macht. Sie wohnt nur vier Kilometer entfernt in einem Haus mit schwulen Freunden und langweilt sich. Wir verabreden uns zum Abendessen. Zwei Stunden und zwei Flaschen Wein später weiß ich von ihr: Sie ist 41 Jahre alt, Deutschlehrerin, alleine auf Ibiza, ihre beiden Freunde sind permanent am Arbeiten. Sie liest den ganzen Tag am Pool ein Buch nach dem anderen oder macht Sport. Sieht man! Durchtrainiert, die Dame. Ihr steht der Sinn nach Abwechslung und sie gibt zu verstehen, dass damit nicht zwangsläufig nur Ausgehen gemeint ist. Eigentlich bin ich gerade nicht an sexuellen Übersprungshandlungen interessiert, aber ich bin angefixt von dem Gedanken, was heute Nacht noch so passieren könnte. Wie weit wird sie gehen am ersten Abend? Wir diskutieren im vorsichtigen Konjunktiv die Möglichkeiten eines Ortswechsels. Zu ihren schwulen Buddys können wir schon einmal nicht, das möchte sie keinesfalls. Außerdem ist das Haus hellhörig und sie kein Kind der Stille. Ich hingegen wohne gerade bei Freunden in der WG und schlafe auf dem Sofa. Geht auch nicht. Hotel? Unnötige Geldausgabe und irgendwie auch peinlich, um Mitternacht vor einem alles durchschauenden Portier zu stehen. Strand ist doof bei zwei Erwachsenen, finden wir.

Da kommt mir doch tatsächlich ein Geistesblitz. Kurz zuvor gab es auf einem Anwesen nahe dem Haus meiner Freunde eine Razzia. Wie mir berichtet wurde, hatte ein Dutzend vermummter und schwer bewaffneter Beamter der Guardia Civil die Wohnung von angeblichen Drogendealern aus England umstellt. Ich kannte die Jungs flüchtig, da sie mich mal als Anhalter mitgenommen hatten und sich als Nachbarn meiner Freunde vorgestellt hatten. Meine Kumpels wiederum berichteten mir von seltsamen Orgien im Nachbarhaus. Dealer halt!

Die Polizei hatte freundlicherweise für uns die Tür der Verdächtigen mit einem Stemmeisen aufgebrochen und anschließend lediglich mit gelben Aufklebern versiegelt. Die Siegel wurden einen Tag später vom Hausmeister aufgebrochen. Der alte Spanier versuchte, die Tür einigermaßen wieder in Schuss zu bekommen. Ist ihm aber nicht gelungen, sie ist deshalb nur angelehnt. Das hatte schon etwas wirklich Spannendes, Hausfriedensbruch bei englischen Drogenhändlern zu begehen.

Die Wohnung ist völlig durchwühlt, aber die teure Boxspringmatratze in absolut einwandfreiem Zustand, wenn auch ohne Bettlaken. In solchen Situationen muss man aber auch wirklich einmal Abstriche machen. So verbringen wir die Nacht erst im Schlafzimmer, dann auf dem Sofa und schließlich auf dem Balkon der Koksverticker. Bei angelehnter Haustür. Sex mit Angst im Nacken. Da kommt bestimmt bald jemand ... Das wird uns irgendwann zu gruselig, deswegen gehen wir sicherheitshalber in den Pool. Die Nachbarn haben nichts bemerkt. Die Polizei auch nicht. Und die Drogendealer sollen mir ja nicht mit einer Anzeige kommen. Jungs, ihr solltet mir dankbar sein, dass ich auf eure Wohnung aufgepasst habe! Wahrscheinlich wärt ihr stolz auf mich. Oh Mann, ein echter Adrenalinkick. Solche Erfahrungen brennen sich ins Gedächtnis ein und werden zum Egomythos. Besonders, wenn man die Frau, mit der man diese Situation erlebt, danach nie wieder sieht – in der Wohnung gab es leider nichts zum Frühstücken.

Nur wenige Tage nach dem Ende meines Urlaubs – ich wohne gerade bei Freunden mit einwandfreiem Leumund – tindere ich Diana, eine Berliner Ärztin, 40 Jahre alt. Wir schreiben uns an einem Freitagnachmittag sehr angenehm hin und her und beschließen, uns entspannt am Abend in einer Bar zu treffen. Berlin, Kreuzberg. Seitenstraße. Haifischbar. Sie kommt natürlich eine halbe Stunde zu spät und ich bin gereizt. Doch als sie den Laden betritt, sehe ich ein wahnsinnig sympathisches Wesen vor mir. Diana ist kleiner, als ich erwartet habe, ihre Augen leuchten bei der Begrüßung und der anschließenden Entschuldigung fürs Zuspätkommen. Diana hat in ihrem Leben in mehreren angesehenen Kliniken und Krankenhäusern gearbeitet, ist blitzgescheit und ehrgeizig. Über zehn Jahre war sie mit einem Amerikaner verheiratet und blieb kinderlos. Zuletzt war sie mit einem Arzt verlobt, der ganz klassisch schließlich mit einer Krankenschwester durchgebrannt ist. Das hat sie aber alles überwunden und bestätigt das mit ihrem Lächeln, das die von Rauchschwaden durchzogene, in düsteres Licht gedimmte Bar erstrahlen lässt. Zwei Drinks später und unter dem Einfluss unserer Lebensgeschichten wird uns beiden klar, wie wahnsinnig sympathisch wir uns sind. Und – das gibt es selten – ohne jegliches sexuelle Verlangen. Beidseitig. Nur Buddys.

Brüderschaft wird getrunken in dieser fröhlichen Nacht, in der sogar noch ein Kumpel von mir dazustößt. Am nächsten Tag ruft mich Diana an. »Du, ich wohn doch jetzt allein in der großen Wohnung von meinem Ex und mir. Hier ist noch ein kleines Zimmer frei. Wenn du willst, kannst du einziehen.«

Freiwillige vor

Wie funktioniert Tinder?

Tinder verknüpft man mit seinem Facebook-Profil, sucht ein paar Bilder aus und gibt einen Radius ein, in dem der potenzielle Partner wohnen soll.

Viele Menschen haben an dieser Stelle bereits ein Problem. Denn Tinder greift auf alle Facebook-Daten zurück. Datenschutzbedenken sind da natürlich angebracht, aber sie können einem eigentlich egal sein, wenn man eh schon seine gesamten privaten Informationen der Zuckerberg'schen Datenkrake aus dem Silicon Valley zur Verfügung gestellt hat. Sollte man also bereit sein, sich dem Risiko des privaten Datenaustausches auszusetzen, dann betritt man den edlen Kreis der Einsamen, der Suchenden, der Neugierigen, der Hedonisten, der Verzweifelten, der Paarungswütigen und Heiratswilligen.

Sofort werden einem Bilder von Menschen aus der Gegend angezeigt und man kann in Sekundenschnelle über sympathisch oder nicht sympathisch entscheiden. Nope oder Like, das ist hier die Frage. Das Ganze per Wischtechnik. Nach links wischen heißt »Nein, du nicht«, nach rechts wischen bedeutet: Du vielleicht.

Sollte man auf jemanden stoßen, der einem gefällt, bei dem man sich aber noch nicht allzu sicher ist, kann man sich noch durchlesen, was der potenzielle Flirtpartner als Sinnspruch unter seinen Bildern schreibt (bei mir steht das Paul-Watzlawick-Zitat: »Reisen ist schöner als ankommen«), und sich dazu mehrere Fotos anschauen.

Wenn man jemanden sympathisch findet und derjenige einen auch, ergibt das ein »Match« und die Chat-Funktion wird freigeschaltet. Viel Erfolg beim Flirten!

Als die von mir in dieser Frage längst unterwanderte Chefredaktion einen Freiwilligen für eine Art Tinder-Tagebuch Deutschland sucht, trete ich sofort vor. Ich muss das machen. Die anderen Kollegen stecken doch sowieso alle in Partnerschaften. Ich bin frei. Und außerdem, was soll denn die Entrüstung, niemand kann mir doch vorschreiben oder vorwerfen, wie ich mein Singledasein pflege. Und wenn ich eben das in der Arbeitszeit höchstamtlich ausleben darf, ja Herrschaftszeiten! Das ist doch der Traum eines jeden alleinstehenden Gentleman. Kurzum: ein aktuelles Hobby (Flirten) mit dem beruflichen verbinden (darüber schreiben)! Wie geil ist das denn?

Wochenlang durch Deutschland, vielleicht später sogar durch Europa reisen, Buchführen über das Dating- (und Paarungs-)Verhalten von Groß- und Kleinstädtern. Noch mal: auf Reisekostenabrechnung Frauen daten. Das ist doch ein wahres Schurkenstück. Ich pack dann mal meine Sachen.

Reisen passt mir gerade gut in den Kram, denn ich habe Dianas Angebot angenommen und bin bei ihr eingezogen. Es ist schließlich immer gut, eine Ärztin im Haus zu haben. Sie hat mir ein klitzekleines Zimmer von knapp acht Quadratmetern zur Verfügung gestellt: meine neue vorläufige Bleibe. Eingezogen bin ich mit zwei Taschen voller Klamotten. Mehr habe ich gerade nicht. Der Rest steht noch in dem Keller meiner Exfreundin, und ich habe keine Lust, mich mit Hab und Gut zu belasten. Wohin auch damit? Mit meinem Gepäck ist das Zimmer überfüllt. Auf der einen Seite steht ein langes Regal voller medizinischer Bücher, auf der anderen Seite ein Schreibtisch, am Ende eine Schlafpritsche. In der Mitte meine Taschen, um die ich herumlaufen muss, um zum Bett zu kommen. Egal, der Winter naht und als Basiscamp würde das vorerst reichen.

Diana ist, vorsichtig ausgedrückt, eine Viele-Männer-Testerin. Sie hat schon mal drei oder vier Dates in der Woche. Sie ist intensiv auf der Suche nach einem Kerl. Dabei hatte sie doch schon einen. Und das sogar ziemlich lange, insgesamt 14 Jahre, davon zehn verheiratet. Sie lebte ein Leben zwischen Berlin und US-Pazifikküste. Er war erfolgreicher Westküsten-Eventmanager, sie eine aufstrebende Ärztin. Sie feierten auf Jachten, liebten sich in Villen und heirateten in Palm Springs, Kalifornien. Doch auch der schönste Traum ist einmal vorbei. Jetzt arbeitet sie in einer Praxis in Berlin-Spandau, hat ein paar Partnerschaftsanwärter, den einen oder anderen Geliebten und ein paar

Jungs auf der Warteliste. Doch eigentlich hofft sie nur darauf, ihr Herz zu verlieren – an einen, der es wirklich ehrlich mit ihr meint. Vorher wird auf Leib und Seele getestet.

Derzeit ist ihre Nummer 1 ein ganz besonderes Prachtexemplar. Er ist einer der Tänzer dieser legendären Stripperbande, der Chippendales. Sie zeigt mir Bilder von dem US-Sunnyboy, die an der Würdigkeit meiner körperlichen Existenz zweifeln lassen. Kein Gramm Fett, Eightpack, blaue Augen, blonde, leicht gewellte Haare. Ein perfekter Schönling. Stolz berichtet sie, wie vor dem Hotel die Groupies seinen Namen schrien, aber sie mit in die Suite ging und die Nacht durchf... durchfeierte. Er ziert kurze Zeit sogar ihren Handy-Startbildschirm und, na klar, sind ihre Freundinnen maßlos eifersüchtig. Eine andere Geschichte handelt von irgendeinem Ronny aus dem Prenzlauer Berg, Amateurboxer. Super trainiert und super borniert. »Ick war noch nie im Westen«, ist einer seiner Lieblingssprüche. Dennoch ist der irgendwie süß, sagt sie. Ja genau, der süße Kirmesprügler mit dem Horizont von Konnopckes Imbiss bis Alexanderplatz.

Wird Zeit, meinen Tinder-Trip anzutreten, bevor ich dem Betonkopfboxer morgens in Unterhose an der Kaffeemaschine begegne und provokant die Reisefreiheit lobpreise.

Die Fragen, die ich mir beginne zu stellen, lauten wie folgt:

1. Hat sich das Flirtverhalten durch das Internet verändert?
2. Wenn ja, hat es somit auch die Gesellschaft verändert?

Die Antworten darauf (wenn ihr keine Lust habt, das Buch bis zum Ende zu lesen, dann könnt ihr es nach den folgenden Antworten auch zuklappen und weiter tindern):

1. ja
2. sehr

Das bemerke ich besonders an meiner neuen Mitbewohnerin: Ärzte, Boxer, Chippendales. Was da wohl als Nächstes kommt...?

Darüber hinaus beschäftigt mich die Frage, wer ich eigentlich bin, wer ich sein sollte auf meiner Städtetour. Soll ich mich etwa als mich selbst ausgeben oder besser als jemand anderes?

Ich beschließe nach langem Überlegen, allen zukünftigen Dates die Wahrheit über mich zu sagen, also zumindest fast: Ich arbeite als Reporter bei einer Zeitung und bin gerade auf Dienstreise. Das wahre Motiv meines Aufenthalts werde ich jedoch verschweigen.

Merke: Je mehr Lüge, desto mehr Verhedder und Verzettel. Irgendwann weiß man nicht mehr, wem man was erzählt hat, und dann fällt das ganze Quatschgerüst in sich zusammen. Ich brauch also, Gott sei Dank, immer nur eine Ausrede, weshalb ich gerade in der jeweiligen Stadt bin, und keine ganze Lügenlegende.

Wenn mich eine Frau fragt, was ich denn beruflich so mache, antworte ich einfach scherzhaft: Ich arbeite im Zentrum des Bösen. Das ist eigentlich ein ganz guter Türöffner bei humorvollen Frauen. Mein Outing kann aber auch negative Folgen haben. Einmal chatte ich mit einer ganz niedlichen Dame aus Berlin, die leider permanent von ihrer Kunst und ihrer wichtigen Arbeit als Schauspielerin schwafelt. Wir tauschen am Ende des Gesprächs unsere Namen aus, um über Facebook in Kontakt zu bleiben. Als ich sie google, stellt sich heraus, dass sich ihr künstlerisches Wirken einzig und allein auf die Teilnahme bei *Catch the Millionaire* bezog, also auf wirklich wichtige Arbeit. Am nächsten Morgen hat sie mich zu meiner Überraschung bei Facebook blockiert und bei Tinder rausgeworfen. Sie scheint mich auch gegoogelt zu haben. Wir haben wohl mal negativ über sie berichtet …

Als der Urologe nach einem allumfassenden erbarmungslosen Geschlechtskrankheitencheck grünes Licht gibt, wird der Reiseplan erstellt und das Handy aufgeladen. Auf geht's!

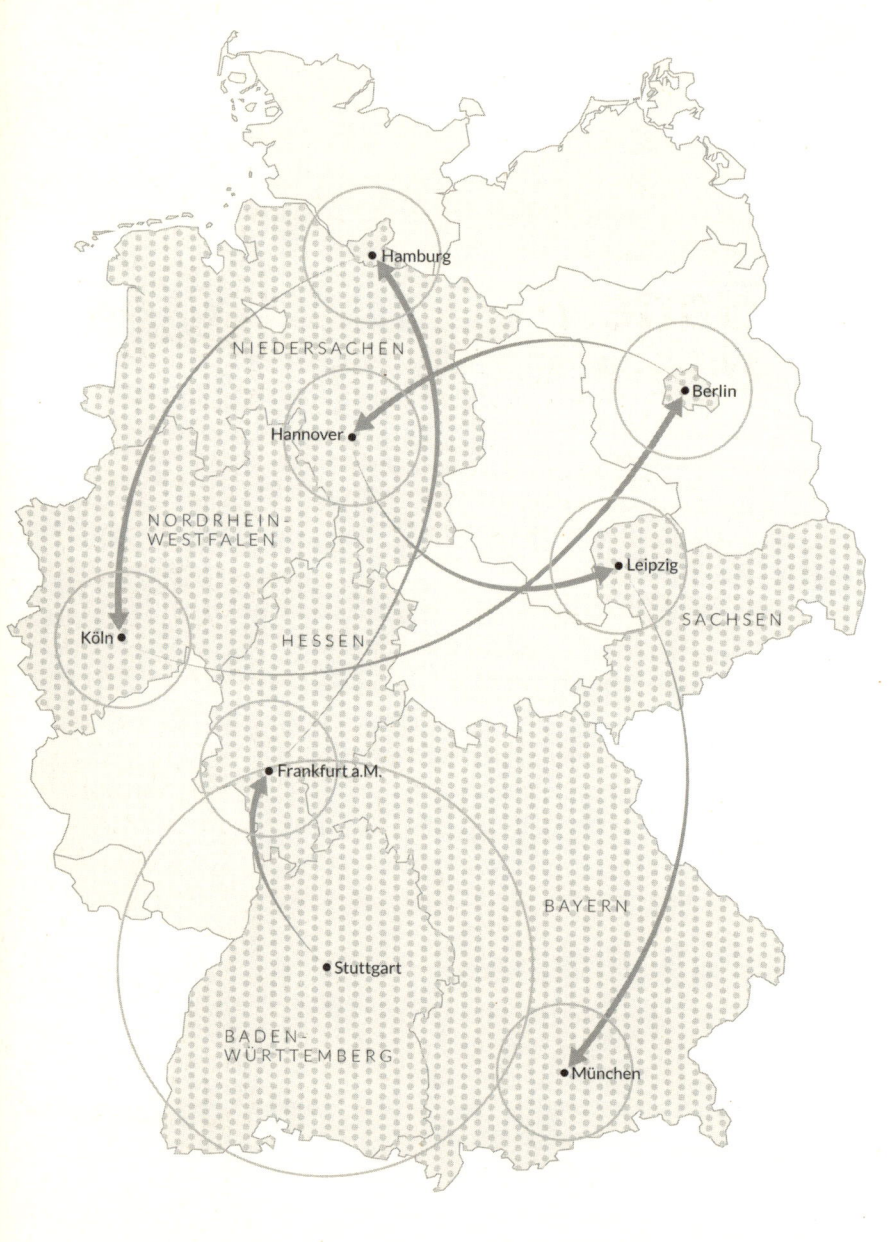

Baden-Württemberg

Standort: **STUTTGART**
Radius: **150 km**
Aufenthalt: **72 Stunden**

DEUTSCHLAND

- Heilbronn
- Karlsruhe
- Stuttgart
- Freiburg

Frauen auf Tinder:

1146

Alter: Ø 35

Haarfarbe:

blond — **37,7 %**

braun — **53 %**

schwarz 3,2 %
rot 3,5 %
ohne Bild 2,4 %
grau 0,3 %

Meistgeknipste Fotos:

am Strand: **412**
im Skiurlaub: **139**
mit Hund: **64**
im Dirndl: **48**
Füße am Strand: **45**
Kind: **38**
mit Alkohol: **25**
im Sprung: **23**
Katze: **22**
Pferd: **20**
mit Zigarette: **9**
Oper in Sydney: **6**
mit küssendem Delfin: **5**

Bilanz:

Likes	Matches	Dates
188	14	2

Am Samstag wird geknutscht, am Montag wird geschafft

Kaum bin ich in Stuttgart angekommen, merke ich, Montag ist kein guter Tinder-Tag. Der Schwabe muss erst einmal vom Wochenende langsam wieder zurück in den Alltag finden. Geknutscht wird am Samstag, geschafft am Montag. Mist.

Bisher habe ich noch kein Hotel gebucht und setze mich deshalb in verschiedene Cafés in der Innenstadt und beginne mit der »Arbeit«. Kurz vorher habe ich noch was verrückt Analoges erledigt und mir ein halbes Dutzend Kugelschreiber und ein stabiles DIN-A4-Heft gekauft. Ich will erst mal per Strichliste Statistik führen und die regionalen Besonderheiten erkunden.

NOPE – LIKE – MATCH

Erste Gehversuche auf Tinder.
Es gibt zwei Arten des Matchens:

1. Sie findet dich zuerst.

Es gibt tatsächlich Bilder von Frauen, da fängt mein Herz an zu pochen! Umwerfende Ausstrahlung – zumindest auf den Fotos. Hat sie dich auch schon im Visier? Hat sie dich schon geliked, bevor du auf ihr Foto gestoßen bist?

Es ist ein bisschen wie Roulette. Schwarz oder Rot! Die Kugel rollt, ich schiebe das Bild nach rechts (LIKE), kurz den Atem anhalten – bitte, lieber Gott –, und dann erscheint der Glückwunsch: »You have a new match.« Siegesfaust! Yesss! Jetzt kommen Endorphine ins Spiel. Wird sie mir antworten, wenn ich zuerst schreibe, wird sie mich gar treffen wollen? Dieser

Reiz kann süchtig machen. Dennoch gibt es nur wenige dieser Glücksmomente. Wenn man sie erlebt, sollte man sie auskosten und sich ein wenig feiern.

2. Du findest sie zuerst

Du blätterst dich durch die umwerfendsten Bilder und likest the best of. Den Rest nopest du (NOPE). Irgendwann macht dann dein Telefon Piep, und es erscheint Folgendes auf dem Bildschirm: »Congratulation, you have a new match.«

Das ist dann ein bisschen wie Weihnachten oder wie ein Überraschungsei. Irgendjemand, den du gut findest, findet dich jetzt auch erst mal... nett. Dein Handy überbringt eine frohe Kunde. Und das ist tatsächlich ein adrenalinhaltiger Moment. Du öffnest die App und schaust, wer dich mag.

Tataaaa. Spannung, Trommelwirbel, Mist. Echt? Die hab ich »geliked«? War ich etwa betrunken? O. k., am besten sofort wieder löschen, bevor sie es merkt, oder ein sich anbahnendes Gespräch im Keim ersticken. An dieser Stelle bloß keine Frage stellen und minimalistisch vorgehen: »Ja«, »Nein«, »Danke«. Mehr ist nicht erlaubt. Tschüssi!

Die andere, seltenere Variante für Männer ist ein leichtes Testosteronzucken: Wow, die findet dich toll. Krass. Du sie auch. Jetzt genau überlegen, was du schreibst. Wird sie antworten? Und wenn ja: Ball hochhalten, Initiative ergreifen, das Gespräch nicht sterben lassen. Sei witzig, sei inspirierend, erzeuge Bilder im Kopf oder mit anderen Worten: Gib dir einfach Mühe. Du bist vielleicht kurz davor, die Frau deines Lebens kennenzulernen oder einfach nur eine schöne Nacht oder mehrere zu verbringen...

Was besonders toll für die verletzte männliche Seele ist: Man wacht morgens auf und hat über Nacht vier, fünf neue Matches bekommen. Dann ist das ein bisschen wie durch eine Online-Zeitung blättern.

Den ganzen Vor- und Nachmittag verbringe ich in Stuttgart mit Katalogisieren. Mein iPhone ist heiß gelaufen, da ich zeitgleich den Akku lade und wild durch die Gegend tindere…
Alter, Haarfarbe, Bilder mit Alkohol, Bilder mit Zigarette, Hund, Katze, Pferd. Bilder im Strandkorb, Fotos vom Surfen, Fischen, Skifahren, Fallschirmspringen. Alles wird in meinen Block eingetragen.
Ich stelle den Radius von Tinder auf 50 Kilometer ein. Rund um Stuttgart will ich mir jede einzelne angemeldete Frau ansehen. Wie viele Frauen im Alter von 18 bis unendlich gefallen mir, wie vielen ich? Wie verläuft die Kommunikation? Eine statistische Mammutaufgabe, denn egal, was ich mache, Tinder zeigt mir konsequent den maximalen Radius von 159 Kilometern an, ich komme bis an die Tore von Frankfurt. Ich erreiche die Schweiz und Frankreich. Es tummeln sich Tausende im Netz, Tausende. Trotz Neustarts der App, des Handys.

Nach den ersten acht Stunden harter Arbeit habe ich sechs Matches, also sechs Frauen, die mich auch interessant finden. Kein besonders guter Schnitt, wie ich finde, aber gut, BaWü an einem Montag halt. Nur eine einzige Frau kommt aus der Landeshauptstadt. Bitter! Mit ihr habe ich dann mein erstes vom Reisekostenverantwortlichen abgenicktes Date in einer süßen kleinen Bar in Stuttgart.
Pünktlich erscheint die 24-Jährige und lächelt schüchtern. Lili hat ein verschmitztes Lächeln und wache Augen. Viele Sommersprossen, rot schimmerndes Haar. Sie erzählt, dass sie gerade von einem Empfang kommt, wo es schon lecker Champagner gab. Ich freue mich. Sie ist genauso hübsch wie auf ihren Fotos. Dann bestellt sie einen Wodka Soda. Lecker, lecker Bumerang! Willkommen in Baden-Württemberg.

Einige Drinks später: Leichenblass kommt Lili von der Toilette zurück. Geschlagene zwanzig Minuten war sie dort verschwunden. Ich dachte schon, sie wäre abgehauen, um unserem Blind-Tinder-Date irgendwie zu entkommen. Doch nicht ich bin ihr Problem, sondern der Alkohol. Muss sie sich denn auch binnen dreißig Minuten drei Wodka-Soda reindonnern? In der gleichen Zeit habe ich gerade mal zwei Weinschorlen geschafft. So viel Longdrink kann eine Frau von geschätzten 45 Kilo innerhalb kürzester Zeit aus den Latschen hauen und ist keinesfalls zu entschuldigen mit dem Hinweis: »Ich musste mir dich einfach schön trinken.« Dabei hatte alles so schön angefangen.

Eigentlich ist Alkohol eine »vernünftige« Sache beim ersten Date. Er entkrampft, und die Gesprächspartner öffnen sich schneller. Man sollte nur darauf achten, dass man am Ende nicht besoffener ist als sein Gegenüber. Vielleicht sollte man gar regulierend eingreifen, wenn einem Date die Zügel entgleiten. Doch bei Lili kommt alles so überraschend und geht so schnell ...

»Tut mir leid«, sagt sie eingeschüchtert mit gesenktem Blick im Lady-Diana-Style, als ich sie vor ihrer Haustür absetze. Torkelnd entschwindet sie in der Dunkelheit des Hausflurs. Wie sie sich wohl nach dem Erwachen fühlt? Am nächsten Tag schickt mir Lili eine reumütige Nachricht, aber da habe ich die Stadt bereits verlassen ...

Nach einer Stunde war der Spaß also vorbei, als ich die betrunkene 24-Jährige nach Hause bringe, ist es 20 Uhr ... Verzweiflung macht sich breit und auch in meinen Mails an die restlichen fünf Damen bemerkbar. »Wieso denn so hektisch?«, möchte eine wissen. Recht hat sie, aber ich habe einen Redaktionsauftrag. Zwei überrede ich trotzdem, sich doch mit mir noch spontan zu treffen. Die eine in Ulm, 90 Kilometer entfernt, die andere in Karlsruhe. Entgegengesetzte Richtung, 80 Kilometer. Die 22-Jährige aus Ulm macht einen entspannteren Eindruck und ist im Gegensatz zu Karlsruhe auch kinderlos. Da spiele ich erst einmal auf Zeit. Also, ab ins Auto. Nach 30 Kilometern piept mein Handy. Sie scheint ein schlechtes Bauchgefühl zu haben. Ich halte an. Der schriftliche Dialog:

Sie: Ich denke, dass du Sex willst, oder?
Ich: Ich bin in einem Alter, wo ich nicht mehr Sklave meiner Hormone bin.
Sie: Ich hab halt keine eigene Wohnung momentan.
Ich: Klingt ja so, als wolltest du Sex!?
Sie: Heute schlecht.
Ich: Lol

ENDE.

Gut, also Mail an Karlsruhe. Es ist 21 Uhr.
Auch Karlsruhe macht in letzter Sekunde 'nen Rückzieher. Ich komme nicht aus ihrer Gegend, da mache das ja keinen Sinn, sie suche was Festes, einen neuen Papa für die Tochter. Ich schätze unser Nichttreffen nach ebendieser Argumentation als Win-win-Situation ein. Gut für uns beide. Dennoch: Ich bin gescheitert und erwäge, in einem Autobahnmotel zu übernachten.
Dann meldet sich mein Handy: »Congratulation, you have a new Match.« Eine Frau, die ich irgendwann nachmittags auf dem Radar hatte. Ich bekomme ein LIKE von Penusch aus Sinsheim. Der Name klingt persisch. Es ist 21:30 Uhr. Sie liegt auf dem Sofa, hat aber morgen frei. Nachdem ich wirklich alles an Humor in die Waagschale geworfen habe, schreibt sie: »O.k., auf einen Drink.« Mein Navi zeigt mir 80 Kilometer an …

Wer behauptet heutzutage eigentlich noch, er sei Pick-up-Artist? In meinen Augen Trottel, die mit vorgefertigten Sprüchen plump auf Frauenjagd gehen. »'tschuldigung, weißt du, wo der Bahnhof ist? Hab noch zwei Stunden Zeit, wollen wir was trinken?«
Auch wenn ich diese Mischpoke für Deppen halte, sie haben einen Vorteil mir gegenüber: Sie trauen sich, Frauen einfach so anzusprechen. Kann ich nicht, konnte ich nie. Deshalb sind Flirt-Apps für mich optimal. Auf Distanz, unverbindlich und man weiß nicht einmal, ob man einen Korb bekommt. Womöglich hat sie mein Bild ja auch noch gar nicht wahrgenommen. Vielleicht hab ich sie auch im nächsten Moment bereits vergessen. Schöne, schnelle neue Welt.

Die Mehrzahl der Tinder-Mitglieder in Deutschland ist zwischen 28 und 38 Jahre alt. Einige Menschen sind in den 50ern dort anzutreffen, einige wenige sind unter zwanzig. 60-Jährige habe ich keine gesehen, die sind ja auch gerade beim Tanztee.

»Ahmadinedschad ist ein guter Mensch«, flötet die Halbperserin an der Bar, während sie den Cuba Libre in sich hineinpumpt. Der Expräsident des Iran habe den Armen geholfen. Dass der neue Mann an der Spitze der Mullahrepublik Rohani heißt, weiß sie nicht. Das letzte Mal war sie vor 23 Jahren in ihrer Heimat Teheran und jetzt erzählt mir die Dreißigjährige, dass wir Medien nur am Manipulieren seien. Alles sei ganz anders, die Leute seien zufrieden, sonst gäbe es ja eine andere Regierung, findet die persische Patriotin. Sie ist laut, lebendig und lustig, während sie da allerlei Nahostpolitik durcheinanderbringt. Wir streiten mit Spaß an der Sache, derweil ich sie schulmeisterlich über die iranische Nomenklatura aufkläre. Wächterrat, Pasdaran, Ajatollah Chamene'i usw. Doch das interessiert die Hotelfachfrau nicht, sie interessiert die Weltverschwörung gegen ihr Heimatland ...
Wieso beschwert sich die Welt überhaupt, dass der Iran Atombomben will? Die habe doch mittlerweile jedes Land, argumentiert Penusch. Ich bemerke grinsend, dass sie sogar zwei davon hat, in Naturkörbchengröße E. Bei einer Körpergröße von 1,65 Meter sind die schon beeindruckend und kaum zu übersehen, nicht einmal für einen Gentleman.
Sie lacht. Permanent zupft sie an ihrem BH herum, weil ihr Atomwaffenkontrollsystem nicht so richtig funktioniert.
Sie hat ihr schwarzes Haar straff zurückgebunden, trägt eine schwarze Bluse und eine schwarze Hornbrille. »Ich wollte mich extra so streng zeigen, weil ich nicht wusste, was genau für einen Kerl ich treffe, also hatte ich vor, ihn nicht noch extra geil zu machen, indem ich mich aufbretzel.« Sie öffnet ihr Haar und lächelt: »Wusste ja nicht, dass du kommst.«
Iranische Propaganda mit allen Mitteln in einem kleinen Kaff bei Heilbronn. Es ist 23:30 Uhr und der Barkeeper bringt die Rechnung. Der einzige Laden weit und breit macht vor Mitternacht dicht. Was

für ein Nest. Jetzt gibt es nur noch zu ihr oder zu mir in meine Schrumpelabsteige, wenn wir weiter streiten wollen. Sie entscheidet sich für mein Billo-Hotel. Wir halten an einer Tanke und sie besorgt vier Dosen Rum-Cola. Sie kennt den Tankwart und kriegt Prozente. Punkige Perserin! »Aber kein Sex«, sagt sie und ich sehe ihr an, dass sie genau das will. »Pass auf«, sage ich, »wenn es zum Sex kommt, der eindeutig von dir ausgeht, dann zahlst du mein Hotelzimmer; wenn ich den ersten Schritt mache, bekommst du von mir die gleiche Summe! Deal?« Deal! Kurz danach wird der Atomwaffensperrvertrag von der Achse des Bösen gebrochen. Auf meine Kohle warte ich bis heute ...

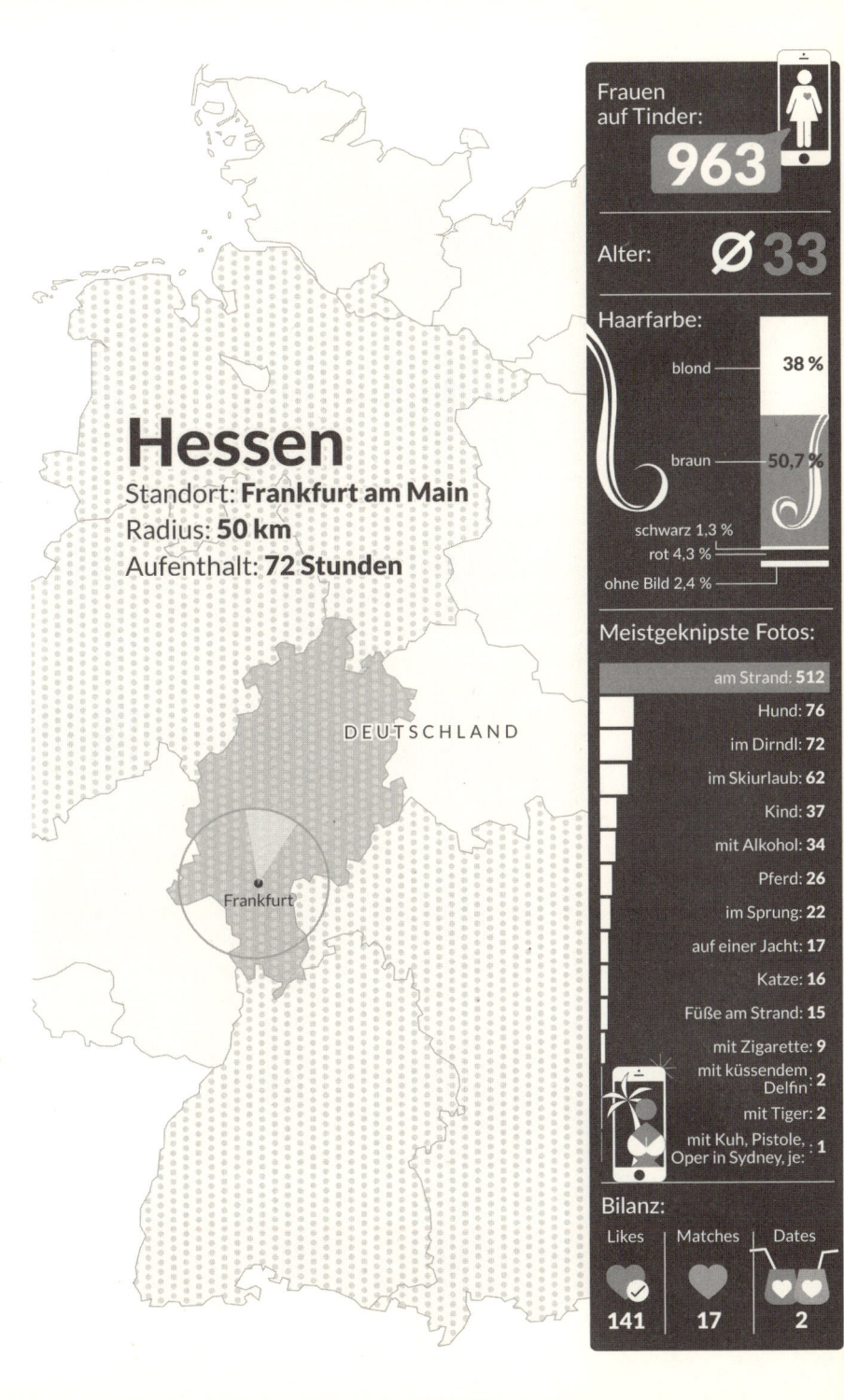

Frauen
auf Tinder:
963

Alter: Ø **33**

Haarfarbe:

blond — **38 %**

braun — **50,7 %**

schwarz 1,3 %
rot 4,3 %
ohne Bild 2,4 %

Hessen

Standort: **Frankfurt am Main**
Radius: **50 km**
Aufenthalt: **72 Stunden**

DEUTSCHLAND

Frankfurt

Meistgeknipste Fotos:

am Strand: **512**
Hund: **76**
im Dirndl: **72**
im Skiurlaub: **62**
Kind: **37**
mit Alkohol: **34**
Pferd: **26**
im Sprung: **22**
auf einer Jacht: **17**
Katze: **16**
Füße am Strand: **15**
mit Zigarette: **9**
mit küssendem
Delfin: **2**
mit Tiger: **2**
mit Kuh, Pistole,
Oper in Sydney, je: **1**

Bilanz:

Likes	Matches	Dates
141	17	2

Die große Blonde mit den schwarzen Schuhen

Mehr Klischee geht einfach nicht. Franziska wirbelt vollgepackt mit Einkaufstaschen (Gucci) durch die Lobby und sucht mich. Ein lauter Jauchzer, ein auffälliges hektisches Winken, ein Heranstolzieren auf 12-Zentimeter-High-Heels (Louboutins), als sie mich erkennt. Fehlt nur noch der süße, weiße Pudel mit Schleifchen (by Glööckler) auf dem Kopf. Ich schäme mich jetzt schon und versinke in meinem Ledersessel an der Hotelbar (Courvoisier)! Die 29-Jährige sieht für ihr Benehmen dennoch ganz schön gut aus. Blonde Haare – Natur – zum Zopf gebunden, blaue, wache Augen, gebleichte Zähne, Lippenstift knallrot. Natürlich! Auf ihren Tinder-Bildern hat man ihr Gesicht kaum erkannt, lediglich am Schal (Burberry) ist sie als mein Date zu identifizieren, den trägt sie auch auf ihrem Profilfoto. So hatte ich sie auch ziemlich dreist angeschrieben:

Ich: Dein Schal passt zu meinem Hotel!
Sie: Wo wohnst du denn?
Ich: Aus Versehen im besten Hotel der Stadt. Tolle Bar!
Sie: Kenn ich.

Sie hält mich nunmehr für einen reichen Sack, was sich ausnahmsweise als Vorteil erweist, denn schon einen Tag später ist es so weit. Wir treffen uns!
Franziska gibt mir ein stark parfümiertes (Prada-)Küsschen links und rechts, dabei drückt sie leicht ihre Brust (Dr. Werner Mang?) an meinen Oberarm und fängt augenblicklich an zu plappern. Sie bestellt ein Glas Champagner. Na, das kann ja heiter werden …

Es gibt für mich eine einzige eiserne Regel beim ersten Date: Ich zahle. Keine Widerrede. Mag sie mich, freut sie sich, Geld gespart zu haben; mag sie mich nicht, hat sie vielleicht ein schlechtes Gewissen und freut sich trotzdem, dass der Flirtfehlgriff nicht allzu sehr aufs Portemonnaie drückt. Aber egal, was passiert: Beim ersten Mal zahl immer ich. Wobei es auf meiner kleinen Tinder-Tour durch Deutschland nur in seltenen Fällen ein zweites Mal gibt. Sollte der Abend länger dauern und der Laden häufiger gewechselt werden, freue ich mich über eine Geste ihrerseits. Dabei reicht auch vollkommen, wenn es nur eine Kleinigkeit ist. Ein Eis, das letzte Bier oder ein frisch gepresster Straßenorangensaft auf dem Markt. Das »So, jetzt zahl ich mal« verhindert das Gefühl, dass ich mir vorkomme wie eine Weihnachtsgans, die genüsslich ausgeweidet wird.

> Ein Bekannter sagte mir mal, zum Test der Frau bestelle er immer getrennte Rechnungen. An ihrer Reaktion erkennt er, ob sie ihn mag oder es nur ums Geld geht. Blöder Trick. Klappt in den seltensten Fällen. Finde ich gerecht!

Doof an meiner Einstellung ist aber, dass die Ausgaben für Essen und Trinken summiert richtig hoch werden können, wenn der Anspruch besteht, jeden Tag mindestens eine Frau zu treffen.

> Merke hier: Je älter dein Date, desto anspruchsvoller, desto kostspieliger! Eine Zwanzigjährige ist noch zu begeistern für Burger und Flaschenbier, eine Lady nicht. Sie wählt den guten Rotwein und gerne die drei Gänge, wenn du nicht aufpasst. Ganz gefährlich ist es, wenn Champagner ins Spiel kommt ...

Frankfurt am Main, mal wieder Messe. Alle Hotels voll. Die letzten Zimmer werden zu Wucherpreisen vergeben. Ich bekomme mit Ach und Krach ein Zimmer ausgerechnet in einem der besten Hotels vor Ort und werde dann sogar upgegradet, weil mein Zimmer schon belegt ist. Junior Suite. Ich fühle mich wie Thomas Middelhoff in seinen besten Tagen, doch ich denke mit Grausen an meinen Dispo, besonders als die Dame vor mir ein Glas Dom Pérignon bestellt. Oh mein Gott, hoffentlich trinkt sie nur eines ...

Die Tinder-Mädels in Hessen sind in der Regel bodenständig. Sie zeigen sich gerne im Dirndl oder in einer lokalen Tracht, gerne mit Hund oder im Skiurlaub. Dass es hier etwas vermufft zugeht, bemerke ich dadurch, dass unglaublich viele Frauen das ausgelutschteste Statement aller Zeiten auf ihr Profil geschrieben haben: »Carpe diem!« Hallo? Wenn schon, dann »Carpe noctem« oder auch ganz populär »Carpe fucking diem«, aber »Carpe diem« ist einfach so out wie Achselhaare, Fototapeten oder »Wetten, dass ...?«
Nach dem Einstiegshallo ist meistens die nächste Frage, wo ich denn wohne. Ich entscheide mich für die Wahrheit. Nicht in Hessen. Und damit ist das Gespräch schon vorbei. »Du, ich such was Festes, du weißt ja, wer jetzt allein ist, wird es lange bleiben ...« Tinder ist pickepacke voll mit Frauen, die einen Winterkuschelkater suchen. Es ist Winter.

»Ich suche nach demjenigen, der mein Leben verändert und nicht meinen Beziehungsstatus.« – *Mimi, 34*

Eine weitere beliebte Einstiegsfrage ist: Was suchst du? Ja, äh, was suche ich eigentlich?
Meinen Autoschlüssel, ist nur eine meiner Antworten. Inspiration, Blick über den Tellerrand, wenn das Gespräch ernste Bahnen annimmt. Frauen antworten meistens mit »Mr Right«. Ich bin ja mittlerweile der Meinung, den gibt es nicht auf Portalen wie diesen. Vielleicht nicht einmal im Leben.

Geschlagene zwei Tage brauche ich, um die Hessinnen »abzuarbeiten«. Meine Methode der Statistik verlangsamt das Verfahren ungemein. Pro Single brauche ich ungefähr 30 Sekunden bis eine Minute. Mit der fixen Ja/Nein-Strategie wäre innerhalb eines Bruchteils einer Sekunde die Entscheidung gefallen. In diesem Zeitraum gibt einem das Gehirn schon zu verstehen: attraktiv/nicht attraktiv. Aber ich lese mir die Texte unter dem Profilfoto genau durch. Schaue mir wirklich alle, aber auch alle Fotos an. Manchmal ist das wirklich traurig...

»Ich liebe Tiere von Herzen, doch meine Wohnung ist so klein. Doch wünschte ich mir, ich hätte ganz viele Tiere.« – *Carola, 52*

Ich weiß auch nicht genau, wie ich es finde, dass sich wirklich viele Frauen mit ihrem Kind oder gar ihren Kindern in den Singleportalen zeigen. Nicht nur, weil das elterlich unverantwortlich ist, sondern auch, weil dies durchaus abschreckende Wirkung hat. Suche Ernährer!
Möchte Mann sich wirklich eine alleinerziehende Mutter mit zwei Buben auf dem Arm und traurigem Blick ans Bein binden? Die Antwort lautet: Nein!!! Und deshalb: Frauen, haltet eure Kinder aus den Bildern raus. Über sie zu schreiben, finde ich in Ordnung. Tipp: Guckt euch den Kerl erst einmal an, und wenn ihr euch toll findet, könnt ihr immer noch damit rausrücken. Ihr werdet mir entgegnen, das mit den Kindern sei schon okay, denn so könnt ihr die Spreu vom Weizen trennen. Aber: So verhungert ihr – ohne Winterweizen.

»Jeder Heilige hat eine Vergangenheit und jeder Sünder hat eine Zukunft.« – *Jo, 37*

Übrigens, ein absoluter Killer ist auch, wenn Frau gleich auf ihrem Startfoto ihren Hund küsst! »Mann, Mann, Mann! Denk doch mal nach!«, möchte ich solche Frauen auf dem Handy anschreien! Ich habe viele dieser Momente auf meiner Tinder-Tingeltour durch Deutschland.

Das ist nun schon das zweite Glas Champagner, das Miss Markenklamotten bestellt. Während sie von ihrem letzten Urlaub auf den Seychellen erzählt, denke ich an Gespräche mit meinem Bankberater. Oder kann ich das etwa als Spesen abrechnen? SMS an meinen Chef. Antwort: »Ja, du kannst. Aber nicht überstrapazieren!« Chefs halt! Ich bestelle dann mal wagemutig eine ganze Flasche! Mal gucken, was das Controlling dazu sagt!

Bei ihr versuche ich es neben dem Alkohol auch mit Komplimenten. Aber Vorsicht, niemals das Offensichtliche nehmen! Statt der Augen lobe ich die Ohrläppchen, statt der Lippen die schön gezupften Augenbrauen. Die Reaktion »Das hat mir noch kein Mann gesagt« ist tausendmal besser als »Das sagen viele«. Denn damit ist man einer unter allen und somit Mittelmaß. Lieber zum Nachdenken anregen als Standardantworten bekommen.

Zuerst wirkt sie – nach einer ganzen Batterie von Lobpreisungen ihres Aussehens – verlegen, dann geht sie in die Gegenoffensive. Sie springt auf und sagt: »Komm, ich zeig dir mal meine neuen Kleider.« Fahrstuhl, den Champagner nehmen wir mit in die Suite. Franziska ist beeindruckt und sieht mich an, als wäre ich Thomas Middelhoff in besseren Zeiten!

Zum Umziehen verschwindet sie im Bad. Als sie wieder herauskommt, bemerke ich, dass sie sich auch neue schwarze Schuhe gekauft hat. Das ist das Einzige, was sie noch trägt, neben ihrer Victoria's-Secret-Unterwäsche... Mama!

Eigentlich wohne ich in einem Nichtraucherzimmer, aber ich stecke mir eine an, als der Spuk vorbei ist. Die Suite sieht aus, als hätten ein paar Gangster-Rapper eine After-Show-Party gefeiert. Und jetzt kommt der Knaller: Während sie sich die Designerware am Körper zurechtzupft, erzählt sie mir, dass sie nächsten Monat heiratet. Sie gibt mir einen Kuss auf die Stirn und sagt, dass sie mich gerne wiedersehen möchte. Auch nach der Hochzeit...

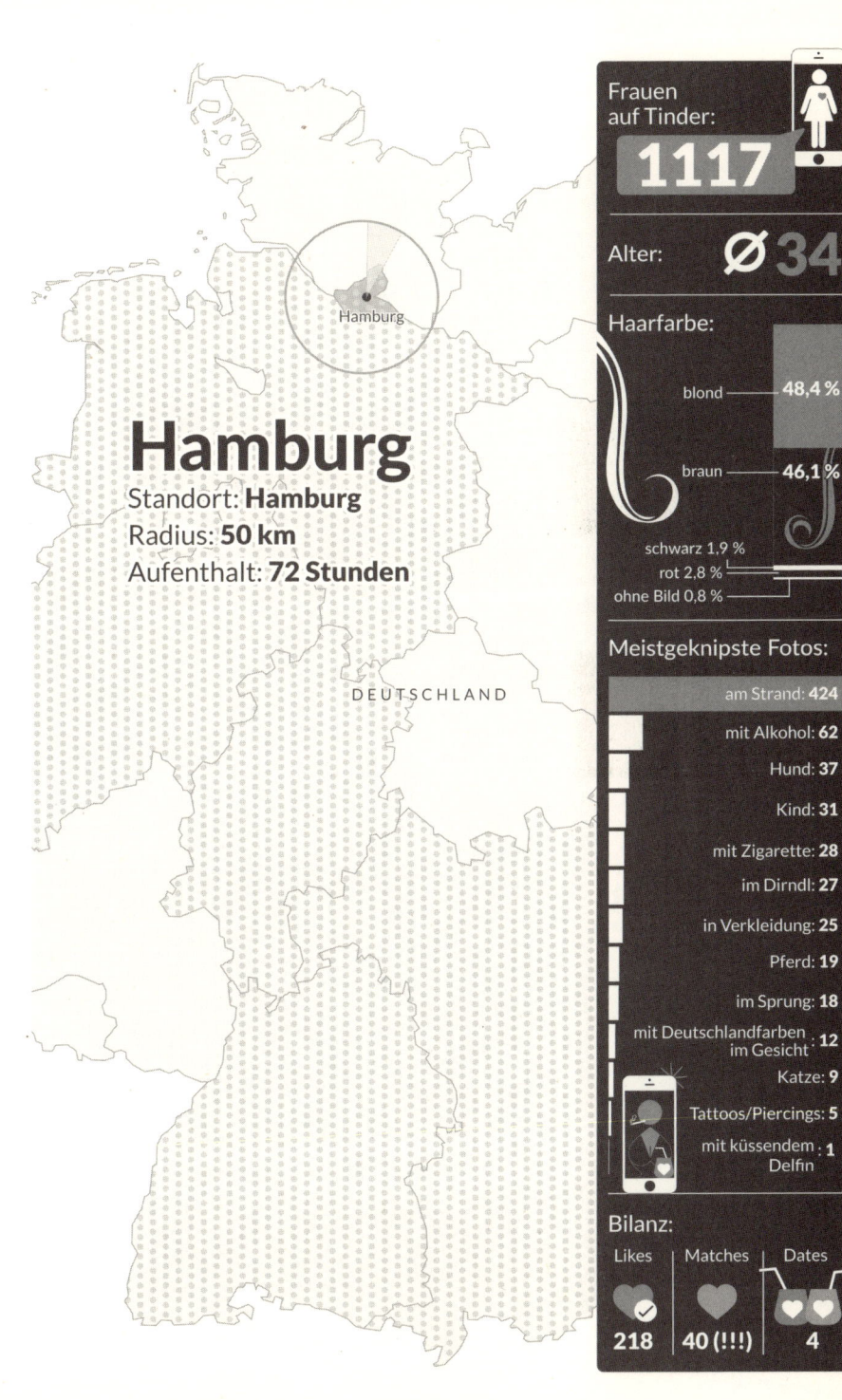

Frauen auf Tinder:

1117

Alter: Ø 34

Haarfarbe:

blond — **48,4 %**

braun — **46,1 %**

schwarz 1,9 %
rot 2,8 %
ohne Bild 0,8 %

Meistgeknipste Fotos:

am Strand: **424**
mit Alkohol: **62**
Hund: **37**
Kind: **31**
mit Zigarette: **28**
im Dirndl: **27**
in Verkleidung: **25**
Pferd: **19**
im Sprung: **18**
mit Deutschlandfarben im Gesicht: **12**
Katze: **9**
Tattoos/Piercings: **5**
mit küssendem Delfin: **1**

Bilanz:

Likes	Matches	Dates
218	40 (!!!)	4

Hamburg

Hamburg
Standort: **Hamburg**
Radius: **50 km**
Aufenthalt: **72 Stunden**

DEUTSCHLAND

Damage à trois

Es ist Samstagabend, 18 Uhr, und ich bestelle mir einen Gin Tonic. Den brauch ich jetzt auf dem Weg ins Paradies. Mir gegenüber sitzt Nesrin. Die 25-jährige Türkin arbeitet als Model und verdient hauptsächlich mit Modefotos ihr Geld. Sie sieht auch genauso aus wie ein Model. Schwarze Haare, eine Kaffee-mit-viel-Milch-Haut, die Zähne weiß und sehr gerade. Sie bestellt auch einen Gin Tonic. Und es wird noch einer geordert. Wir sind nämlich zu dritt. Nesrin hat eine Aufpasserin mit zu unserem ersten Date gebracht. Sabine, 23, lange blonde, in mühseliger Arbeit geglättete Haare. Ihr Beruf: Model! Ach was!? Manchmal auch Akt. Uups!

Moment mal, hier stimmt doch was nicht. Normalerweise bringen Frauen – wenn überhaupt – ihre hässlichste Freundin mit, damit die als Konkurrentin gar nicht erst infrage kommt. Aber Nesrin präsentiert mir diese Göttin bei unserem Treffen. Ich trinke den Gin Tonic innerhalb von zwei Minuten aus und ordere noch einen. Der Ritt auf der Rasierklinge beginnt ...

Kennengelernt haben sich Nesrin und ich auf Tinder. Dort gab sie unter Interessen an: »Game of Thrones«. Auch ich bin Fan dieses gigantischen Fantasy-Epos.

Ich: Valar Morghulis,[1] Nesrin! Waldo Frey schmeißt heute 'ne Bluthochzeit! Bist du dabei? Robb Stark kommt auch!

Die Antwort lässt nicht lange auf sich warten:
Sie: Valar Dohaeris![2] Bin leider bei Tyrion in King's Landing und werde es nicht rechtzeitig schaffen! Morgen könnte ich zu des Raben Leichenschmaus kommen!

---

1   Gruß auf Hochvalyrisch: *Valar morghulis:* Alle Menschen müssen sterben!
2   *Valar Dohaeris:* Alle Menschen müssen dienen.

Hamburg, du teutonischer Tinder-Himmel, Mädchenmekka und Gral der Singlesehnsüchte. In keiner Stadt Deutschlands macht Tinder so viel Spaß wie in Hamburg. Nicht nur, dass sich hier Hunderte Mädchen wirklich hübsch präsentieren, sie sind auch ungleich kontaktfreudiger als an allen anderen Orten, an denen ich mich bisher aufgehalten habe.

Blond ist die dominante Haarfarbe in der Tinder-Hansestadt. Die Hamburgerin zeigt sich gerne mit Sonnenbrille, Hund, einer Flasche Beck's und Zigarette in der Hand auf den Tinder-Fotos. Im Hintergrund ist dabei der Hamburger Hafen zu sehen oder wahlweise – mit einem Haufen Freunde – der Timmendorfer Strand. Bemerkenswert: sehr wenige Katzenfotos! Vielleicht wissen die Frauen in Hamburg, dass kaum ein Heteromann die Viecher ausstehen kann.

Innerhalb von zwei Tagen habe ich 40 Matches, also 40 Frauen, die mich auch ganz interessant finden. 40! Das sind doppelt so viele wie in Frankfurt und Stuttgart zusammen. Mein Herz hüpft, die Arbeit ruft, jetzt geht es ans geschickte Flirten.

Wir mögen uns, Nesrin, Sabine und ich. Ich biete den beiden an, für sie zu kochen. Nesrin wohnt um die Ecke, ein Supermarkt ist auch nicht weit. »Natürlich ohne Kohlenhydrate, ist schon klar! Gebratenes Hühnchen? Mit Gemüse und 'ne kleine Vorspeise? Ja, auch die ohne Kohlenhydrate! Wein? O. k., super!«

Ich kaufe alleine ein, damit die beiden sich erst einmal über mich austauschen können, dann hole ich sie ab und wir gehen in Nesrins Wohnung. Nicht schlecht, 80 Quadratmeter in Winterhude. Der Job scheint gut zu laufen. Kochen, Essen, Wein. Der Abend beginnt super, die beiden versorgen mich mit Modelanekdoten, lästern über notgeile Fotografen, berichten von ihren schlimmsten Stürzen auf dem Catwalk und von schrecklich entwürdigenden Castings. In meinem Hirn manifestiert sich ein absoluter Männertraum. Zwei wirklich toll aussehende Frauen und ich alleine in einer Wohnung. Das Kopfkino läuft auf Hochtouren. Wenn es mir gelingt, mit den beiden eine Nacht zu verbringen, dann muss ich nichts anderes mehr im Leben erreichen. Aber es ist auch ein Austarieren. Ich achte haarscharf darauf, beiden gleich viel Aufmerksamkeit zu schenken, denn Nesrin ist die leichte Eifersucht anzumerken, mit der sie ihre Freundin bedenkt. Doch es läuft alles nach Plan. Nach anderthalb Flaschen Rotwein fangen die beiden an, sich vor mir zu küssen, nachdem ich übermütig das Ganze weinselig provoziert habe. Ja, auch mit Zunge. Ruhig bleiben, Kumpel. Deine Zeit wird schon noch kommen...

Der erste Schritt zum erfolgreichen Match

In erster Linie steht und fällt alles mit den Fotos. Sechs Stück von sich kann man insgesamt einstellen, doch es kommt auf das allererste an. Findet sie das doof, ist man raus, also sollte man dafür sorgen, dass es ein cooles, ansprechendes Bild ist und dass sie Lust auf mehr bekommt! Am besten in irgendwelchen Situationen, die zum Nachfragen einladen. Und niemals vergessen: Die Entscheidung erfolgt innerhalb von Bruchteilen einer Sekunde! Also: Nein, kein nackter Oberkörper; nein, nicht vor der Karre des reichen Kumpels; nein, nicht mit Gina-Lisa im Arm!

Ich finde es nur ehrlich, sich so zu zeigen, wie man wirklich aussieht. So wie man ist. Aber gerne in gutem Licht dargestellt. Man sollte sein Gesicht zeigen, seinen ganzen Körper (weitgehend angezogen) und die Gelegenheit nutzen, sich facettenreich darzustellen. Und außerdem: Es ist doch keine Schande, auf einem Singleportal wiedererkannt zu werden. Von mir sind auch genügend Kolleginnen dabei, nur sehen die bei Tinder ganz anders aus als im wahren Leben...

Viele Frauen tragen Dirndl auf den Fotos, sind verkleidet als Funkenmariechen oder sie zeigen sich gerne am Strand. Aber in solchen Situationen treffen wir unsere Dates nicht. Wir treffen sie meist in Kneipen, Restaurants, im Zoo, im Park, kaum beim Skiabfahrtslauf oder am Strand auf den Malediven.

Auch Fotos von hinten, im Halbschatten oder mit Unschärfe mitten im Gesicht sind nicht hilfreich. Man möchte schließlich die-/denjenigen kennenlernen, die/den man anhand der Bilder auch identifizieren kann, und keinen vollkommen anderen Menschen. Auch unnütz: irgendwelche Kunstfotos, Kindermalerei, Sonnenuntergänge oder anderer Quatsch.
Stattdessen sollte man die Palette seiner persönlichen Möglichkeiten nutzen. Ich zum Beispiel hab ein Foto gemeinsam mit dem Helden meiner Jugend eingestellt, mit Rod Stewart. Wenn mich jemand darauf anspricht, behaupte ich steif und fest, das wäre mein Vater!

Sabine trägt ein enges, schwarzes Stretchshirt, das fast durchsichtig ist, wie ich bemerke, nachdem sie nach circa drei Stunden endlich mal ihre dünne Lederjacke ausgezogen hat. Das ist wirklich ungeheuerlich! Eine Provokation. Manchmal muss ich einfach hingucken, ich kann doch gar nicht anders, ich bin ein Mann! Doch jeder noch so klitzekleine Blick wird von Nesrin aufmerksam registriert. Die Stimmung gerät ins Ungleichgewicht und ich versuche, mich wieder mehr der Dunkelhaarigen zu widmen. Doch irgendwann verlässt sie das Wohnzimmer, wir denken, weil sie im Nachbarraum mit ihrer Mutter in der Türkei chattet, aber sie kehrt nicht mehr wieder. Sabine findet Nesrin schließlich im Schlafzimmer. Als sie zurückkommt, sagt Sabine: »Sie liegt im Bett und schläft, aber irgendwie hat sie es geschafft zu sagen: ›Verpiss dich und nimm den blöden Penner gleich mit.‹«
All meine Wünsche, Hoffnungen, Sehnsüchte zerfallen in Millisekunden zu Staub. Es wäre auch zu perfekt gewesen. Sabine zieht ihre Jacke an. »Tja, dann geh ich mal nach Hause.« Tja, dann muss ich wohl auch. Wir umarmen uns bedrückt zum Abschied vor der Tür. Na, dann. Hotel. Alleine. Ungerecht!

Ich steh mit beiden Damen seit diesem traurigen Ereignis noch über Facebook in Kontakt. Sie lästern übereinander, wann immer sie können, und sind nicht mehr wirklich eng befreundet. Im Gegenteil, sie haben sich sogar auf allen Kanälen blockiert. Gab da wohl noch ein paar andere Sachen zwischen ihnen. Eifersucht ist halt der größte Feind der Freundschaft. Und meiner Träume.

Nordrhein-Westfalen

Standort: **Köln**
Radius: **50 km**
Aufenthalt: **72 Stunden**

Düsseldorf

Köln

DEUTSCHLAND

Frauen auf Tinder:

1258

Alter: Ø 33

Haarfarbe:

blond — **46,3 %**

braun — **47,2 %**

schwarz 2,8 %
rot 3,7 %
ohne Bild 0,9 %

Meistgeknipste Fotos:

am Strand: **603**
verkleidet: **114**
mit Alkohol: **87**
Hund: **59**
im Dirndl: **46**
im Skiurlaub: **39**
im Sprung: **37**
Kind: **36**
mit Deutschlandfarben im Gesicht: **29**
Pferd: **25**
mit Piercing/Tattoo: **23**
Füße am Strand: **21**
auf einer Jacht: **17**
Katze: **17**
sonstige Tiere: **14**
mit Zigarette: **7**
mit küssendem Delfin: **4**
mit Lukas Podolski: **3**
im Netzhemd mit Pistole, Oper in Sydney: **1**

Bilanz:

Likes	Matches	Dates
311	21	3

Ein Zwergerl für Schneewittchen

»Wie? Du hattest heute schon Sex? Was? Bevor du hierhergckommen bist? Das ist ja unglaublich. Dass du mir das erzählst!«
Ich bin wirklich baff. Vor mir sitzt Schneewitchen. Makellose perfekte Blässe und dazu langes tiefschwarzes Haar. Sie trägt einen schwarzen langen Rock und eine weiße Seidenbluse unter dem Wintermantel und läuft auf Zwölf-Zentimeter-Absätzen. Sie ist damit fast einen Kopf größer als ich. Die Wirtschaftsprofessorin hat blaue Augen, kleine Grübchen umkräuseln ihre Lippen, wenn sie lächelt. Das tut sie häufig. Ich hab bis eben auch noch gelacht. Aber jetzt bin ich schockiert.
»Wieso?«, fragt sie, sie könne doch machen, was sie wolle, sie sei Single, ein freier Mensch. In einer Beziehung würde sie das niemals tun, aber so... Ist doch egal. Außerdem: Hätte sie gewusst, dass sie mich noch kennenlernen würde, wäre es natürlich nie dazu gekommen, flunkert sie. War angeblich auch schnell vorbei und nicht besonders gut, beschwert sie sich.
Ich fühle mich beleidigt. Aber tatsächlich, wer gibt mir eigentlich eine Art Recht auf Exklusivität? Schließlich kennen wir uns doch noch gar nicht richtig. Wir mögen uns zwar vom ersten Augenblick an, aber so was behält man doch für sich, wenn überhaupt. Also ehrlich! Andererseits muss ich mir mal selber an meine Machonase fassen. Ich flirte mich immerhin gerade durch Deutschland. Das behalte ich aber ungerechterweise für mich.

Unser Treffen erfolgte recht fix. Als wir uns matchten, lief das so:

Ich: Ich freu mich! Hallo Stefanie.
Sie: Hallo! Woher aus Köln kommst du denn?
Ich: Altstadt
(verschweige erst einmal, dass ich im Hotel wohne)
Sie: Ich wohn am Friesenplatz! Wie groß bist du, wenn ich fragen darf?
Ich lüge: Größer als du!
(Sie hat in ihrem Profil angegeben, dass sie gute 183 Zentimeter misst.)

Sie: Zum Glück. Lust, dich mit mir auf einen Drink zu treffen?
Ich: Jetzt?
Sie: Morgen Abend?

Das ging ja schnell. Vielleicht zu schnell ...

Jetzt entspannt euch doch mal, liebe Kollegen von der Presse. Alles, was ich von euch derzeit über Dating-Apps lese, ist ja kaum an Betroffenheitsjournalismus zu überbieten. Die Vorwürfe lauten: eiskalte Liebe, Oberflächlichkeit, alles Ficker, Massenkonsum. Böses, böses Internet.

Ich jedenfalls treffe auf meiner Reise viele tolle Menschen, die ich sonst nicht kennengelernt hätte: Stewardessen, Rettungssanitäterinnen, Lehrerinnen, Studentinnen, eine Restaurantbesitzerin, Models, Versicherungsangestellte, Bankerinnen, Doktorinnen, Kioskverkäuferinnen, Bardamen, Make-up-Artists, Autoverleiherinnen. Türkinnen, Brasilianerinnen, Serbinnen, Kroatinnen, Albanerinnen, Afghaninnen, Chinesinnen, Inderinnen, Iranerinnen, Ukrainerinnen, Polinnen. Es geht ganz schön multikulturell zu, da im Dating-Netz. Das wäre mal eine echte Therapie für verbohrte Neonazis. Dates mit ausländischen Mitbürgerinnen können hilfreich sein bei der Überwindung von Denkblockaden.

Das beste Beispiel dafür, dass es beim Online-Dating nicht zwangsläufig oberflächlich zugeht, ist meine Begegnung mit meiner Ärztin. Mit Diana wohne ich immer noch in WG-ähnlichen Zuständen rein unsexuell zusammen. Ich betone noch einmal, es ist immer gut, eine Ärztin im Haus zu haben. Leider benimmt sie sich ganz und gar nicht standesgemäß.
Als ich letztens von einer Reise wiederkomme, öffnet sie mir die Tür nur mit einem Slip bekleidet, sie umarmt mich, sagt: »Hiiiiiiii,

du, ich hab grad Besuch.« Im Wohnzimmer liegt eine Polizeiuniform. Den Hauptwachtmeister hatte sie allerdings total analog bei einem Auffahrunfall kennengelernt. In die Wohnung wurde er gelockt mit den Worten: »Mein Mitbewohner schafft es nicht, den Fernseher zu reparieren.« Herr Schutzpolizist kann das aber. Danke noch mal.

Derzeit datet Diana zwei Italiener, die sie im Urlaub auf Zypern gematcht hat. Nur welchen soll sie nehmen? Den aus Pisa oder den aus Venedig? Dann doch vorsichtshalber beide. Zehn Jahre lang war sie verheiratet und jetzt haut die 40-Jährige so richtig auf die Pauke. Oh, du neue polyamouröse Welt.

Die Gesellschaft steht moralisch tatsächlich vor einer Zerreißprobe. Auf der einen Seite traditionelle Werte wie Ehe und Familie, auf der anderen Seite eine Generation, die Sex als Konsumware ansieht und vor lauter Auswahlmöglichkeiten völlig die Orientierung verliert. Wir können uns einfach nicht mehr entscheiden. Und wir können diese Entwicklung wahrscheinlich auch nicht mehr ändern!

Andererseits: »Drum prüfe, wer sich ewig bindet, ob er nicht was Bessres findet« ist nun mal eine über Generationen übermittelte Redensart. Nur können wir heute aus dem Vollen schöpfen. Mittlerweile hab ich nach zehn Tagen Tinder-Tour 150 Matches quer durch die Republik. So viele Frauen hat der Bauer im Mittelalter in seinem ganzen Leben nicht gesehen. Deshalb musste er auch wohl oder übel die Nachbarstochter heiraten.

Und was ist eigentlich falsch daran, sich auszutoben, bis man wieder in festen Händen ist? Das ist heutzutage überhaupt keine moralische Frage mehr. Der Mensch ist von seiner Veranlagung her nun einmal nicht monogam. War er nie. Die Wissenschaft spricht heutzutage gerne von der seriellen Monogamie, heißt: Ich hab einen Partner, ich bin ihm treu, bis der nächste Partner kommt. Dazwischen darf ich es krachen lassen. Moralisch schwer zu beanstanden, es sei denn, man ist Arzt an einem streng katholischen Krankenhaus. Auch notorische Fremdgeher wird es immer geben, das lässt sich nicht ändern, weder in den Ländern, wo man im schlimmsten Fall mit Steinigung rechnen muss, noch bei uns, wo bis auf eine teure Scheidung keine Konsequenzen blühen. Es ist die Sehnsucht nach Abwechslung und Abenteuer, die da in uns schlummert und die jederzeit ausbrechen kann, besonders, wenn die Versuchung allgegenwärtig ist.

Am Morgen nach dem Match mit Stefanie schicke ich ihr voller Reue eine Botschaft:

Ich: Es war einem gewissen Übermut geschuldet, dass ich wahrheitswidrig erwähnte, ich wäre größer als du. Ich bin 5 Zentimeter kleiner. Sollte somit für dich unser Treffen obsolet geworden sein, habe ich dafür vollstes Verständnis.
Sie: Guten Morgen, Zwergerl! Ich hoffe einfach, dass du die Größe woanders gutmachst – geistige Größe. Bis heute Abend.

Was für eine coole Antwort. Hätte ich nicht gedacht; jedoch, meine Lüge bleibt nicht ungesühnt. Später wird sie mich noch »Mini-Me« nennen! Wobei, »Zwergerl« mag ich.

Köln ist eine wunderbare Stadt. Vom Hotel aus blicke ich auf den Dom. Die Sonne scheint, und ich sitze im Zimmer und führe meine Liste. Radius 50 Kilometer. Ich erreiche also auch beispielsweise Düsseldorf. Im Rheinland braucht man eigentlich kein Tinder. Wie oft ist es mir in Düsseldorf oder Köln passiert, dass ich in Gedanken versunken alleine am Tresen stand und mir plötzlich zwei Menschen auf die Schulter klopften und sangen: »Trink noch eene mit, stell dich nicht so an.« Das ist kein Klischee, das ist die Wahrheit. Mal gucken, ob die Rheinländerin überhaupt Tinder nutzt ...
Auf Tinder ist sie im Schnitt 32,6 Jahre alt, Blond und Braun halten sich weitgehend die Waage. Bei den Fotos wird die Präferenz auf Verkleidungen gelegt. Clowns, Vampire, Funkenmariechen, gerne mit einem Glas Kölsch in der Hand, singend in einer Gruppe. Die Kölnerin zeigt sich besonders gern mit allerlei Getier. Mit Elefanten, Kamelen, Geparden, eine hat ein Foto mit einer Vogelspinne in der Hand gepostet, eine reitet auf einer großen Landschildkröte, eine auf einem

Schwein. Fünf Mädchen küssen Delfine, was ich moralisch verwerflich finde. Hab ich zwar selber schon mal machen müssen, würde so ein Foto aber niemals veröffentlichen.

Drei Mädels haben Fotos von sich mit Lukas Podolski im Arm eingestellt, keine mit Wolfgang Niedecken. 1258 Singles sichte ich innerhalb von drei Tagen, knapp ein Zehntel gefällt mir, davon gibt mir ein Fünftel das Go. Auf geht's.

Das Zwergerl wird gerade noch kleiner, denn Stefanie zieht richtig vom Leder. Ich wüsste ja gar nicht, wie viele Prominente auf Tinder, Lovoo und Co. unterwegs seien. Letztens habe sie so einen sehr bekannten Schauspieler getroffen. Spontan sei sie zu ihm und seinem Kumpel für 'nen Dreier aufs Hotelzimmer. Ich weiß nicht, ob es meiner brillanten Fragetechnik oder dem Alkohol geschuldet ist, aber Stefanie erzählt einfach mal alles. Auch dass sie dem SM nicht abgeneigt ist, dass sie im Besitz diverser Sexspielzeuge ist und was sie sonst alles so gern hat. Wir beschließen, Facebook-Freunde zu werden, schließlich könne man ja keinesfalls unter diesen Umständen... und Sex. Nein, niemals, nicht nach dieser Vorgeschichte. Wir trinken noch eine Flasche Wein, während sie mir von ihren sexuellen Ausschweifungen und Interessen ausführlich berichtet. Ob sie denn eigentlich geduscht habe, bevor wir uns getroffen haben, will ich ernsthaft wissen. Sie nimmt meine Hand und schaut mir tief und eindringlich in die Augen: »Glaubst du denn, ich bin eine Schlampe?«

Berlin

Standort: Berlin
Radius: 50 km
Aufenthalt: 72 Stunden

DEUTSCHLAND

Berlin

Frauen
auf Tinder:

993

Alter: Ø **35**

Haarfarbe:

blond — **41,5 %**

braun — **52 %**

schwarz 3,1 %
rot 2,3 %

ohne Bild 1,2 %

Meistgeknipste Fotos:

am Strand: **326**

Hund: **54**

Katze: **49**

Kind: **42**

Tattoos/Piercings: **34**

im Sprung: **32**

mit Deutschlandfarben
im Gesicht: **27**

verkleidet: **19**

mit Alkohol: **18**

mit Zigarette: **17**

Pferd: **12**

im Dirndl: **12**

mit küssendem
Delfin: **2**

Bilanz:

Likes	Matches	Dates
132	**14**	**4**

Des Teufels Stewardess

Vor dieser Stewardess muss man sich als Flugpassagier wirklich fürchten. Laut und bösartig ist Katharina. Wir haben uns auf einem Weihnachtsmarkt getroffen, eigentlich romantisch, aber sie führt sich auf wie der Grinch, wahlweise die Gremlins. Sie hasst ihre Fluggäste, besonders, wenn sie noch einen zweiten Kaffee bestellen. »Den mach ich dann so stark, dass die nie wieder fragen.« Ein anderer bat um ein Aspirin für seinen Sohn. Sie erteilte ihm eine Abfuhr mit den harschen Worten: »Sowatt sollte man als Reisender im Gepäck haben! Hamse selber schuld!«

Ihre Lieblingssätze sind: »Mir doch scheißejal« und »Da hab ick keen Bock druff«. Ich stelle mir vor, wie sie durch den Gang stolziert und mit angriffslustigen Augen die Economy-Passagiere einschüchtert, wahlweise könnte sie als Domina arbeiten...

Sie hasst ihren Job. »Früher war alles besser« ist ihr Credo. Ich überlege, ob ich zur Notlandung ansetze wie einst Chesley Burnett Sullenberger auf dem Hudson River und einfach davonschwimme. Janz Berlin is eene Jewitterwolke.

Die Hauptstadt ist ein wirklich ätzendes Pflaster für Online-Dating. Ich glaube, die – meist zugezogenen – Berliner finden sich so geil, dass sie glauben, so etwas überhaupt nicht nötig zu haben. Auf ihren Fotos präsentieren sich die Damen oft cool mit Mütze, gerne zeigen sie ihre Tattoos, Piercings. Die tolle Berlinerin hält es für hip, ihre Füße zu fotografieren, am besten am Strand, im Hintergrund das Meer. Katzenliebhaberinnen scheinen sie irgendwie alle zu sein.

Zwar sehe ich unglaublich viele Bilder von vermeintlich hübschen Frauen, aber sie sind irgendwie unkommunikativ. Liegt wahrscheinlich daran, dass die hippe Hauptstädterin gerade mal wieder in irgendwelchen Szenecafés abhängt und über die geplanten Projekte quasselt. Das Schlimmste: Sie antworten nicht einmal auf originelle Texte. Die Ablehnung meiner Kreativität empfinde ich als beleidigend. Eine Kollegin aus der Hauptstadt hat sich bei Tinder schon wieder entnervt abgemeldet. Keiner der Typen wollte sie anschreiben. Auf die Idee, selber die Initiative zu ergreifen, kam sie nicht. Männer müssen den ersten Schritt machen. Ja, ja! Ich bekomme pro Tag gerade mal zwei bis drei Matches. Ich prangere das an und wechsle zur App Lovoo!

Lovoo ist nicht ganz so einfach zu behandeln wie Tinder. Mehr Funktionen, man kann auch Menschen anschreiben, die man nicht matcht, und es gibt einen schicken Radar, der einem anzeigt, wo sich die Zielobjekte gerade ungefähr befinden. Auch kann man sehen, wer einen mag, ohne dass man ihn gleich mögen muss.

Aber um das Ganze voll nutzen zu können, muss man besonders als Kerl zahlen. Ich finde das gestaffelte Preissystem zu teuer, kann aber trotz Funktionseinschränkungen matchen. So werde ich eine Stewardess daten.

Meine Mitbewohnerin hat sich unterdessen auch auf Lovoo angemeldet und bekam innerhalb eines halben Tages 685 Likes! 685!!! Geht's noch? Ich habe im Vergleichszeitraum drei. Da sieht man auch mal wieder den Unterschied zwischen Männern und Frauen. Männer sind wahllos und Frauen wählerisch.
Aber dieses Überangebot an paarungswütigen Männern führt dazu, dass selbst das Mauerblümchen einen Überflieger bekommt und sich virtuell in eine elend-arrogante Zicke verwandelt. Wenn man sich dann trifft, ist das Mauerblümchen wieder das, was es ist: eine graue Maus. Dennoch, als Mädel hat man die riesige Auswahl eines Kaufhauses des Westens und als Mann die doch sehr eingeschränkte eines Tante-Emma-Ladens.

Auf den Fotos sah sie ganz anders aus. Freundliches Lächeln, ein süßer Blick, viel hellere Haarfarbe. Vor mir aber steht eine saure Saftschubse, die beim Glühwein mit Schuss die Mundwinkel in Merkel'scher Manier nach unten zieht. Katharina ist 175 Zentimeter groß, hat lange braune Haare, ein großer Busen zeichnet sich unter ihrer silbernen Winterjacke ab. Sie unterhält mich immerhin mit Anekdoten aus der Luft. Piloten findet sie scheiße *(Hab ick keen Bock druff)*, Araber nennt sie »Ölaugen«, und außerdem versichert sie hoch und heilig, dass sie sich als Allererstes in Sicherheit bringen würde, wenn es mal zu einer Notsituation an Bord käme (*Mir doch scheißejal*). Aus mir platzt es heraus: »Wie konnte aus dir nur so ein frustriertes Flugfrettchen werden?« Sie sei ja eine Gefahr für die Menschheit. Gestärkt vom Glühwein und voller Missbilligung ihrer Geschichten, schalte ich einen Gang höher: »Du musst einfach mal wieder richtig gefickt werden«, platzt es aus mir heraus. Die Antwort ist klar: »Da hab ick keen Bock druff!«

Wie lernt man Leute auf Tinder kennen?

Meistens, indem man aktiv wird, denn ein Match macht noch keinen Sommer. Manchmal reicht schon ein freundliches »Guten Abend, Petra!«. Kreativität ist aber klar im Vorteil. Wenn man es schafft, die gematchte Person mit seinem ersten Post zum Lachen oder Lächeln zu bringen, wird alles gut.

Beispiel: Mein Match Kathrin hat auf einem ihrer Fotos ein Krankenschwester-Karnevalskostüm an. Mein erstes Anschreiben:

»Schwester Kathrin! Auf zur Morgenvisite!«

Wir sind noch heute in Kontakt.

Oder:

Einer Chinesin schreibe ich ein paar freundliche Zeilen, die ich vorher durch Google Translate gejagt habe. Bei der bunten Mixtur der fernöstlichen Schriftzeichen bekommt sie einen Lachkrampf, so hanebüchen ist die Übersetzung.

Mein liebster Dialog beginnt so:

Ich: Hello Melanie. Do you speak german? (Ihr Wahlspruch war auf Englisch)
Sie: Hallo, nein, ich sprechen keine Deutsch. Ich bin eine bulgarische Straßenhure und suche einen Mann für Heirat.
Ich: Was zahlst du denn?
Sie: Kochen kann ich auch nicht!
Ich: Kennst du dich jedenfalls mit Schusswaffen aus? Wir könnten gemeinsam Rentner überfallen!
Sie: Darf mein Vater mitkommen?
Sie: Übrigens, was ist denn das für ein beschissener Gesprächseinstieg? »Do you speak german«??

Ich muss nicht erwähnen, dass sie natürlich keine Prostituierte war, sondern eine sehr lustige Logopädin.

Normalerweise sollte man als Mann aber anfangs nicht allzu viel kreative Gegenleistung erwarten. Wie gesagt, die Dame ist etwas verwöhnt und neigt dazu, sich nicht allzu viel Mühe beim Zurückschreiben zu geben. Es sei denn, es gelingt einem, ihr Kopfkino anzuwerfen oder sie intellektuell herauszufordern. Klappt aber auch nicht bei jeder.

Manchmal kann es auch ein, zwei Tage dauern, bis die Herzensdame sich zurückmeldet. Hier muss man einfach Geduld haben und sie nicht gleich wieder aus seinem Profil werfen. Nun, sie hat die Auswahl aus 685. Man selbst ist nur einer von vielen. Man sollte also versuchen, die Konkurrenz zu überstrahlen.

Zu fortgeschrittener Stunde in meiner Hotelbar: Katharina und ich haben auf wundersame Weise den Ort gewechselt. Trotz meiner Verachtung! Die Hotelbar ist übrigens ein wirklich toller Ort, um sich zu treffen. Das Zimmer ist so wunderschön nah. Hat sich ja schon einmal bewährt. Nur will ich das? Nun ... nein!
Katharina ist nämlich nicht nur negativ, sie ist auch richtig laut und derb nach vier Glühweinen. Jetzt steht ein Moscow Mule vor ihr, während sie den Barkeeper belehrt, wie man den richtig macht. Ich leide unter totalem Fremdschämen, aber noch halte ich durch, denn kurz zuvor hatte sie mir etwas wirklich Intimes gebeichtet.

Ich (erstaunt): »Du hattest seit zweieinhalb Jahren keinen Sex mehr?«
Sie: »Vielleicht länger.«
Ich: »Das gibt es doch nicht!?«

Diese Frage stelle ich ihr ungläubig zehnmal an diesem Abend. Und ich rate ihr in meiner Funktion als Hobbytherapeut, dringend mal wieder Sex zu haben, das sei schließlich gut für das Gemüt. Zweieinhalb Jahre ist wirklich der Hammer, da kann man doch nur zu einer verhärmten bösen Alten werden, die als Oma aus dem Fenster heraus die Passanten beschimpft. Und diese Kreatur vor mir ist auf dem besten Wege dahin. Vielleicht wird sie auch als Nächstes ein Flugzeug entführen – aus Frust! Dabei könnte sie so hübsch aussehen, wenn sie mal wieder lächeln würde, aber auf ihren Lippen sieht man höchstens ein zynisches Grinsen! Ich muss handeln!

Es gibt drei Arten der Kommunikation auf Tinder

- kein Anschreiben oder keine Antwort
- Nach ein paar Sätzen hat es sich ausgetrudelt.
- Das Gespräch kommt in Fahrt, irgendwann trifft man sich.

Doch wer daten will, muss geduldig sein und Ruhe bewahren. Bloß weil man jemanden »matcht«, bedeutet das noch lange nicht, dass man sich gleich am ersten Abend treffen kann. Vor allem nicht mit so bemerkenswerten Einstiegssätzen wie: *Hallo, Lust auf Sex? Verkaufst du gebrauchte Unterwäsche? Stehst du auf Sklavenspiele? Schon mal 25 Zentimeter gesehen?*

Also nicht zu schnell mit der Tür ins Haus fallen, obwohl ich es ja eigentlich eilig habe. Ich gebe mir für jede Stadt bis zu drei Tage Zeit, denn die meisten potenziellen Dates wollen erst einmal reden und herausfinden, wie ihr Gegenüber tickt. Ist ja auch vernünftig, 'nen Blind-Date-Psychopathen braucht nun mal kein Mensch. Wie sich herausstellt, sind diese drei Tage wirklich sinnvoll, denn ich finde recht schnell die deutschen Dating-Gesetzmäßigkeiten heraus:

Tag 1: Match & Begrüßungsphase

Tag 2: Konsolidierungsgespräche

Tag 3: Treffen

Problem an der Sache: An Tag Nummer drei muss ich ganz schön rudern, um alle Dates unter einen Hut zu bekommen; da ballen sich dann die Rendezvous. Das ist wirklich logistischer Aufwand und erfordert unbedingten Mut zur Lüge. Irgendwie muss ich ja erklären, warum ich ausgerechnet dann abhaue, wenn es gerade gemütlich wird. Aber zur Lügenproblematik mehr an einer anderen Stelle.
Ich schaffe maximal drei Dates an einem Tag und das macht nicht wirklich Spaß, weil ich mir gleich dreimal den Mund fusselig quatsche und permanent die Zeit im Blick haben muss. Bei dem Treffen mit der

Stewardess hab ich leider keine Ausweichmöglichkeit, wie gesagt, Berlin ist ein ätzendes Pflaster.

Am nächsten Morgen bin ich erfüllt von Stolz, als ich im Bett um mich blicke! Überreicht mir das Bundesverdienstkreuz. Ich durchschnitt den gordischen Knoten mit Todesverachtung und unglaublichem Heldenmut. Ich besiegte den Satan mit einem Sexzorzismus, der sich gewaschen hatte. Herr Gauck, bitte handeln Sie! Sie hat sogar gelächelt!

Niedersachsen

Standort: **Hannover**
Radius: **50 km**
Aufenthalt: **72 Stunden**

Hannover

DEUTSCHLAND

Frauen auf Tinder:

531

Alter: Ø **35**

Haarfarbe:

blond — **49 %**

braun — **47,1 %**

schwarz 1,7 %
rot 1,3 %
ohne Bild 0,9 %

Meistgeknipste Fotos:

am Strand: **244**

Pferd: **34**

Hund: **21**

im Sprung: **21**

im Dirndl: **15**

Kind: **12**

Katze: **12**

mit Deutschlandfarben im Gesicht: **10**

mit Alkohol: **9**

verkleidet : **9**

mit Zigarette: **4**

Tattoos/Piercings: **3**

Bilanz:

Likes	Matches	Dates
68	6	2

Hangover in Hannover

Kaum habe ich in meinem Hotel in Hannover eingecheckt, piept das Handy! Ich fasse es nicht. Mein heutiges Date sagt ab. Alessandra schreibt: »unterrich findet heute nicht statt lehrerin ist leider nicht fit genug :-/«

Für die Rechtschreibfehler und Kommata kann sie nix, sie kommt aus Spanien. Wofür Alessandra was kann, ist, dass sie eine Stunde vor unserem ersten Date kneift. Nicht fit genug! Was soll ich denn sagen? Fast jeden Abend hab ich ein Date bis tief in die Puppen inklusive Hukkatschaka, hoch die Tassen! Hallo, ICH brauch frei – nicht du!

Eigentlich haben wir uns zu einen Flirtkurs auf Spanisch verabredet. Sie wollte mir die besten iberischen Sprüche und Komplimente verraten und ich sollte sie direkt an ihr anwenden, so habe ich das jedenfalls in unserem Chat verstanden.

Getindert habe ich Alessandra, als ich in der Nähe von Hannover eine Pause auf einem Autohof machte. Das ist schon ein Ritual auf Rastplätzen. Ich hatte sogar einmal ein Date an einer Autobahntankstelle. War nicht wirklich sexy, so zwischen Sanifair-Toilette und Gustico-Kaffee.

Sogar in Staus zücke ich das Handy. Mal gucken, wer im Radius von 50 Kilometern sein Singledasein online zur Schau stellt und mich sogar matcht.

So lernte ich also – quasi auf der Durchfahrt – die Grafikerin aus Madrid kennen. Seit zwei Jahren lebt die 28-Jährige in Deutschland, da sie in Spanien keinen Job findet. Nach einigem Hin- und Hergeschreibe wollten wir uns treffen. Ich breche meine Zelte in der Dating-Einöde Berlin erst einmal ab und fahre nach Niedersachsen. Jetzt bin ich da und sauer. Hotel, Anfahrt. Bis jetzt also 200 Euro auf der Uhr und ein Samstag im langweiligen Hangover. Nicht, dass wir uns missverstehen, Hannover ist schon toll gewesen, damals auf der Expo 2000, aber jetzt ist es bloß eine Provinzhauptstadt. Gott sei Dank hab ich Alessandra nicht in Bielefeld gematcht. Das wäre ein richtiger Albtraum!

Ich bin ja mittlerweile vertraut mit der Unzuverlässigkeit der Tinderianer. Ich bin selber einer geworden, der für seine Dates eigentlich eine Sekretärin bräuchte; immer wieder verschiebe ich oder sage ab, weil ich das zeitlich alles überhaupt nicht auf die Reihe kriege. Halb Deutschland habe ich mittlerweile durchgetindert, und in jeder großen Stadt bleibt mindestens eine Frau hängen, die ich doch tatsächlich noch kennenlernen will, und deshalb beginnt ein wildes Hin- und Hergefahre in der Republik. Aktionismus, wie ich jetzt gerade in Hannover feststelle, ist unangebracht; es sollte zumindest noch ein Plan B in der Tasche stecken und den hab ich...

Zu der Zeit habe ich 180 Matches in Westdeutschland, also 180 Frauen, denen ich schreiben und mit denen ich mich verabreden könnte. Ich beschränke meine Kommunikation allerdings auf maximal 25. Alles andere überfordert jedes Hirn, nein, sagen wir es so: Alles ab fünf macht mich fertig. Ich begehe dumme Anfängerfehler, der schlimmste ist, aus Unachtsamkeit die Frauen zu verwechseln. Ich komme einfach durcheinander und merke manchmal gar nicht, wem ich was schreibe. Das hat mich bisher drei Chatpartner gekostet. Das schönste Beispiel:

Sie: Na, wie geht es?
Ich: Du erkennst mich an dem dunklen Mantel. Ich stehe hier an einer Laterne wie eine schmierige Straßennutte und friere!
Sie: Wie bitte? Was für Drogen nimmst du denn?

Leider sind solche Chats nicht mehr zu retten, am besten ist es, das Match zu löschen und sich kurz unter dem Kopfkissen zu schämen.

Ein anderer Fehler ist, ein Date unbedingt erzwingen zu wollen. Mit der Brechstange hat das eher eine verschreckende Wirkung: Das Gefühl zu erwecken, es ganz dringend nötig zu haben, verschreckt das zarte Reh im Wald, das klappt nur bei Hardcore-Nymphomaninnen – und ja, die gibt es wirklich.

Mein heutiger Plan B ist die Königsdisziplin! Wenn mir das gelingen sollte, dürft ihr mich »Tinder-König« nennen oder »Bagger-Star« oder was auch immer, denn: Ich treffe Sabrina und Sabrina trifft sich zur gleichen Zeit mit ihren beiden besten Freundinnen.

Die 33-Jährige ist Gymnasiallehrerin und sie hat Mädelsabend, aber ich könne ja vorbeikommen, wenn ich mich traue. Ich solle aber besser vorher drei Bier trinken. Königsdisziplin, weil ich hier nicht eine Frau von mir überzeugen muss, sondern zusätzlich zwei, die Sabrina ihre Einschätzung über mich garantiert mitteilen. Die Freundinnen entscheiden über Leben oder Tod. Mein Bauchgefühl sagt mir: »Geh nicht!«, mein Verstand erinnert mich an meinen Auftrag. Verstand gewinnt. Also ab in die Bahn ins nahe Hildesheim – dort wohnt und feiert sie. Mit 180 km/h fahre ich in Richtung totaler Pleite...

Ein Pole telefoniert sehr laut im Zug. In feinem Deutsch fragt er seinen Kumpel am anderen Ende der Leitung, ob Stalking in Deutschland ein Straftatbestand sei, seine Exfrau habe es angedeutet. Ja, er lauere ihr ab und zu auf, um sie zur Rede zu stellen. Sie gehe ja nicht mehr ans Telefon. Ein Gespräch vom Tod einer langen Liebe und vom Sorgerechtsstreit um die Tochter. So endet, was einst schön begann. Ich fühle mich ihm gegenüber in einer unangenehm überlegenen Position. Ich bin frei, während sich die unsichtbaren Fesseln der Vergangenheit in sein Fleisch schneiden. Stalker aus Verzweiflung.

Stalking ist in der Tat ein Thema auch für Online-Flirter. Denn: Jeder der Kontakte kann jederzeit sehen, wie weit man entfernt ist oder wann man das letzte Mal online war. Das ist NSA pur. Totale Überwachung. Eine Date-Bekanntschaft gibt mir diesbezüglich einen entscheidenden Tipp: Nach dem ersten Treffen die jeweilige Person aus dem Tinder-Portfolio löschen und bei Bedarf bei WhatsApp oder Facebook weitermachen. Die haben keinen Kilometerzähler. Aber auch dort sollten die Ortungsdienste ausgeschaltet sein.

Sabrina entdecke ich zwischen ihren Freundinnen direkt an der Bar. Sie ist die Hübscheste, aber auch Zurückhaltendste des Trios. 1,65 Meter, brünetter Pagenkopf, durchtrainiert, akzentfreie Polin, die heilfroh ist, in einer Kleinstadt zu unterrichten. Unter ihren Schülern seien glücklicherweise kaum Ausländer, sagt die Ausländerin. Die sorgen immer für Unruhe, ganz besonders die nichtpolnischen Ausländer. Während ich mich mit ihren Freundinnen blendend verstehe (eine hat auch gleich noch ein Tinder Date mit einem italienischen Rockmusiker), bleibt es zwischen Sabrina und mir ruhig. Bis auf »Probleme im Schul- und Bildungssystem unter besonderer Berücksichtigung des Mangels an kostenfreien Lehrmitteln« fällt mir nicht viel ein. Ich blicke in ein schönes Gesicht, doch in meinem Hirn bildet sich ein Vakuum. Eigentlich halte ich mich mittlerweile für einen Small-Talk-Profi, dennoch versage ich auf der ganzen Linie. Vielleicht bin ich auch durch die Anwesenheit der Freundinnen etwas eingeschüchtert, die jeden Flirt alleine durch Blicke unterbinden. Date mit Gouvernanten. Es wird noch schlimmer, als wir in die Diskothek nebenan wechseln. Es ist eng, heiß und laut. Gespräche unmöglich, auf Tanzen hab ich keine Lust. Und während wir da schweigend mit den Knien wackeln, steigt in mir das Bedürfnis, nach Hause zu gehen. Fährt eigentlich die Bahn noch?

Als ich mich gerade verabschieden will, kommen die beiden besten Freundinnen meiner Ex vorbei. Was zum Teufel machen die denn in Hildesheim?

Hoffnung keimt auf, vielleicht gelingt es mir ja, Sabrina eifersüchtig zu machen, indem ich den Schwerpunkt von ihr wegbewege.

Es scheint zu klappen, denn kurz nachdem die beiden verschwunden sind, sagt sie abfällig: »Woher kennst du denn diese billigen Tanten?« Als ich sie aufkläre, nickt sie abwesend und dreht sich wieder weg. Desinteressiert. Mission gescheitert. Ich verabschiede mich von Sabrina und stelle fest: Die Bahn fährt nicht mehr. Taxi 50 Euro. Viel Geld ausgegeben für nix, für gar nix. Noch nie hat mich ein Date so geärgert. Oder besser ärgere ich mich über mich und meine Unfähigkeit, mein Versagen. Nix mit Tinder-König. The King is dead. Vielleicht würde er ja noch leben, hätte er auf seinen Bauch gehört.

Sachsen

Standort: **Leipzig**
Radius: **50 km**
Aufenthalt: **72 Stunden**

DEUTSCHLAND

Leipzig

Frauen
auf Tinder:

499

Alter: Ø **34**

Haarfarbe:

blond **44,3 %**

braun **49,7 %**

schwarz 0,8 %
rot 3,2 %
ohne Bild 2 %

Meistgeknipste Fotos:

am Strand: **311**
Kind: **28**
mit Alkohol: **27**
in Verkleidung: **16**
mit Deutschlandfarben im Gesicht: **14**
im Dirndl: **14**
Hund: **14**
im Sprung: **11**
Katze: **9**
mit Zigarette: **7**
Pferd: **4**
mit küssendem Delfin: **4**
Tattoos/Piercings: **2**

Bilanz:

Likes	Matches	Dates
51	9	4

Liebe und Lüge in Leipzig

Es ist nicht zu fassen. Die Frau, die vor mir steht, hat nicht die geringste Ähnlichkeit mit ihren Fotos. Nicht einmal im Ansatz. Das Verwunderliche: Sie sieht tausendmal besser aus als diejenige, die ich zu treffen glaubte. Ich bin hingerissen. Lara ist 34 Jahre alt, 175 Zentimeter groß, hat strahlend blaue Augen, weiße Zähne, ein subtiles Lächeln, schulterlanges blondes Haar, eine sehr sportliche Figur. In der vollen Bar zieht sie mich zur Seite und sagt: »Ich bin es.«

Ja, du bist es, du bist es wirklich. Toll, fantastisch, mein Herz tanzt! Auf den ersten Blick würde ich mit dieser Frau sofort – ohne große Diskussion – eine Beziehung eingehen, den Job aufgeben, nach Leipzig ziehen, Hochzeit, Kinder, ewige Glückseligkeit. Wahlweise würde ich ihr auch eine Versicherung oder einen Gebrauchtwagen abkaufen. Ich glaube, ich habe mich gerade verknallt. Und das innerhalb der ersten fünf Minuten unserer Zusammenkunft. Das ist mir das letzte Mal vor zwanzig Jahren passiert. Treffe ich wirklich bei Tinder die Liebe meines Lebens?

In Sachsen, wo die schönen Mädchen auf den Bäumen wachsen, ist nicht allzu viel los auf den Dating-Plattformen. Innerhalb eines halben Tages habe ich die Stadt leer getindert. Und das mit dem »schön« ist auch eher ein Mythos.

Mein erstes Match gibt das Alter mit 109 an. Das veranlasst mich zu der Frage, was denn das Geheimnis ihrer Jugend sei. Sie antwortet, das Geheimnis ihrer Jugend sei ihre Jugend, sie sei nämlich 16! 16??? Oh mein Gott. Es macht den Anschein, als wolle sie sich ernsthaft mit 'nem Kerl treffen, der mehr als doppelt so alt ist wie sie. Sie sagt: »Ich passe prinzipiell in keine Prinzipien.«

Was mache ich? Für meine Recherchen auch das mitnehmen oder einfach die Finger davon lassen? Sollte mal meinen Chefredakteur um Rat fragen. Nein, ich mache es anders:

Ich: Eigentlich wollte ich dich fragen, ob wir 'nen Drink nehmen wollen, aber so müsste ich erst einmal die Gesetzeslage studieren ☺
Sie: Da hast du wohl recht.
Ich: Melde mich in zwei Jahren wieder, dann ist es dem Gesetzgeber wurscht!
Sie: Okay ☺

☺☹☺☺☺

Icons sind mittlerweile unabdingbar bei Chats. Für jede Situation gibt es den passenden Smiley. Mit Smileys sollte man unbedingt arbeiten; zum einen bringen sie Farbe in den Text, aber sie sorgen hauptsächlich für die Vermeidung von Missverständnissen – und davon gibt es wirklich sehr viele in der schriftlichen Konversation. Versteht das Gegenüber die Ironie in Schriftform? Schwierig. Also bitte ☺ usw.

Auch in Leipzig leiste ich dem guten alten deutschen Dating-Prinzip vollkommen Folge. Der geneigte Leser erinnert sich:

Tag 1: Match & Begrüßungsphase
Tag 2: Konsolidierungsgespräche
Tag 3: Treffen

Am letzten Tag habe ich drei Dates. Die Zeit der Lügen beginnt ...
Zuerst lädt mich eine 45-jährige Chinesin zum Abendessen ein. In ihrem eigenen Restaurant. Ich betrete den Laden um 18 Uhr. Bis auf zwei Handwerker sitzt niemand in dem typischen Shōgun/Schanghai/Mandarin/Roter-Drache/Lotus-Laden. Die drei Bedienungen starren mich an. Nein, die glotzen, als wäre ich Marco Polo, der zum ersten Mal chinesisches Territorium betritt. Chefin hat wohl geplaudert. Fühle mich unwohl. Chefin kommt. Gibt mir die Hand. Stellt sich vor: Xia. Schwarze lange Haare, freundliches Lächeln. Chefin

setzt sich, springt auf! Chefin scheißt die Bedienungen zusammen, dass sie nicht so glotzen sollen. Chefin geht ans Telefon, Chefin bringt den Müll raus, begrüßt die eintreffenden Stammgäste mit Vornamen. Chefin macht alles, nur um mich kümmert sie sich nicht. Immerhin bekomme ich ungefragt die Spezialität des Hauses: Hühnchenspieße in Erdnusssoße. 1500 Kalorien mindestens, schmecken aber auch so. Perfekt. Nach circa 20 Minuten setzt sie sich dann semientspannt zu mir. Ich finde das schon ganz schön dreist, sich am Arbeitsplatz zu daten, während die Stammgäste in Hörweite danebensitzen. Einmal, erzählt sie, waren gleich drei Tinder-Bekanntschaften in ihrem Laden. Alle drei seien spontan vorbeigekommen, bedauerlicherweise zeitgleich. Abgesehen davon, dass drei Junggesellen vollkommen unökonomisch drei Tische belegen, sei sie ganz schön ins Schwitzen geraten. Erstens: allen Aufmerksamkeit schenken; zweitens: verhindern, dass irgendeiner der drei die Lunte riecht; drittens: lügen, was das Zeug hält.

Das tue ich auch. Permanent. So verabschiede ich mich von der charmanten Chinesin mit der Bemerkung, ich sei noch auf eine Geburtstagsfeier eingeladen. Lüge! Das nächste Date wartet bei Rotwein.

Angelina, 25, brünette lange Haare, gut gelaunt, gut gebaut, laute sympathische Lache, trinkfest. Wir donnern uns den Wein in den Schädel, als würde es kein Morgen geben. Löst auch die Zunge von Angelina, die in einer Werbeagentur arbeitet. Sie habe überhaupt kein Problem mit One-Night-Stands, sagt sie. Dabei schaut sie mich so eindringlich an, dass ich ihr einfach glaube, aber ich habe nicht einmal Zeit für einen Quickie, ich habe noch ein weiteres Date um 23:30 Uhr. Also lüge ich so schamlos, dass ich mich schäme. Ich müsse morgen um 4:30 Uhr den ersten Zug nach Hause nehmen. Meinem alten Vater dabei helfen, das Haus winterfest zu machen. Nein, ich müsse wirklich los; wenn ich nicht fit bin, wird Daddy böse. Am nächsten Tag wird sie mich Gentleman dafür nennen, dass ich nicht sofort mit zu ihr nach Hause bin. Vom Gentleman bin ich mittlerweile so weit entfernt wie Kim Jong-un vom Friedensnobelpreis. Der Teufel ist bestimmt schon total heiß drauf, mich durch die neun Höllenkreise zu prügeln.

Diese Lügerei macht mich nach und nach wirklich fertig. Und es tut mir auch einfach leid, die Unwahrheit sagen zu müssen. Ich treffe tolle Frauen und kann ja nicht sagen: »Ach du, bevor wir ins Bett gehen, solltest du wissen, dass ich darüber schreibe!« Oder: »Ich hab gleich noch 'n Date, aber war nett mit dir. Wollen wir uns wiedersehen?« Anfangs behaupte ich noch, ich sei als Seminarleiter unterwegs, um die Lokalredaktionen in der neuesten Content-Management-Software zu schulen. Das klingt so langweilig, dass es meist keine Nachfragen gibt. Oder ich erzähle, dass ich von einem Kongress der Mukoviszidose-Ärzte berichte (unglaublich fad, das liest nicht einmal ein Mukoviszidose-Arzt); dann wiederum bin ich auf dem lahmen 90. Geburtstag meines Großonkels, ein weiteres Mal auf der Hochzeit meines besten Freundes eingeladen (ist aber erst morgen!).

Date Nummer drei erzähle ich, ich käme gerade von einer Betriebsfeier.
Unter Laras (gefaktem) Profilbild stand: »Ich schätze Männer, die sich in vollen Sätzen auszudrücken wissen.« Als ich ihr meine Freude unseres Matches mit Subjekt, Prädikat und Objekt mitteile, beginnt tatsächlich eine Diskussion, die auf einer Wellenlänge zu sein scheint. Es geht schnell ins Absurde, Lustige, fast Vertraut-Freundschaftliche. Zweieinhalb Tage lang schreiben wir hin und her. Alle anderen Chats geraten zur Nebensache. Über Nachrichten von ihr freue ich mich wie ein Schneekönig. Lara macht den Eindruck einer sehr klugen, sehr humorvollen Frau. Ich ertappe mich beim Lachen, wenn ich ihre Sätze lese. Immer wieder scrolle ich durch die gesamte Kommunikation, kann mich kaum sattsehen.
Sie will ich kennenlernen, nur sie. Lara selber schreibt, dass sie eigentlich kurz davor sei, sich auf dem Portal abzumelden, dass sie bisher niemanden getroffen habe und ansonsten auch nur Idioten unterwegs seien.
Nun sitzen wir beim Flaschenbier in einer vollkommen verrauchten Bar und ich kann meinen Blick nicht von ihr abwenden. Ich ertappe mich beim grenzdebilen Grinsen. Ich finde sie unglaublich toll. Sie mag mich auch, sagt sie. Es sind magische Momente. Ich verges-

se vollkommen, dass ich beruflich unterwegs bin, tauche ein in ihre Aura und verliere mich darin. Ganze vier Stunden reden wir durch. Dann ist es 3:30 Uhr. Sie hat einen Termin um neun Uhr morgens. Wir gucken uns lange in die Augen, während wir auf das Taxi warten. »Werden wir uns wiedersehen?«, frage ich. Sie nickt lächelnd. Wir tauschen die Nummern aus und chatten über WhatsApp weiter, als sie längst im Bett liegt. Noch in der Nacht meldet sich Lara bei Tinder ab. Ich fühle mich zutiefst geehrt und buche einen Flug für die nächste Woche. Von München, der letzten Station meiner Reise, nach Leipzig. Danach werde ich mich ebenfalls bei Tinder löschen, ich bin zu glücklich zum Fremdflirten. Nur noch vier Tage durchhalten bis zum Happy End. Aber wir wissen ja, wie das ist, wenn man im Leben Pläne schmiedet ...

Frauen
auf Tinder:
1203

Alter: Ø **34**

Haarfarbe:
blond — **41,5 %**
braun — **51,9 %**
schwarz 2,2 %
rot 2,7 %
ohne Bild 1,8 %

Meistgeknipste Fotos:
am Strand: **812**
im Dirndl: **540**
im Skiurlaub: **317**
mit Alkohol: **59**
Kind: **48**
Hund: **37**
im Sprung: **34**
Katze: **16**
Pferd: **14**
verkleidet: **12**
mit Zigarette: **8**
mit Deutschlandfarben :**7**
im Gesicht
Tattoos/Piercings: **5**
mit küssendem :**1**
Delfin

Bayern
Standort: **München**
Radius: **50 km**
Aufenthalt: **72 Stunden**

DEUTSCHLAND

München

Bilanz:
Likes   Matches   Dates
1203   **151**   **1**

Die Jungfrau im Arbeitsvertrag

Die 20-Jährige macht gute Miene zum schlechten Spiel der deutschen Nationalmannschaft. Ich habe sie tatsächlich überredet, mit mir ein Spiel der Extraklasse anzugucken. Der Weltmeister gegen den Fels in der Mittelmeerbrandung, Gibraltar. Es ist ein gutes Zeichen, wenn Frauen behaupten, sich für Fußball zu interessieren, obwohl sie nicht einen einzigen Spieler außer Müller kennen. Das heißt dann: Du bist eigentlich ganz interessant!

Samiras Eltern kommen aus Afghanistan. Als 1996 die Taliban die Hauptstadt Kabul eroberten, machten sie sich mit ihrer zweijährigen Tochter vernünftigerweise aus dem Staub und landeten nach einer Odyssee ein Jahr später in München. Samira möchte in Zukunft irgendwas mit Medien machen. Prima, ich mach irgendwas mit Medien. Wir sollten uns mal zu einem Erfahrungsaustausch treffen...

Die bayerische Hauptstadt ist voll mit Dirndldamen. Fast jede Zweite zeigt sich auf Tinder im traditionellen Wiesn-Gewand. Auch haben die Mädels kein Problem damit, mit einer Maß zu posieren, gerne in der Gruppe im Schottenhamel-Zelt. Ebenfalls beliebt: Bilder aus dem Skiurlaub. Nirgends in Deutschland ist diese Gruppe auf Tinder so stark vertreten wie in Bayern. Ist ja nicht weiter verwunderlich.

In München bin ich mal richtig mutig und »like« wirklich jede einzelne Tinder-Kandidatin, egal, ob sie mir gefällt oder nicht. Innerhalb von drei Tagen sind das gute 1200 Damen, die ich positiv bedenke. Wieso ich das tue? Ich möchte mal meinen Marktwert herausfinden. Wie wird der Rücklauf sein, wie sehen die Frauen aus, die mich in ihre Zielgruppe wählen? Quantitativ ist das Experiment ganz erfolgreich: 150 von 1200 sagen Ja zu mir. Besonders beliebt bin ich bei den 40- bis 58-Jährigen, die meisten davon Mütter oder Katzenbesitzerinnen oder beides. Einige sehen aus wie Originalmitglieder der Addams Family und machen mir richtig Angst. Auffällig: Je älter oder unattraktiver das Singleweibchen, desto höher die Chance für mich auf ein Match.

Zuerst nehme ich mir vor, das richtig knallharte Programm zu starten. Wie ich von einigen meiner Dates erfahre, scheint sich Mann ja nicht allzu sehr benehmen zu können auf Flirtportalen. Schon als Einstiegsfrage gibt es gerne mal ein: »Na, Lust auf Sex?«
Irgendwie muss so etwas ja klappen, sonst würde der plumpe Kerl von heute das ja nicht machen – und wenn die Erfolgschance bei 1:100 liegt...
Aber sosehr ich mich bemühe, »Na, Lust auf Sex?« zu schreiben, ich kann mich nicht überwinden. Das ist mir so unangenehm und peinlich, dass ich beschließe, dieses Projekt zu beerdigen und mich vernünftig zu verhalten.

Seit über drei Wochen bin ich nun unterwegs im Tinderland und am Rande der Erschöpfung. Wenn ich nicht gerade von Stadt zu Stadt fahre, beginnt der Tag immer gleich: aufstehen, Kaffee, und dann wird im Hotel stundenlang Statistik geführt. Selbst in der Badewanne. Nebenbei chatte ich und versuche, die einzelnen Damen davon zu überzeugen, mich zu treffen. Die Dates gehen dann in der Regel bis weit nach Mitternacht, manchmal bis in die Morgenstunden.
Über zehntausend Singles gleiten insgesamt über mein Display. Am Ende meiner Deutschland-Reise bin ich bei circa 340 Matches. Ich könnte also theoretisch fast jeden Abend im Jahr eine andere Dame daten. Aber das würde mich wahrscheinlich direkt in die Pleite und in den Alkoholismus führen, denn komischerweise treffe ich ausschließlich Menschen, die ganz gut am Glas sind. Trinker sind sowieso – wie bereits kurz erwähnt – im Vorteil bei Singleportalen. Alkohol löst die Zunge und nimmt den Druck von der ersten Zusammenkunft.

Samira steht – obwohl sie Muslimin ist – auf Grauburgunder. Und da wir uns trotz des Altersunterschiedes prima verstehen, gibt es einige Gläschen davon, sodass wir gar nicht mitbekommen, wie gigantisch die deutsche Nationalmannschaft Gibraltar mit 4:0 vernichtet.
Im Vorteil ist übrigens derjenige, der sich in der Deutung von Körpersprache gut auskennt. Der Klassiker ist natürlich: mit den Fingern in den Haaren drehen; dann zufällige Berührungen, die Art und Weise

der Blicke oder wie langsam die Distanz unter den Gesprächspartnern verringert wird usw. All das wendet das Mädchen mit den dunklen langen Haaren und den braunen Rehaugen bei mir unbewusst an. Ich frage sie, wieso sie sich mit einem Mann treffe, der fast doppelt so alt ist wie sie. Samira antwortet, Sympathie sei keine Frage des Alters. Wie alt denn ihre bisherigen Freunde gewesen seien, möchte ich wissen. Sie erstaunt mich mit der Aussage, dass sie noch nie einen Freund gehabt habe – und jetzt wird es richtig irre –, sie sei im Übrigen auch noch Jungfrau. Das sei aber ein Zustand, den sie in naher Zukunft zu ändern beabsichtige. In sehr naher Zukunft. Große Rehaugen blicken fragend. Lächelnd. Steht das eigentlich in meinem Arbeitsvertrag?

Mir sind in den letzten Wochen viele absurde Dinge passiert, aber das toppt alles. Eine Jungfrau. Das geht nicht, das geht doch nicht. Ehrlich, das kann ich nicht mit meinem Gewissen vereinbaren, auch wenn das bereits sturmreif geschossen wurde. Nein. Dafür übernehme ich nicht die Verantwortung, das soll doch bitte jemand anderes erledigen. Außerdem: Wie soll ich am nächsten Tag der Hotelputzfrau den Zustand des Bettlakens erklären? Freunde, ich bin raus …

Bis auf Samira gelingt mir kein weiteres Date mehr in München. Eine möchte lieber ihre neuen IKEA-Schränke aufbauen, eine andere muss zum Kegeln (!), die Dritte liegt krank im Bett. Auf die anderen 146 habe ich allesamt keine Lust, doch das finde ich nicht schlimm, denn ich bin schon geistig zurück in Leipzig. Dort befindet sich bereits mein Herz, das ich an Lara verschenkt habe.

So kann ich es auch kaum abwarten, Süddeutschland zu verlassen. Seit Tagen denke ich an nichts anderes mehr, als in Sachsen die Frau wiederzusehen, die mich vor einigen Tagen so begeistert hat.

Kaum hat mein Flieger auf dem Flughafen Halle-Leipzig aufgesetzt, schicke ich eine Nachricht an Lara:

Ich: Der Adler ist gelandet, ich wiederhole, der Adler ist gelandet. Roger!
Sie: Verstanden! Das Paket wurde abgegeben – Operation Leipzig kann um null vierhundert starten – wiederhole, Operation Leipzig kann um

null vierhundert starten. Bereithalten für genaue Treffpunktkoordinaten! Over and out.

Die nächsten zehn Stunden verbringen wir zusammen. Erst gehen wir romantisch spazieren und essen, dann auf den Weihnachtsmarkt, anschließend in eine Bar, zuletzt in einen Club. Wir erzählen uns unsere Lebensgeschichten in allen Einzelheiten. Stundenlang plappern wir durch. Leider gelingt es mir nicht, ihre Körpersprache zu lesen: keine Löckchen in die Haare drehen, keinerlei Anzeichen von Nervosität, was wiederum mich sehr nervös macht, denn aus jeder meiner Poren dringt: Ich mag dich!
Hier beginnt mein großes Dilemma. Dass Gefühle ins Spiel kommen, hätte ich nicht für möglich gehalten. Was soll ich tun? Einerseits begehre ich diese Frau, andererseits schreibe ich über all meine Tinder-Erfahrungen. Was würde passieren, wenn ich ihr die Wahrheit gestehe? Ich fühle mich wie der Undercoveragent, der in die Mafiafamilie eingeschleust wird, sich in die Frau des Paten verliebt und ihr irgendwann seine wahren Absichten gesteht. Sie flippt aus, er rettet ihr dennoch das Leben und dann – nachdem er noch ihren Gatten erledigt hat – wird geheiratet. Doch ich bin in LE, nicht in L.A. Ich befinde mich leider im wahren Leben.

Irgendwann ist die Luft raus. Die letzten zwei Stunden schleppen wir uns mühsam durch unsere Gespräche, wir sind beide kaputt, müde und erledigt. Es hat sich ausgequatscht. Mein Bauch gibt mir merkwürdige Signale, schlechte Gefühle, doch kein Happy End?
Als wir vor der Tür auf das Taxi warten, küssen wir uns. Kurz, aber zärtlich. Dann entschwindet sie und lässt mich allein zurück in der kalten Leipziger Nacht. Mein Bauchgefühl sagt mir, dieser Kuss war nicht der Start, er war das Ende.
Am nächsten Morgen schreibe ich Lara vom Bahnhof eine SMS:

Leipzig, wir haben ein Problem – Mission abgebrochen, ich wiederhole, Mission abgebrochen. Haben Verluste – ziehen uns zur Neuordnung der Kräfte nach Berlin zurück – over and out.

Die Deutschlandtour ist beendet. Ich muss zurück.

Meine Mitbewohnerin umarmt mich, als ich Stunden später zur Tür hereinkomme. Sie berichtet stolz, dass sie alle (potenziellen) Liebhaber abgeschossen hat. Den Boxer aus dem Prenzlberg sowie zwanzig weitere Kandidaten. Sie hat das Wochenende bei Marco aus Venedig verbracht, dem Mann, den sie auf Zypern getindert hat. Er ist Manager bei einer Hotelkette und viel in Europa unterwegs. Schon zweimal war er in meiner Abwesenheit in Berlin. Und wenn er gerade mal nicht da ist, schickt er ihr Blumen oder Gute-Nacht-SMS. Bis über beide Ohren ist Diana verknallt. Das bin ich auch, aber nicht so glücklich wie meine WG-Ärztin.

Lara habe ich dann lange Zeit nicht wiedergesehen. Zu meinem Bedauern. Hin und wieder haben wir uns noch geschrieben, aber es war nicht mehr so wie am Anfang. Versuche, mich mit ihr in Leipzig zu treffen, scheiterten an ihren anderen Aktivitäten und Ausreden. Sie erwähnte immer häufiger in ihren SMS, dass sie sich freue, dass wir so tolle Freunde geworden seien. Freunde! Dafür bin ich doch nicht unterwegs gewesen. Aber eigentlich auch nicht, um die große Liebe zu finden. Ich glaube nämlich nicht, dass man die große Liebe auf Dating-Portalen findet, nicht einmal im wahren Leben. Oder vielleicht doch?

Zwischenphase

Brasilien im Wohnzimmer oder wie sich mein Chef einmischt

Auf meinem Sofa sitzt eine atemberaubende Brasilianerin. Sie hat diese milchkaffeebraune Haut, so wie ich sie schon immer so toll fand. Maria ist 35 Jahre alt, hat dunkles lockiges Haar, einen wunderschönen Erdbeermund mit einer einladenden, zart aussehenden Unterlippe und eine extraterrestrisch gute Figur. Kein Wunder, sie war Tänzerin. Klar, was auch sonst. Manchmal bin ich schon ein Glückspilz.

Brasilianerinnen matche ich auf Tinder übrigens häufiger mal. Überall auf der Welt trifft man Brasilianerinnen. Und ist die Gegend eigentlich unbewohnt, ich finde ein Girl from Ipanema. Die meisten, denen ich schreibe, kamen wegen eines Kerls nach Europa, den sie im Urlaub kennengelernt haben und der sie im Idealfall geheiratet hat.

Sie haben ja auch eigentlich besonders bei Männern einen sehr guten (Klischee-)Ruf: lebenslustig, toll aussehend, ständig am Tanzen, temperamentvoll. Man denkt sofort an Karneval in Rio. An Trommeln und wackelnde Popos, die durch die Straßen hüpfen. Brasilianer sind auch, wie ich feststelle, fix im Assimilieren; schon Wahnsinn, wie schnell die Damen innerhalb kürzester Zeit die Landessprache ihres Gatten beherrschen. Problematisch wird es, wenn es zur Trennung kommt. Zurück nach Hause in eine meist schlechtere Lebenssituation wollen sie nicht, in den meisten europäischen Ländern droht die Nichtverlängerung der Aufenthaltserlaubnis, wenn sie nicht eingebürgert wurden. Die dauert zwischen vier und acht Jahre. Das heißt, sie leben in einer echten Drucksituation. Deswegen muss entweder fix ein neuer Kerl her (Tinder) oder ein fester Job. Und so arbeiten sie hart in Waxing- oder Nagelstudios, als Übersetzerinnen, Capoeira-Trainerinnen oder sie tanzen für ihren Lebensunterhalt. Zumindest diejenigen, mit denen ich chatte.

Über zwei Monate habe ich die Finger von Tinder gelassen und niemanden mehr getroffen. Ich war übersättigt und auch verwirrt. Von Lara. Abgelehnt zu werden ist unangenehm, vor allem, wenn ich komplett anderer Meinung bin. Aber ich bin auf dem Weg der Besserung. Die Leipzigerin ist nach wie vor in meinem Kopf, doch ich muss mich ablenken. Liebesleiden ist im Nachhinein vergeudete Energie, aber ein fester Bestandteil des Lebens. Mindestens einmal in einem Menschenalter ergreift es einen, meistens häufiger. Je länger das Leiden dauert, desto schlimmer. Ich hab schon gestandene Kerle erlebt, die monatelang zu sabbernd-weinerlichen Waschlappen mutiert sind, nachdem die Beziehung für beendet erklärt wurde. Ich war einer von ihnen.

Maria, die brasilianische Tänzerin auf meinem Sofa, erinnert mich an meinen ersten Spanienurlaub. In Torre del Mar traf ich einst ein spanisches Mädchen am Hotelpool, das sich den ganzen Tag mit Sonnencreme einrieb. Sie war 14, ich war 14. Trotz dieser Einschmiermacke war sie sofort und für alle Zeiten mein Schönheitsideal: schwarze lange Haare, rehbraune Augen, die golden schimmernde Haut, ein Lachen, bei dem die weißen Zähne wahnsinnig gut zur Geltung kommen, und die zornig funkelnden Augen, wenn sie von ihren Eltern gerufen wurde. Diese lauten Auseinandersetzungen empfand ich als ganz und gar hinreißend. Besonders, weil sie in einer Sprache stattfanden, die ich nicht verstand. Wahrscheinlich ging es ums Mittagessen.

Rotwein, Kerzenschein, meine Wohnung ist voll und ganz auf weiblichen Besuch eingestellt. Ich wohne mittlerweile nicht mehr auf den acht Quadratmetern bei Diana, sondern habe es in der Zwischenzeit auf die Reihe bekommen, mir ein Appartement zu suchen. Bei Liebeskummer hilft immer Ablenkung, besonders empfehlenswert ist hierbei ein Umzug; der beschäftigt einen für Wochen. Als vorher Besitzloser habe ich es immerhin geschafft, mir Sofa, Tisch, Bett und Schrank zu besorgen. Nicht viel, aber das Leuchten der Kerzen lässt das spartanische Ambiente ein wenig romantischer erscheinen. Maria kommt aus Rio; weil sie verliebt war, ging sie nach München. Dann zog sie nach Berlin, einer anderen Liebe wegen. Es war ein Feuerwehrmann. Mit dem bekam sie ein Kind. Sie verließ ihn für einen anderen Brandbekämpfer, und nun bin ich der nächste Löschkandidat. Wasser marsch!

Online-Dating ist wirklich eine soziale Schichten vermischende Angelegenheit, die verbindend wirken kann und Berufsstände zusammenbringt, die sich sonst niemals kennenlernen würden. Der ostbrandenburgische Dachdecker und die thailändische Nageldesignerin, der semiprominente Schauspieler und die Callcenter-Angestellte, meine Ärztin und der Kirmesboxer. Nun also wir, der Journalist und die brasilianische Tänzerin. Wir mögen uns, aber vielleicht auch nicht allzu sehr. Sie versteht meinen Humor nicht – sprachbedingt oder vielleicht, weil sie eine sehr leicht reizbare Frau ist, die zu temperamentvollen Missverständnis-Konfrontationen neigt. Sie kann schnell zornig werden, stelle ich fest. Witzigsein beschränke ich – nach leichten Sprachscharmützeln – besser auf das Notwendigste. Immerhin – das ist wirklich extrem ungewöhnlich –, es ist unser erstes Date und es findet bei mir zu Hause statt. Ganz schön mutig, die Dame. Wobei, die wüsste sich sicher zu wehren.

Schwule Freunde erzählten mir, dass es in ihrer Community gang und gäbe sei, sich innerhalb allerkürzester Zeit bei einem der beiden daheim zu treffen. Gay-Clubs sollen angeblich bereits darunter leiden, dass das Aufreißen nicht mehr im Darkroom stattfindet, sondern im Chatroom.

Davon ist die Heterogemeinde noch weit entfernt. Viele Männer finden das bedauerlich, viele Frauen nicht! Wenn ihr, liebe Damen, dennoch gleich beim ersten Mal einen Hausbesuch abstatten wollt, gebt besser eurer besten Freundin die Adresse und verabredet regelmäßige Kontroll-SMS. Es passieren ja die verrücktesten Dinge. Ich wollte es nur gesagt haben.

Apropos verrückte Dinge: Mein iPhone brummt. WhatsApp. Diana, meine Exmitbewohnerin, schreibt: »Bitte ruf sofort zurück!« Ich bin genervt. Was kann denn so wichtig sein um 23:30 Uhr, vor allem, wenn da so eine schöne Frau aus Rio vor mir sitzt, mit der ich eigentlich – völlig humorfrei – in die Knutschphase eintauchen möchte. Im Kerzenschein, bei Wein. Ich frage zurück, ob es denn nicht bis morgen warten könne. »Es ist wirklich wichtig. Bitte!« Jetzt fang ich an, mir Sorgen zu machen und wähle sofort ihre Nummer. Leicht gereizt will ich von ihr wissen, was denn los sei. Sie flötet entwaffnend. »Du, ich hab da jemanden kennengelernt.« Mit breitem Grinsen: »Ich glaube, du kennst den auch, ich reich dich mal rüber.« Es meldet sich eine mir sehr wohlvertraute Stimme. »Das ist ja richtig verrückt, was?«, lacht es durchs Telefon. Es ist die Stimme meines Chefs. Mir bleibt wirklich nichts erspart…

Es ist alles wirklich nicht zu fassen. Noch vor drei Wochen war Diana in Venedig bei ihrem neuen Lover Marco, dem Hotelmanager. Doch dann fand sie bei ihm in der Wohnung heraus, dass sie scheinbar doch nicht so einzigartig war, wie der Herr sie glauben ließ.
Zuerst entdeckte sie auf Romeos Nachttisch einen Roman mit Widmung. Übersetzt stand darin etwa: *Danke für die wunderbare Zeit in Venedig. Herzchen, Herzchen, Küsschen. Deine Rosa.* Zu lesen war darunter als Datum ausgerechnet der Tag vor Dianas Ankunft bei ihrem Casanova. Zweites Beweisstück: ein Kofferband der Fluggesellschaft Iberia vom Flug Madrid nach VCE (Flughafen Venedig) mit dem gleichen Namen darauf. Rosa. Vier Tage vorher datiert. Das hatte Diana im Mülleimer gefunden. Wieso bitte schnüffeln Frauen in fremder Leute

Abfall herum? Mir gegenüber wird sie es mit weiblichem Instinkt begründen.

Für diesen Scheißkerl hatte sie also nun das Bolzenschussgerät ans Genick der versammelten Liebhaberschaft gesetzt und abgedrückt. Alle umsonst getötet! Diana macht ihrem Exherzallerliebsten allerdings keine Szene, sondern gute Miene zum bösen Spiel und verbringt ein paar entspannte Tage zwischen den Kanälen der Lagunenstadt. »Hätte ich mir den Urlaub etwa versauen sollen?«, rechtfertigt sie sich. Kaum im Flieger, löscht sie Marco von Tinder. Next, please.

Jetzt also datet sie meinen Chef. Ich hab sie nicht miteinander bekannt gemacht, ich schwöre, und Lovoo und Tinder waren es auch nicht.

Schuld ist die neue, hippe App Happn. Weltweit hat sie schon zwei Millionen Mitglieder. Die Idee: Wenn einem jemand auf der Straße oder im Club begegnet, den man toll findet, kann man ihn oder sie auf Happn wiederfinden, sofern beide Mitglieder sind. Das Prinzip ist ähnlich wie bei Tinder – die Mitglieder in der unmittelbaren Umgebung und diejenigen, die einem im Laufe des Tages begegnen, werden in der App angezeigt. Wenn beide aufs Herzchen klicken, haben sie ein Match (bei Happn »Crush« genannt) und können loschatten. Ist fast umsonst, die App, nur für ganz spezielle Features muss man zahlen. Leider läuft für mich gefühlt technisch alles langsamer als bei Tinder oder Lovoo. Happn stürzt auch öfter mal ab auf meinem iPhone. Zumal ich das Gefühl habe, es gibt dort lauter Karteileichen. Nur in ganz seltenen Fällen crusht es mal.

Das mit meinem Chef erzähle ich Maria, der Brasilianerin, die nach wie vor bei mir auf dem Sofa sitzt. Sie haut auch eine Anekdote raus: Sie hat über Wochen mit einem Typen getindert, der ihr irgendwie bekannt vorkam. Kurz vor dem ersten Treffen fand sie raus, dass er der Böse aus einer Staffel *Frauentausch* war, als das noch ohne Promis lief. Im Fernsehen konnte sie ihn damals schon nicht leiden, fand ihn regelrecht ekelhaft. Deswegen hat sie den Kerl kurzerhand gelöscht. Das Ende einer Beziehung, die sich über Wochen aufbaute, hatte sich mit einem kurzen Klick auf »Verbindung entfernen« aufgelöst, als hätte sie nie stattgefunden. Denn wird das Profil des Matchpartners erst einmal gelöscht, lässt sich der ganze Konversationsablauf nie wieder nachvollziehen. Was für kostbare Schätze genialer Dialoge zwischen Mann und Frau gehen dadurch der Nachwelt verloren.

Dabei können die ersten geschriebenen Worte zwischen zwei Menschen so wichtig sein. Ich kenne Frauen, die noch heute die ersten SMS-Wechsel einer längst vergangenen großen Liebe aufbewahren. Abgetippt. Auf Word!

Meine Freundin und Kollegin Carline behauptet: »Erste Worte sind wie ein Geruch – man erinnert sich sofort an das Gefühl, das man damals hatte.« Sie hat einen ganzen Ordner mit abgetippten SMS.

Bei Tinder sind die ersten Worte eher unpathetisch: »Na, was läuft?«, »Hey, wie gehts?«, »Moin, was machst du gerade?« So Zeug eben. Standardnachrichten.

SMS-Abtipperin Carline hasst Standardnachrichten. Sie hasst Smileys. Sie ist eine von den Frauen, die man mit einer guten E-Mail eher ins Bett bekommt als mit einem guten Drink. Tinder hat sie trotzdem ausprobiert. Vor allem, um mir zu beweisen, dass große Worte, an denen man noch Jahre später riechen kann, auf Tinder nicht möglich sind. Hier ihre Ergebnisse, die ich übrigens so großartig fand, dass ich sie mir vorsichtshalber auf Word abgespeichert habe ...

Tobias (29)
Gemeinsamkeiten: SZ, Titanic, Polnischer Abgang, Kater Holzig
Beschreibung: Tobi or not Tobi
Profilbild: Nahaufnahme vor weißer Wand, Kippe im Mundwinkel, leidender Blick

Tobias: Na, was läuft?

Carline: Die Waschmaschine. Noch 9 Minuten, kein Schleudergang. Feinwäsche. Etwas trist, das Ganze. Bei dir so?

Tobias: hahahaha ☺ naiissss ☺ nich viel. grad aufgewacht. voll verkatert, was machst du heute noch?

Carline: Wäsche aufhängen?

Tobias: ☺ naiss

Carline schreibt nicht mehr zurück.

Jan (30)

Gemeinsamkeiten: Deutsche Bahn

Beschreibung: Stirbt der Bauer im Oktober, braucht er im November keinen Pullover.

Profilbild: Jan, Arm in Arm mit Oliver Kahn

Carline: Oh, cool, du hast Boris Becker getroffen?

Jan: Boris???

Carline: Ach Quatsch, verwechselt. BEN Becker, meine ich natürlich.

Jan: Äääh? Das ist Oliver Kahn?!?!?!?!?

Carline schreibt nicht mehr zurück.

Trom (32)

Gemeinsamkeiten: A-Trane, Candy Dulfer, DAK

Beschreibung: Doer of Things

Profilbild: Verteilt Essen an magere schwarze Kinder

Carline: Hi Trom, was ist das für ein Name? Griechische Gottheit der Großzügigkeit?

Trom: Haha, nee, ☺ Ist 'ne Abkürzung...

Carline: Von Thrombose?

Trom: ☺ Von Trom Peter. Ich spiele nämlich Trompete. Aber eigentlich heiße ich Jan-David. Du kannst J.D. sagen. Hattest du schon mal eine Thrombose?
Carline: Nein.
Trom: Ich habe oft Lippenkrämpfe vom vielen Spielen. Und eingerissene Mundwinkel, wo sich Spucke sammelt. Das riecht dann nicht so gut. Findest du das schlimm?

Carline schreibt nicht mehr zurück.

Nachtfloh (31)
Gemeinsamkeiten: Streetart in Germany, taz, 1. FC Union
Beschreibung: Love me tinder
Profilbild: Wild tanzend unter sehr bunten Lichtern

Carline: Toll! Wir könnten mit Songtiteln kommunizieren! Und wer zuerst keinen mehr weiß, muss ein Bier spendieren. Also: Tinder is the night.
Nachtfloh: Boaahhh, echt? Kann ich nicht einfach gleich ein Bier spendieren? ☺
Carline: Nein. Tinder an die Macht.
Nachtfloh: Was solln das für ein Song sein? Sry, bin da nich so der Experte. Eher Elektro und so. Du hast gewonnen. Wann gehen wir trinken? ☺

Carline schreibt nicht mehr zurück.

Michael (38)
Gemeinsamkeiten: Tatort, Nido
Beschreibung: Weltherrschaftsansichreißer
Profilbild: Er mit einem »I love Bielefeld«-T-Shirt und einem etwa 10-jährigen Mädchen im Arm. Offensichtlich seine Tochter.

Carline: Deine Frau ist aber ziemlich jung.

Michael: Wie kommst du denn darauf? Das ist nicht meine Frau ;-). Das ist meine Tochter ☺ Und was hast du so im Leben bisher geleistet?
Carline: Hhm. Gute Frage. Ich habe mal einem Bielefelder ein Bein gestellt.

Michael schreibt nicht mehr zurück.

Henry (34)
Gemeinsamkeiten: Hank Moody, Muschi Kreuzberg
Beschreibung: Keine
Profilbild: Katzenfoto mit aufgemaltem Schnurrbart

Henry: Hallo. Ich mache es kurz. Ich würde gerne deine Muschi lecken. Du müsstest nichts tun, außer auf meinem Gesicht zu sitzen und dich lecken zu lassen. Überlegs dir. Schönen Abend.
Carline: Findest du nicht, es wäre angemessen gewesen, wenigstens meinen Namen in deine schlüpfrige Standardnachricht einzusetzen?!?
Henry: Hallo Carline. Ich mache es kurz. Ich würde gerne deine Muschi lecken. Du müsstest nichts tun, außer auf meinem Gesicht zu sitzen und dich lecken zu lassen. Überlegs dir. Schönen Abend.

Carline schreibt nicht mehr zurück.

Florian (33)
Gemeinsamkeiten: SZ, Otto Waalkes, Notes of Berlin
Beschreibung: Undercover Lover
Foto: Selfie mit Sonnenbrille auf einem Boot
Florian: Hey, na? Was läuft? ☺
Carline: Spreeradio peinlicherweise. Festgestellt, dass Peter Gabriel eigentlich 'ne coole Socke ist. Und bei dir so?
Florian: Nix. Bisschen Fernsehen ☺ Chillen. Wer ist Peter Gabriel?
Carline: Ach, nur so ein Schlagersänger. Was guckst du denn?

Florian: Aha, kenne mich nicht so gut aus. Eher Elektro als Schlager. Bock aufn Bier? ☺

Carline: NACHTFLOH?? Bist du das?? Mit deinem Zweitaccount?!

Florian schreibt nicht mehr zurück.

Nils (35)

Gemeinsamkeiten: Keine

Beschreibung: Sonne im Herzen, Schnaps im Blut

Foto: Im Hasenkostüm mit einer Flasche Tequila

Carline: Hallo Nils, ich habe ein Jägerkostüm, wir sind das perfekte Paar.

Nils: Ich bin Vegetarier.

Carline: Kein Problem. Ich schieße nur mit Betäubungspfeilen.

Nils: Hää?

Carline: Das heißt: Wie bitte?.

Nils: Bist du jetzt Jäger oder Deutschlehrerin?

Carline: Literaturwissenschaftlerin, Schwerpunkt Jägerballaden im 19. Jahrhundert.

Nils schreibt nicht mehr zurück.

Paul (34)

Gemeinsamkeiten: taz, Rio Reiser, Rainer Langhans

Beschreibung: Du willst es doch auch.

Foto: schwarzweiß, Hosenträger und Mütze, Gesicht liegt im Schatten

Paul: Hallo schöne Frau!

Carline: Hi, na was läuft?

Paul: YouPorn, um ehrlich zu sein.

Carline: Ach?

Paul: Hast du Lust auf einen Dreier?

Carline: Mit dir und YouPorn oder was?

Paul: Nee, mit mir und ... meinem Freund.

Carline: Oh, öhm, tja, naja.
Paul: Es gibt nur eine Bedingung.
Carline: Ach?!?
Paul: Du solltest auf Cumshots stehen. Das ist meinem Freund ganz wichtig.

Carline googelt Cumshots und schreibt nicht mehr zurück.

Sven (29)
Gemeinsamkeiten: Klunkerkranich, Mad Men, Monaco Franze
Beschreibung: Widerstehe nicht der Versuchung, wer weiß, ob sie wiederkommt.
Foto: Mit einem Buch auf einem Felsen im Sonnenuntergang

Sven: Tach Carline, cooler Name!
Carline: Kein Lecken, keine Vegetarier, keine Cumshots, keine Smilies. Ich hasse Elektro, Bielefeld und Oliver Kahn und habe KEINE AHNUNG, WAS LÄUFT!!

Sven schreibt nicht mehr zurück.

Der Chat zwischen Maria und mir ist inzwischen gelöscht. Sie hat dann auch aufgehört, irgendwann zurückzuschreiben. Zwar saß sie noch ein weiteres Mal bis zum Morgengrauen auf meiner Couch, aber dann schrieb sie mir kurze Zeit später, dass sie ihrer »besten« Freundin aus Leverkusen von mir erzählt hat, und, oh du grausiger Zufall, die, ähm, wohl auch mal ein Match mit mir hatte. Ich soll sogar mit ihr geschrieben haben. Offenbar ist das passiert, als ich auf meiner Deutschlandtour ein paar Tage lang im Rheinland war. Die brasilianische Community ist aber auch unangenehm überschaubar. So richtig erinnern kann ich mich nicht an die Freundin, aber ich tue so, als ob ich mich über diesen Zufall amüsieren würde. Wir können uns ja mal zu dritt treffen, zwinker, zwinker, Smiley, Smiley. Aber so richtig was anfangen konnte Maria ja nie mit meinem Humor.

Vielleicht datet sie ja demnächst wieder einen Feuerwehrmann. Immer noch besser als meinen Chef.

36 Fragen zum Schafott

Gelinde gesagt, ist meine Idee brillant. Damit könnte ich zum glücklichsten Mann der Welt werden.

Ihr habt doch sicher schon von den 36 Fragen zum Verlieben gehört, oder? Der Wissenschaftler Arthur Aron von der State University of New York hat 1997 eine Übung entwickelt, die die Chance, dass man sich ineinander verknallt, massiv erhöhen soll. Die Universitätsdozentin Mandy Len Catron spielte diesen Test 2014 nach und verliebte sich dabei umgehend und unbeabsichtigt in einen entfernten Bekannten. Ihre Geschichte erschien am 9. Januar 2015 in der *New York Times*. Weltweit griffen die Medien die Story auf und stellten den Test online.

So geht's, zu berücksichtigen sind folgende Regeln: Die Gesprächspartner müssen sich gegenseitig 36 Fragen in knapp 90 Minuten beantworten. Anschließend noch ein vierminütiger tiefer Blick in die Augen des Gegenübers. Danach ist man verliebt. Wahrscheinlich. Eventuell. Nicht, weil man zusammenpasst, sondern weil man sich gegenseitig das Herz geöffnet und Dinge besprochen hat, die man so normalerweise erst nach Monaten vom anderen erfährt.

Ich setze alles auf eine Karte und schicke Lara aus Leipzig eine WhatsApp. Ob sie nicht Lust habe, dieses Spiel mit mir zu spielen. Wir sind immer noch lose in Kontakt, weil ich mit allen Mitteln versuche, den Dialog aufrechtzuerhalten. Zuerst versteht sie nicht ganz, was sie mit dem Link, den ich ihr geschickt habe, anfangen soll, aber dann findet sie das Spiel lustig. Zu meiner Überraschung möchte sie sogar zu mir nach Berlin kommen. Sie fragt, ob es mir was ausmacht, wenn sie bei mir schlafen würde. Ich kann es nicht fassen. Jetzt, nachdem ich schon fast alle Hoffnung habe fahren lassen, keimt es wieder, das zarte Pflänzchen Träumerei. Bloß nicht überdüngen ...

Zwei Tage lang habe ich meine Wohnung geputzt, jedes Staubkörnchen gefangen, jede Fluse ward vernichtet, jeder Fleck totgewischt. Es strahlt und glänzt, es blitzt und leuchtet. Der Kühlschrank ist voll, das Bett frisch bezogen, das Bad entkeimt.
Ich fühle mich jetzt richtig sicher, dennoch wackeln meine Knie, als ich sie vom Bahnhof abhole. Fast drei Monate haben wir uns nicht mehr gesehen. Positiv betrachtet: Wir haben das Happy End herausgezögert, wo es nur ging. Negativ betrachtet: Wie viele Seiten hat dieses Buch noch? Ihr glaubt ja wohl nicht, dass ich jetzt unsere Zusammenkunft auf 150 Seiten episch ausbreite. Keine Sorge, das wird nicht passieren, denn unser Treffen wird im Vollfiasko enden. Ach was, schlimmer, es wird ein absurd-apokalyptischer Super-GAU, das Tschernobyl der Liebe. Ein Tsunami der Hoffnungslosigkeit wird meine Seele hinfortspülen, der Himmel über mir zusammenbrechen und mein Herz ans Kreuz genagelt werden. Aber der Reihe nach.

Sie mag meine Wohnung und sie mag meine Spaghetti (Rezept von Mutti), sie mag meinen Monkey 47, sie mag meinen Weißwein und sie mag mich. Dann machen wir den Test. Nur keine 90 Minuten, sondern ganze fünf Stunden beantworten wir Fragen aus unserem Leben. Zum Beispiel:

- Welche drei Gemeinsamkeiten haben Sie beide? (Frage 8)
- Wie beurteilen Sie die Beziehung zu Ihrer Mutter? (Frage 24)
- Wann haben Sie das letzte Mal geweint? (Frage 30)

Und auch das Vier-Minuten-in-die-Augen-Gucken toppen wir. 6,27 Minuten zeigt die Stoppuhr, als wir fertig sind. Dann küssen wir uns. Nicht lange, aber sagen wir zehnmal so lang wie beim letzten Mal. Dann geht sie ins Bett und ich aufs Sofa. Freiwillig. Ich bin glücklich, entspannt und habe überhaupt keine Eile. In der Ruhe liegt die Kraft. Ich will keinen One-Night-Stand – ich will Ewigkeit.

Der nächste Tag! Frühstück im Bett, leichtes Kuscheln, ausgedehnter Spaziergang. Kaffee in der Frühlingssonne. Dann bin ich auf einen Empfang geladen, auf den ich sie mitnehme.
Ein Freund begrüßt uns und stellt uns einen Unternehmer vor. Vielleicht Anfang 50, gut gekleidet, sehr charismatisch. Ein Selfmade-Millionär auf der Suche nach neuen Investitionen. So sympathisch er ist, so sehr irritiert mich, wie er meine Begleitung anstarrt. Knapp zehn Minuten dauert die Begegnung, dann noch etwas Small Talk hier und da und tschüss. Anschließend in meine Lieblingsbar, abschließend auf mein Sofa und beim Fernsehgucken Arm in Arm eingeschlafen. Also, ich finde das romantisch.

Mitten in der Nacht erwacht Lara und geht rüber ins Schlafzimmer. Ich bleib eisenhart liegen, obwohl sie mir anbietet mitzukommen. Ich bin glücklich, entspannt und habe überhaupt keine Eile. In der Ruhe liegt die Kraft.
Der nächste Morgen: Frühstück im Bett. Mittelheftiges Kuscheln. Dann bringe ich sie schweren Herzens zum Bahnhof.
Auf Wiedersehen. Hoffentlich dauert es keine drei Monate bis zum nächsten Mal. Ganz bestimmt nicht. Küsschen und weg ist sie.
Überprüfung der Gefühle: Es hat sich nichts geändert. Mein Zustand ist nach wie vor verknallt und sie ist leider immer noch nicht hundertprozentig überzeugt und vorsichtig distanziert. Mein Bauch verweigert leider positive Rückmeldungen. Ich hänge absolut in der Schwebe. Kenn ich ja schon bei ihr.

Der Psychotest war einfach für den Arsch, obwohl ich brav alles wahrheitsgemäß beantwortet habe. Den Beweis für die Unbrauchbarkeit der 36 Fragen liefert Lara am nächsten Tag. Auf den Vorschlag eines Gegenbesuchs meinerseits am kommenden Wochenende reagiert sie ablehnend. Keine Zeit, schon verplant. Hätte sie das früher gewusst. Sorry, du! Alternativvorschläge macht sie keine.
O. k., wird Zeit, den Kopf freibekommen.

Wenige Tage später, ich habe frei, ruft sie mich an. Das ist sehr ungewöhnlich. Normalerweise schreiben wir uns nur. Nach ein wenig Vorgeplänkel kommt sie zum Punkt:

»Du erinnerst dich doch an den Mann, der uns bei dem Empfang vorgestellt wurde. Dir ist doch aufgefallen, wie er mich angeguckt hat, und ich sagte zu dir, ich habe das Gefühl, ich kenne den?!«

»Ja!?«

»Also, mir hat das keine Ruhe gelassen, ich hab ihn auf Facebook angeschrieben und dann haben wir uns getroffen!«

»Oh mein Gott!«

»Ich dachte ja, er wohnt auch in Berlin, aber nein, er kommt aus Leipzig.«

»Toll!«

»Also, ich wollte dir nur sagen, dass ich einen Mann treffe, den ich ziemlich gerne mag. Ich finde das nur fair, dir das zu erzählen. Da ist noch nichts gelaufen, aber wir werden uns auf jeden Fall wiedersehen. Tut mir leid, nix Persönliches, blablablablabla.«

Ich habe große Lust, mich zu übergeben. Ich fühle mich wie ein Rind, das sich selbst zur Schlachtbank geführt hat. Monatelanges hartes Buhlen um die Angebetete und dann geleite ich sie auf direktem Wege in die Arme ihres Freundes in spe..., denke ich, während sie tatsächlich anfängt, von ihm am Telefon zu schwärmen. Ich finde das verletzend und respektlos. Dann plötzlich:

»Er hat sich übrigens vor unserem Abendessen über dich informiert, hat er mir erzählt.«

Genau, erkunde deine Feinde, Arschloch!

»Und was hat er herausgefunden?«

Ich hab ja einiges auf dem Kerbholz, aber ihre Antwort macht mich fassungslos.

»Er sagte, du seist ein Hardcore-Schwuler, der sich in den extremsten Läden rumtreibt.«

Gut, dieses Gespräch muss ich nicht weiterführen. Die Olle verknallt sich in einen widerwärtigen Denunzianten. Einen, der mit den schlimmsten Mitteln arbeitet. So hat er es wahrscheinlich auch zu seinen Millionen gebracht, der Wichser. Ich wünsche Lara viel Glück mit ihrem reichen Sachsensack, lege auf und lösche alles, was mich an sie erinnern könnte. Mein iPhone erlebt eine stalinistische Säuberungsphase ungekannten Ausmaßes. Ich hoffe, ich werde sie niemals wiedersehen …

Gegen Verletzungen dieser Art gibt es eigentlich nur eine Methode. Klingt einfach, ist aber wahnsinnig schwierig: Abhaken! Sie wird nicht anrufen und um Verzeihung bitten. Sie wird nicht vor meiner Tür stehen oder Plüschteddys schicken. Ein Wunder wird es nicht geben. Träumerei ist unangebracht. Die Nummer ist durch. 3:0 für den Sachsensack. Er wohnt am gleichen Ort – 1:0. Sie hat – wenn sie keine großen Fehler macht – ausgesorgt – 2:0. Er ist nicht so viel auf Reisen wie ich – 3:0. Ich sehe weit und breit keinen Hebel für einen Anschlusstreffer und hoffe auf den Abpfiff. Bloß keine Verlängerung. Nach vorne schauen! Nach dem Spiel ist vor dem Spiel. Ich werde nicht schon wieder umziehen, nur um mich abzulenken. Ich mache es anders. Zeit, dass ich wieder die Herrschaft über die Regeln übernehme.

Am nächsten Tag lasse ich mir einen Termin bei meinem Chefredakteur geben. »Was hältst du eigentlich von einer Fortsetzung der Tinder-Serie? Jetzt Europa?«, frage ich ihn. Er zögert nicht eine Sekunde: »Mach es!«

Jetzt wird es teuer

Es herrscht helle Aufregung in der Redaktion. Große Katastrophe: Für Tinder muss man ab sofort zahlen. »In unserem Alter sogar 19,95 Euro«, sagt mir ein Kollege entsetzt. Er ist Profi-Tinderer, würde ich mal sagen.

Tinder Plus

Ja, es stimmt. Tinder ist jetzt bezahlpflichtig. Zum Teil. Heißt: Man darf nur noch eine bestimmte Anzahl pro LIKEs am Tag vergeben. Danach wird man aufgefordert zu zahlen. Pro Monat 19,99 Euro, wenn man über 28 ist. Ist man jünger, ist es rund ein Viertel des Preises. Unabhängig von der Altersdiskriminierung kann man mit all seinen Matches nach wie vor schreiben, es gibt bis auf die LIKE-Blockade keine weitere Einschränkung.

Tinder heißt jetzt Tinder Plus und hat nun einen entscheidenden Vorteil: Man kann sich jetzt überall auf der Welt die Mitglieder angucken und sie einen auch. Sprich: Ich hocke zu Hause und bereite schon einmal meine zukünftigen Reisen vor. Amsterdam, Wien, Paris, Bukarest. Ich matche munter vor mich hin, führe bequem auf dem Sofa meine verhasste Statistik und mache schon mal ein paar Termine aus. Das ist wirklich entlastend. Auf meiner Deutschlandtour musste ich ja erst immer anreisen, um dann die Lage zu überblicken. Meist in einem Radius von 50 Kilometern rund um die Stadt. Maximal konnte man 160 Kilometer einstellen. Und die Frauen mussten mich ja auch erst einmal wahrnehmen, da vergingen schon mal wertvolle Stunden, mitunter Tage, bis mein Bild auf ihrem Handy erschien. Wie ich bereits an anderer Stelle erwähnt habe, führte das zu erheblichen Belastungen. Am dritten Tag meines Aufenthalts in den einzelnen Städten ballte sich alles, sodass der Tag richtig stressig war. Nun geht das Daten gemütlicher.

Ich reise mit Tinder Plus erst einmal einen Tag einfach so aus Spaß durch die Singles dieser Welt. Ich gucke mich in L.A. um, fange dort ein paar Brieffreundschaften an, unter anderem mit einem Pornostar, obwohl viele dort so aussehen. In Hongkong ist auf Tinder auch einiges los, schade, dass es etwas weit weg ist. Für ein, zwei Risikodates ist es einfach zu aufwendig, dorthin zu fliegen, findet zumindest meine Buchhaltung, und ehrlich, mir ist das auch zu mühsam. Ich stelle mir den Worst Case vor: Ich verliebe mich ... und unterhalte eine Fernbeziehung Berlin–Hongkong.

Ein weiteres, wenn auch nicht ganz so entscheidendes Tinder-Feature: Ich kann jemanden, den ich versehentlich weggedrückt habe, zurückholen und nachträglich liken. Und umgekehrt. War aber bisher nicht wirklich kriegsentscheidend.

Die Umsonst-Community, die sich natürlich in der Regel auch hauptsächlich am eigenen Wohnort aufhält – und Tinder Plus nicht zwingend braucht –, schimpft wie am Spieß: »Gemeine Abzocke«, wird da rumgejault. »Dreiste App«, »Verarschung«, heult der Mob in der Rezensionsfunktion im App-Store! Gerade mal nur noch anderthalb Sterne hat Tinder in der App-Bewertung. Ich gebe ihr fünf und schreibe ebenfalls eine Rezension:

»Ich find Tinder nach wie vor super. Das Plus habe ich mir sofort gekauft! Bin viel unterwegs und kann mich so schon im Vorfeld auf den Trip vorbereiten. Ich finde es klasse, dass die Masse hier rumheult. Abzocke und so! Ihr Heulsusen! Geht mit euren LIKEs einfach sparsamer um, so wie das die Frauen auch tun, dann braucht ihr auch nicht zu zahlen. Die Welt ist nicht umsonst, ihr Waschlappen!«

Hab ich es ihnen gezeigt, diesen miesepetrigen Shitstormern. Wahrscheinlich tut man gerade den Frauen einen Riesengefallen damit, dass die Sparfüchse zu Tinder-Karteileichen werden. Mädels, ihr müsstet beim ersten Date mit solchen Jungs garantiert selbst blechen! Wer keine 4,99 Euro für einen Monatsbeitrag zahlen will, lädt nicht einmal zu einer Cola bei McDonald's ein. Und kein Gedanke, wie sich so ein Geizkragen erst im Bett verhält.
Also, seien wir alle mal dankbar für diesen Zustand.

Frauen haben in der Tat ein vollkommen anderes Matchverhalten als Männer. Ich persönlich switche im Durchschnitt bei jeder zehnten Frau nach rechts. Frauen tun das meist nur in einem von hundert

Fällen. Ernsthaft. Einige meiner Dates haben mir ihre Portfolios gezeigt. Einmal waren nur zwei Kerle darin, die meisten bewegen sich zwischen acht und 20 und sind stolz, wie wählerisch sie sind. Meine Exmitbewohnerin hatte in ihren Hochzeiten 132.

Wenn die alle wüssten, wie es bei mir aussah, nachdem ich Deutschland abgegrast hatte. Jedes meiner Dates hätte beim Einblick in meine LIKE-Liste das kalte Grausen und das Gefühl ihrer Austauschbarkeit bekommen. 340 waren es am Ende. Es ist ohne Frage natürlich ganz prima fürs Selbstbewusstsein, aber all diese Kontakte sind natürlich ganz schnell weg, wenn sie nicht gehegt und gepflegt werden, und das funktioniert einfach nicht bei dieser Masse. Die Frauen, an denen mir wirklich was liegt, sind mittlerweile Facebook-Freunde oder wir haben Nummern ausgetauscht.
Nachdem ich meine zwei Monate tinderfrei genossen hatte und mal wieder die App startete, hatte ich gerade noch 140 Kontakte. 200 haben mich also irgendwann gelöscht oder sich abgemeldet. Ich war für circa zwei Minuten in meiner Eitelkeit gekränkt.

Den Redeschwall, den sie hier gerade abbekommen haben, musste auch mein schockierter Profi-Tinder-Kollege hinnehmen. Ich scheine ihn dann aber mit folgendem Killerargument etwas beruhigt zu haben:
»Und ganz nebenbei, überleg mal, alle deine Erlebnisse dank Tinder, waren die dir denn nichts wert?«
Er denkt nach. Er grinst. Er grinst ganz schön lange. Der Halunke.

Ich rufe das Reisebüro an: Paris, bitte.

Paris
Frankreich

Radius: 50 km
Aufenthalt: 72 Stunden

Paris

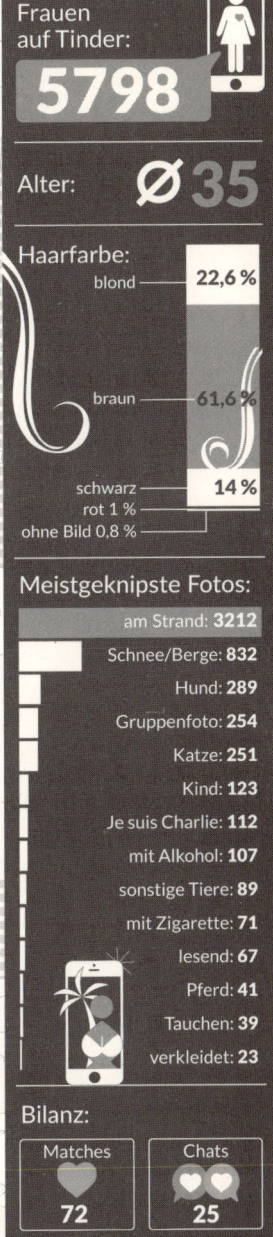

Frauen auf Tinder:

5798

Alter: Ø **35**

Haarfarbe:

blond	**22,6 %**
braun	**61,6 %**
schwarz	**14 %**
rot	1 %
ohne Bild	0,8 %

Meistgeknipste Fotos:

am Strand:	**3212**
Schnee/Berge:	**832**
Hund:	**289**
Gruppenfoto:	**254**
Katze:	**251**
Kind:	**123**
Je suis Charlie:	**112**
mit Alkohol:	**107**
sonstige Tiere:	**89**
mit Zigarette:	**71**
lesend:	**67**
Pferd:	**41**
Tauchen:	**39**
verkleidet:	**23**

Bilanz:

Matches	Chats
72	25

Dates	Will ich wiedersehen
2	2

Die Stadt der schnellen Liebe

Ann möchte mir etwas mitteilen, aber es fällt ihr schwer. Die dunkelhaarige Halbmarokkanerin holt tief Luft, beißt sich auf die Lippen, schaut sich im Lokal um. Sie traut sich nicht. Sie trinkt hastig einen Schluck »Natural Blonde«. Wir sitzen uns an einem runden Holztisch im »Le Frog« in Bercy Village gegenüber. Ein gemütlicher und beliebter Pub in einer kleinen, aber schwer besuchten Kneipenstraße im 12. Arrondissement der französischen Hauptstadt.
Die 23-Jährige blickt auf ihr Bier. Sie zögert. Holt noch mal tief Luft. Sie legt die Hände mit der flachen Seite auf den Tisch. Fast hält sie sich daran fest. »Okay«, sagt sie und holt wieder tief Luft. »Okay.« Pause. »I want to fuck you. I really want to fuck you. Honestly. I would love to.«
Doch wie so häufig gibt es im Leben immer ein Aber.

Wisst ihr, was Paris und Stuttgart gemeinsam haben? Der Montag ist hier ein weitgehend tinderfreier Tag. Ich hab zwar, schon bevor ich in Paris bin, an die 30 Matches, sind aber alle maulfaul am Montag. Mit anderen Worten: Ich hab erst mal datefrei. Schade!
Dabei habe ich mich so darauf gefreut, in diese Stadt zurückzukehren. Ich war schon lange nicht mehr hier. Das letzte Mal vor 20 Jahren. Auf dem heimischen Flohmarkt verkaufte ich damals meine komplette Comicsammlung, um mir die Reise leisten zu können. Ich wollte unbedingt Valérie wiedersehen. Sie hatte ich bei einem Schulaustausch kennengelernt und wir wurden ein Pärchen. Ihre Mutter hatte sogar erlaubt, dass ich bei ihnen wohne, irgendwo in einem Banlieu, weit weg vom Zentrum. Die Reise dahin war ein völliges Fiasko, aber ich durfte sogar mit Valérie in einem Zimmer schlafen. Allerdings musste sie jeden Tag zur Schule, die meist bis zum späten Nachmittag dauerte, und ich ließ mich – da nur selten schönes Wetter war – von der schrecklichen Vorstadt-Hochhaus-Atmosphäre runterziehen. Kein Wunder, ich hörte damals nur Düster-Pop, The Cure, Cocteau Twins, Sisters of Mercy. Erschwerend kam hinzu, dass ich etwas an Akne litt und mir nachts immer eine weiße Zinkcreme ins Gesicht schmieren

musste. Die zog nicht in die Haut ein, sondern blieb drauf kleben. Nicht unbedingt sexy, mit einem Kerl mit so weißen Flecken im Gesicht das Zimmer zu teilen. Außerdem entpuppte sich Valérie zu Hause als ausgemachte Pubertätszicke. Dennoch, dank ihr verbesserte sich mein Französisch ungemein, sodass ich in der Abiturprüfung auf gute 10 Punkte kam. Ich habe sie nie wiedergesehen, aber ich möchte mich an dieser Stelle noch mal herzlich bedanken. Fremdsprachen lernt man halt immer noch am besten im Bett. Irgendwann beherrschte ich Französisch dann sogar fließend, aber irgendwann ist auch schon lange her.

Bevor ich in Paris die Europatour starte, beschließe ich, das bewährte »Ich bin beruflich hier«-System anzuwenden. Als Tourist unterwegs zu sein ist erstens für den Einheimischen sehr langweilig und zweitens kann ich so immer in fremden Städten behaupten, arbeiten zu müssen, wenn ich in Wirklichkeit ein anderes Date habe. Meine wahren Absichten verschweige ich. Lange Zeit werde ich so gut durchkommen.

Um 14 Uhr lande ich am Flughafen Charles de Gaulle. Das erste positive Erlebnis habe ich, als ich mir dort ein Ticket für die Metro kaufen will, um in die Innenstadt zu kommen. Die U-Bahn ist heute umsonst. Passiert öfter mal in der 11-Millionen-Metropole. Der Grund ist Luftverschmutzung. An solchen Tagen sind die öffentlichen Verkehrsmittel für alle gratis. Von Smog bemerke ich nichts, als ich meinen Koffer aus der U-Bahn-Station Louvre Rivoli wuchte. Die Sonne scheint und der Himmel ist fast wolkenlos. Mein Hotel liegt in einer der ältesten Straßen der Stadt, der ehrwürdigen und wunderschönen Rue Saint-Honoré, nur zwei Minuten von dem berühmtesten Museum der Welt entfernt. Das Best Western Louvre ist leider das schmalste Hotel, das ich je gesehen habe. Ich habe nicht nachgemessen, aber es sind maximal drei Meter in der Breite. Direkt am Eingang nimmt die Rezeption zwei Drittel dieses Platzes ein. Mit meinem Koffer komme ich kaum an ihr vorbei. Mist aber auch, ich habe extra eine Hotelkette gewählt, da ich große Etablissements mit unübersichtlichem Eingangsbereich bevorzuge. Hat was mit dem Einschmuggeln von nächtlichen Tête-à-Têtes zu tun. Gut, wenn der Portier nichts davon mitbekommt. Hier allerdings ist das unmöglich. Der Mann an der Rezeption würde sogar jede Amöbe bemerken, die versucht, in die Räumlichkeiten einzudringen. Vielleicht sollte ich mich nicht mehr nur auf die Empfehlungen meines Reisebüros verlassen, sondern einfach mal selber im Netz nachgucken.

Mein Zimmer liegt im 3. Stock. Klein, mit großem Bett und schweren roten Vorhängen. Ich setze mich auf den sehr schmalen Balkon und fange an zu tindern. Mit ein paar Französinnen habe ich bereits in Berlin Kontakt aufgenommen, jetzt geht es darum, diese Kontakte zu vertiefen. Bisher habe ich nicht ein einziges Date in der Stadt der Liebe. Doch bald gerate ich bei Tinder mit Aurélie ins Plaudern. Sie kommt aus einem Département d'outre-mer, also einer Überseeregion Frankreichs außerhalb des Kernlandes. Ihre Eltern stammen aus der Karibik, genauer aus Guadeloupe. Prima, da war ich schon einmal. Mit meinem Französisch-Leistungskurs bin ich dort nach dem Abitur wegen einer Hilfsmission gelandet. Ein Hurrikan hatte die Insel verwüstet und dann sollte eine Truppe deutscher Jungspunde beim Wiederaufbau helfen. Letztendlich durften wir eine Schule streichen. Das haben wir auch innerhalb einer Woche geschafft und konnten anschließend, weil wir so schnell waren, zwei Wochen Party in der Karibik machen. Jeden Abend gab es in unserem 6.000-Seelen-Kaff namens Petit-Canal eine Fete der Einheimischen. Es war eine unvergessliche Zeit. Diese Geschichte erzähle ich Aurélie. Und als ich sie auf Französisch frage, was sie so macht, schreibt sie: *Ich muss noch bis 17:30 Uhr arbeiten und dann habe ich frei.*

Klassisches Missverständnis. Ich wollte eigentlich nur wissen, was sie beruflich macht, aber gut, das klingt doch so, als wolle sie mir helfen, meinen Montagabend gemütlich zu gestalten. Danke. So verabreden wir uns auch recht zügig. Vor dem Café de la Paix, direkt an der Oper, Metrostation L'Opéra, 18:30 Uhr.

Eine genaue Vorstellung von der 34-Jährigen habe ich zu dem Zeitpunkt nicht. Sie ist dunkelhäutig und hat lange schwarze Locken, das war es auch schon. Auf einigen Fotos ist sie zu weit entfernt. Auf den anderen zu nah. Dick, dünn, klein, groß? Ich bin mal gespannt.

Aurélie lässt sich extrem viel Zeit und schreibt pünktlich um 18:30 Uhr, dass es wohl 19 Uhr wird. Ich vertrete mir die Beine und mache Fotos. Eines gefällt mir besonders gut: ein Bild von der Oper, die vom blauen Himmel umstrahlt und umrahmt wird. Ich lade es bei Tinder hoch, aber nicht als eines meiner sechs Profilfotos.

Es gibt da noch eine App-Besonderheit: Man kann Fotos hochladen, die nur 24 Stunden lang für die eigenen Matches sichtbar sind, aber sofort auftauchen, wenn die eigenen Bekannten mit Tinder online gehen. »Moments« heißt dieses Feature. Meine »Freundinnen« haben jetzt einen Tag Zeit, das Foto zu liken oder eben nicht. Meine Exmitbewohnerin hatte mir empfohlen, dieses Mittel öfter mal anzuwenden. Die Gründe:

Man ruft sich bei all seinen Matches wieder ins Gedächtnis.

Man kann damit seinen Marktwert herausfinden. Wer deine Fotos mag, der mag auch dich oder hat zumindest Interesse an dir.

Ich beschließe nun, den Ratschlägen folgend, aus jeder meiner Städte, die auf meiner Reiseliste stehen, ein Foto zum »Moment« zu machen. Da noch sieben weitere Nationen auf mich warten, kann ich so auch meinen Matches zeigen, was für ein toller Globetrotter-Hecht ich bin.

Um 19:15 Uhr ist Aurélie da. Sie sieht gut aus. Ein bisschen wie Beyoncé in nicht ganz so dünn und in unoperiert. Sie ist komplett in Schwarz gekleidet. Enge schwarze Stretchhose, schwarzer Blazer, schwarze Bluse, schwarze Pumps. Die Zähne sind allerdings strahlend weiß. Sie hat einen großen Mund mit vollen Lippen und dunkelbraune Augen. Aurélie schlägt vor, dass wir am besten direkt ins Café de la Paix gehen. Es ist übrigens nicht nur das älteste Café der Stadt, es ist auch eines der teuersten. Spezialitäten des Hauses: Austern und Desserts. Das Interieur ist in Gold gehalten. Goldene Säulen, goldene Vorhänge, goldene Deckenmalerei. Hier würde sogar Beyoncé frühstücken oder Wein trinken und sich mit Jay-Z streiten.

Ich bestelle einen Vin rouge für unglaubliche 14 Euro das Glas. Sie trinkt keinen Alkohol, höchstens mal ein Glas Champagner. Aber nicht jetzt. Jetzt trinkt sie Café au lait. Aurélie hat einen tollen Job. Sie ist Tortendesignerin. Nein, keine Konditorin, sondern Designerin. Sie macht solche Torten, aus denen auf Wunsch Tauben herausfliegen oder die ein paar Meter hoch sind. So, wie es klingt, ist sie sogar die angesagteste Tortendesignerin der Republik. Sie entwirft und gestaltet ihre Kunstwerke für Feiern der Hautevolee, für Botschaftsempfänge und Hochzeiten. Einmal hat sie sogar eine »grande surprise« für Prinz Albert von Monaco entwerfen dürfen. Ihr schlimmster Moment: Kurz vor dem Empfang einer großen Fluggesellschaft gelang es dem Lieferanten, das drei Meter hohe Prachtexemplar bei der Anlieferung umzuwerfen. Da lag also kiloweise Sahne auf dem Marmorboden. 8000 Euro wurden binnen Sekunden zu Cremematsch. Sie war untröstlich. Als würde ein Hausmeister mal kurz die »Fettecke« von Joseph Beuys in den Mülleimer werfen. Sie zeigt mir ihre Exponate auf dem Handy. Diese Frau ist wirklich eine Künstlerin, und ihre Torten sind Meisterwerke. Und sie ist wahnsinnig sympathisch und hilfsbereit. Bei meinem anfänglichen Gestammel auf Französisch ist sie eine echte Stütze. Freundlich korrigiert sie mich. Wenn ich nicht weiterweiß, wechseln wir ins Englische. Sie erzählt, dass ihr Bruder derzeit bei ihr wohnt, weil er in Paris auf einen Studienplatz wartet. Gut. Falls es hart auf hart kommt, können wir also nicht zu ihr ausweichen. Mein Hotel? Schwierig. Dieser doofe Minieingang. Was mir auffällt: Sie mag mich. Sie mag mich sogar sehr. Sie spielt mit ihrer goldenen Kette, mit ihren Haaren, sie schaut mir tief in die Augen und sie lauscht meinen Worten mit absoluter Aufmerksamkeit, vielleicht aber nur, um mich anschließend freundlich zu korrigieren. Nach drei Stunden bin ich geistig erschöpft, die Rückkehr ins Französische ist schwerer als gedacht. Aurélie muss gehen. Ich bringe sie zur Metrostation. Als ich mit ihr bei Rot über die Ampel laufe, ist sie etwas schockiert. »Ich dachte, so etwas würdet ihr Deutschen niemals machen, deshalb bin ich stehen geblieben.«

Ich sollte dringend etwas gegen unser deutsches Langweiler-Diszi-plin-Image tun. Vielleicht mal zu spät kommen oder in der U-Bahn schwarzfahren. Wir können auch anders, liebe Franzosen!

Bisous links und rechts. Adieu et vielleicht bis zum nächsten Mal. Ich habe Aurélie erzählt, dass ich zwar den nächsten Abend beschäftigt bin (was ich nicht bin, ich habe noch nicht einmal ein Date), aber viel-leicht bekommen wir es ja noch am Mittwoch hin. Au revoir! Kurz danach schreibt sie mir: *Das war das beste Rendezvous, was ich je hatte.* Was ihr wohl bis dahin auf Tinder widerfahren ist? Hab ich ganz vergessen zu fragen, sollte ich wohl nachholen.

Am nächsten Morgen zeigt sich Paris von seiner hässlichen Seite. Dicke dunkle Wolken wabern über der Hauptstadt. Es ist wirklich ungemüt-lich. Bis zwölf Uhr bleibe ich im Bett und tindere, was das Zeug hält, aber meine Date-Versuche laufen ins Leere. Muss wohl daran liegen, dass die anständige Pariserin arbeitet und ihre Zeit nicht auf Tinder verplem-pert. Am frühen Nachmittag verlasse ich das Hotel. Es nieselt. Dann geh ich mal in den Louvre, denke ich mir spontan, aber der ehemalige Königspalast ist am Dienstag geschlossen. Dann lauf ich halt über die Pont des Arts auf die südliche Seite der Seine, um zu gucken, wie voll es vor dem Musée d'Orsay ist. Dabei fängt es an, richtig stark zu regnen. Der typische Touri ist darauf vorbereitet. Vor dem Kunstmuseum war-tet ein Meer von aufgespannten Regenschirmen. Da stehen bestimmt tausend Menschen im prasselnden Regen und warten auf Einlass. Flie-gende Händler machen das Geschäft ihres Lebens. Ein Parapluie kostet 15 Euro. Ich spar mir die Schlange und den Schirm und rette mich in ein Café an der Fontaine Saint-Michel. Nach zwei Kilometern Fußmarsch bin ich klitschnass und ärgere mich über mich selbst. Bei den Dates in die teuersten Cafes gehen, aber zu geizig für einen Schirm.

Mittlerweile hab ich Paris komplett durchgetindert. 72 Matches, aber mein Telefon piept nicht. Da bringt einem das schönste Portfolio nix, wenn es leider gar kein Feedback gibt. Ich schaue mir meine Matches noch mal genau an, mit all den Fotos. Ich schreibe dutzendfach Bonjours, doch es kommt wenig bis gar kein Rücklauf. Hier die einzige Kommunikation des Nachmittags: von Ann, 23 Jahre. Auf einem Foto bläst sie die Kerzen auf einer Torte aus (kein Design von Aurélie, das sehe ich sofort). Auf der Tortenspitze ist ein Buch zu sehen, auf das ein § geklebt ist. Schlaubischlumpf schreibt:

Ich: Hallo Ann. Lass mich raten, du studierst Rechtswissenschaften?
Sie: Richtig, ich studiere internationales Recht an der Sorbonne.
Ich: Das ist ja prima, ich habe da grade ein Problem mit einem vollkommen durchgeknallten hasserfüllten Blogger in Spanien. Kannst du mir helfen?
Sie: Na klar kann ich helfen.
Ich: Es ist etwas komplizierter, aber ich kann es dir erklären, wenn du heute Abend noch nichts vorhast.
Sie: Sorry, ich habe Pläne. Aber gerne nächstes Mal.

Mist. Langeweile. Ich schaue mir mal die restlichen Menschen in meinem Café an. Da sitzen tatsächlich Dutzende junge Frauen in ihrer Mittagspause und rauchen munter vor sich hin. Vielleicht ist ja eine von ihnen auf Happn. Happn ist die App, die einem anzeigt, wer von den anderen Mitgliedern sich in der unmittelbaren Nähe aufhält oder sich aufgehalten hat.
Als ich die App öffne, komme ich aus dem Staunen nicht mehr heraus. Mir scheinen Hunderte toller Frauen begegnet zu sein, ohne dass ich es bemerkt habe. Paris ist voll von Happn-Besitzerinnen. In einem Anflug aufkommender Verzückung drücke ich bei dreihundert Damen aufs Herz und es passiert – nichts. Kein Crush, wie es dort so schön heißt. Rein statistisch gesehen, ist es vollkommen ausgeschlossen, dass ich so erfolglos bin. Als ich mir die Profile dann genau anschaue, wird mir eines klar: Happn ist keine Dating-App, Happn ist ein Friedhof. Die meisten der Damen waren zwischen Januar und Anfang März aktiv, jetzt ist kaum eine online. Insgesamt treffe ich über Happn nach drei Tagen Paris ungefähr 1.100 Frauen, die allesamt scheinbar vergessen haben, ihre Ortung auf dem Handy auszuschal-

ten. Insgesamt werde ich auf meinen Reisen genau null Dates durch Happn haben. Die einzige Person, die ich kenne, die damit mal Erfolg hatte, war meine Mitbewohnerin, die darüber ausgerechnet meinen Chef kennenlernte. Gott sei Dank wurde daraus nichts. War wohl beiden dann doch etwas zu heiß, wohlwissend, dass ich ein altes Tratschweib bin, das zwischen den Stühlen steht. Soll mir recht sein. Apropos. Sie hat sich einen neuen Kerl geangelt, einen Finanzmanager aus England, der in Katar arbeitet und eine Nacht in Berlin war. Sie haben sich getindert und gleich die Nacht miteinander verbracht. Als ich in Paris bin, ist sie gerade im Emirat, um ihn zu besuchen. Sie schreibt:

Sie: Habe ein Leben gerettet auf dem Weg nach Doha. Entgleiste Diabetes im hypoglykämischen Schock. Deutscher um die 50.
Ich: Super! Hattest du Insulin dabei?
Sie: Die hatten einen Notfallkoffer mit Gluconat-Gel und einer einzigen Spritze.
Und kurze Zeit später:
Sie: Siehst du, das macht Tinder. Ohne wäre ich nicht an Bord gewesen.

Und jetzt erzählt mir noch mal, dass das eine Sex-App ist.

Nachdem der Regen etwas nachgelassen hat, setze ich meinen Spaziergang fort. Es geht auf die Île de la Cité. Ich schaue mir die Regenschirme vor dem Palais de la Justice an und die Regenschirme vor Notre-Dame. Auf die Kathedrale bin ich vor Kurzem ein paarmal hochgeklettert, um einen korrupten Politiker kaltzumachen. Bin dabei mehrfach aufgeflogen und mein Leben wurde immer wieder durch Pistolenschüsse aus Vorderladern beendet. – Ich hab tatsächlich die Playstation, die so lange im Keller meiner Exfreundin schimmelte, ausgepackt und mir das Spiel Assassin's Creed Unity gekauft. Mein Charakter ist dabei ein Meuchelmörder zu Zeiten der Französischen Revolution. Verblüffend, wie detailgetreu die Spieledesigner Paris nachgebaut haben. Ich studiere die Route, um die Touristengruppen zu umgehen und über das Kirchenschiff unbemerkt von oben in die Kathedrale einzusteigen. Ich kenne ja den Weg. Da steht doch irgendwo ein Glöckner zwischen den beiden Türmen, dem die Schlüssel geklaut wurden. Die muss ich ihm unbedingt wiederbeschaffen. Aber es fängt schon wieder an zu regnen. Der Stein ist zu glitschig zum Klettern. Ich mache die Spielkonsole in meinem Kopf aus, zünde mir eine Zigarette an und gehe ins nächste Straßencafé, um den Akku aufzuladen.

Dort passieren zwei Wunder.

1. Ich matche Madeleine. Sie kommt aus einem Pariser Vorort und wir verabreden uns für Mittwoch zum Abendessen

2. Ann schreibt vollkommen unerwartet: *Habe meine Abendplanung gerade über den Haufen geworfen. Steht dein Angebot für heute Abend noch?*

Die Antwort ist Ja, Ja und nochmals Ja. Um 20 Uhr treffen wir uns in einer Kneipe am Cour Saint-Émilion im 12. Arrondissement. Freudig hüpfe ich durch den Regen zurück zum Hotel. Die Metro ist leider nicht mehr kostenlos, aber das ist durchaus zu verkraften. Im Hotel springe ich aus meinen nasskalten Klamotten direkt in die Badewanne. Um 20 Uhr stehe ich vor dem Frog in Bercy Village. Ann kommt 20 Minuten später. Sie hat kurze, schwarze, gelockte Haare. Sie trägt einen dunkelblauen Filzmantel und darunter einen dicken schwarzen Pullover mit V-Ausschnitt. Es ist halt auch wirklich kalt. Wir setzen uns unter einen dicken Sonnenschirm mit Heizstrahlern vor den Pub mit angeschlossener kleiner Brauerei. Sie raucht und bestellt ein Bier namens »Natural Blonde«, ich eines mit dem sexy Namen »Dark de Triomphe«. Die 23-Jährige ist die Tochter einer französischen Mutter und eines marokkanischen Vaters. Sie wuchs in Rabat auf, wohnt seit ihrem 19. Lebensjahr in Paris und studiert an der Sorbonne. Tolle Uni, clevere Frau, wie ich feststelle. Sie beherrscht fließend Spanisch, Englisch, Französisch und das marokkanische Arabisch. Wir wechseln alle Sprachen mal durch (bis auf das marokkanische Arabisch) und sie ist mir hoffnungslos überlegen. Sie korrigiert mich selbst im Englischen. Ich muss an meinen Defiziten arbeiten. Sie ist zwar Muslima, aber scheiß drauf, Bier schmeckt ihr. »Religion ist für die Doofen«, sagt sie, als sie ihr zweites Hopfen bestellt. Wir reden über Marokko, Frankreich, Deutschland. Über Sex, Drugs & Rock 'n' Roll. In allen drei Bereichen hat die junge Dame für ihr Alter ganz schön viele Erfahrungen gemacht, gesteht sie offen. Ihre Lieblingsband heißt The Doors. Wow. Das ist mit meinem Musikgeschmack mehr als kompatibel. Wir sitzen fast ganz alleine im Außenbereich der verregneten Kneipenstadt und singen zusammen laut »People are strange, when you're a stranger. Faces look ugly when you're alone.«

Nach dem dritten Bier beschließen wir, auf dem Friedhof Père Lachaise einzubrechen, um dann ein Tetrapak billigen Rotwein am Grab von Jim Morrison zu trinken. Ich weiß nicht mehr, wieso es ausgerechnet ein Tetrapak sein sollte, aber nach kurzer Diskussion verschieben wir die Störung der Totenruhe auf den Sommer, wenn das Wetter besser ist. Vielleicht fällt mir das mit dem Tetrapak ja bis dahin wieder ein.

Nach dem vierten Bier sitzen wir im Pub, weil es immer kälter und regnerischer wird. Ansonsten ist es ein launiger und spaßiger Abend. Kurz nach eins möchte mir Ann etwas mitteilen, aber es fällt ihr schwer. Die dunkelhaarige Halbmarokkanerin holt tief Luft, beißt sich auf die Lippen, schaut sich im Lokal um. »Okay.« Pause. »I want to fuck you. I really want to fuck you. Honestly. I would love to.« Doch wie so häufig gibt es im Leben immer ein Aber.

»Aber ich kann nicht«, sagt sie. »Ich habe gerade den zweiten Tag meiner Periode. Und da ist es besonders schlimm.« Ich denke an Münchner Jungfrauen und blutige weiße Bettlaken in Hotelzimmern. Wir einigen uns auf Kuscheln.

Kurze Zeit später sitzen wir in einem Taxi Richtung Hotel. Zu ihr können wir nicht, weil sie in einer WG wohnt. Eine Ausrede, die ich übrigens häufiger hören werde. In solchen Gefahrensituationen werde ich allerdings häufig sehr schnell krank. Ich bekomme feuchte Hände, werde unruhig und in meinem Hirn wird es sehr monothematisch. Die Gedanken kreisen nur noch um eine Frage: Wie bekomme ich sie unbemerkt ins Hotel? Ich nenne diese Erkrankung meiner Psyche Portierparanoia. Man kann sie nur bekämpfen, indem man sich seinen Ängsten stellt. Heute die Meisterprüfung: das schmalste Hotel der Welt. Auf dem Weg vom Taxi zum Eingang spielt sich mein ganzes Leben vor meinem inneren Auge ab. Mein Herz rast, als ich die Tür öffne. Der Portier zur Linken steht mit dem Rücken zu uns. Wir gehen strammen Schrittes im Gänsemarsch rechts an der Rezeption vorbei, sagen im Laufen »Bonsoir, Monsieur«, er dreht den Kopf und sieht mir in die Augen. Es dauert nur eine Zehntelsekunde und ich höre: »Bonsoir et bonne nuit!« Er lächelt. Noch einen Meter bis zum Fahrstuhl. Der steht sogar schon hier im Parterre. Wir gehen hinein. Ich drücke die Drei. Nach zwei Sekunden geht die Tür zu. In mir gibt es eine Adrenalinexplosion, ein Triumphgefühl durchzuckt meinen Körper. Noch im Fahrstuhl fangen wir heftig an zu knutschen.

Ann verlässt mich bereits um 7:30 Uhr. Sie hat Vorlesung um 10 Uhr. Und um Ihre dringlichste Frage, liebe Leser, zu beantworten: Nein, wir haben nicht miteinander geschlafen. Nein, die Bettlaken sind nach wie vor blütenweiß, wenn auch zerknittert.

Kurz vor 10 Uhr weckt mich Ann mit einer SMS: *Wir können das übrigens so oft tun, wie du willst.* Ich werde beim Schreiben der Antwort rot und gehe mal duschen.

Die Sonne scheint, Gott sei Dank, es ist 18 Grad warm. Nach einem ultrasüßen Frühstück im gegenüberliegenden marokkanischen Café laufe ich 25 Kilometer durch Paris. Der Jardin des Tuileries, Place de la Concorde, vorbei am Grand Palais, Champs-Élysées, Arc de Triomphe, dann rüber auf die andere Seine-Seite zum Eiffelturm, École Militaire, Invalidendom, Nationalversammlung, zurück über Pyramides und Palais Royale. Es ist, als würde ich einen Weg ablaufen, den ich vor zwanzig Jahren gegangen bin, und es hat sich eigentlich nicht viel verändert. Während dieser Tour de la Erinnerung war ich nicht untätig. Ich habe schon in der nächsten Stadt getindert. Mit bisher sehr tollen Ergebnissen. Aber zum heutigen Abend:

- Aurélie würde sich gerne mit mir treffen.
- Verabredet bin ich ja eigentlich mit Madeleine, die mich allerdings hinhält.

- Ann: Ich glaube, meine Tage sind vorbei. Wollen wir heute Abend einen kleinen Versuch starten? ☺

Madeleine schrieb mir um 15 Uhr, dass sie sich gleich meldet. Jetzt ist es 18 Uhr. Wir sind um 20:30 Uhr verabredet. Ich habe ein schlechtes Gefühl. Aurélie halte ich die ganze Zeit hin, weil ich noch arbeiten muss, lüge ich, und abends eventuell ein geschäftliches Abendessen habe. Ich geh dann erst mal in die Badewanne und denke nach. Um 19 Uhr ist die Entscheidung gefallen. Ich gucke mir ein letztes Mal das Profil der sich nicht meldenden Madeleine aus der Vorstadt an und dann mache ich etwas, was ich noch nie getan habe und bis zum Ende meiner Reise auch nicht wieder tun werde: Ich lösche sie. Schäbig, wirklich schäbig. Doch sehe ich in dieser Maßnahme mehrere Vorteile:

- Ich sitze nicht mehr auf heißen Kohlen.
- Ich muss niemanden hinhalten.
- Ich muss mir später keine Ausrede anhören, wieso es nicht geklappt hat.
- Ich muss mich nicht ärgern, dass am Ende gar kein Date klappt.
- Ich muss keine Ausrede erfinden, wieso ich plötzlich um 20:30 Uhr etwas Besseres zu tun habe.
- Morgen bin ich eh weg.

Ann schreibe ich, dass ich jetzt erst einmal ein Geschäftsessen habe, aber wenn es nicht zu spät werde, würde ich mich noch mal melden.

Mit Aurélie, der Tortendesignerin, verabrede ich mich um 21 Uhr, La Motte-Picquet im 15. Arrondissement. Abendessen. Fernab des Tourismus. Vernünftige Preise. Entrecôte. Jawoll. Wie es sich für einen Frankreich-Besuch gehört. Wir trinken Weißwein (sie macht mal eine Ausnahme) und ich zwinge sie, Weinbergschnecken in Knoblauchsud zu probieren. Anschließend gibt es noch Best of Kuchenbüfett. Während des Diners berichtet sie mir von ihren Tinder-Erlebnissen. Franzosen halten sie für eine leichte, billige Beute, erklärt sie, das liege an ihrer Hautfarbe. Die Typen würden niemals mit ihr eine Beziehung eingehen, sondern sie wollen einfach nur schnellen Sex. Das nervt sie ganz massiv. Sie fühlt sich nicht für voll genommen und nicht respektiert. Deswegen hat sie auch keinen Bock mehr auf ihre männlichen Landsleute.

Ich sei da ganz anders, sagt sie und blickt mich mit ihren großen braunen Augen an. Bei mir habe sie das Gefühl, ich wüsste sie zu schätzen. Ich frage mich, ob sie nicht zu große Erwartungen hegt, was mich betrifft. Unabhängig davon: Wenn die Franzacken (und ich wähle an dieser Stelle dieses Wort ganz bewusst) nur wüssten, was für ein Tortenstar diese Frau ist. Was an Köstlichkeiten sie wahrscheinlich aus dem Nichts zaubern könnte. Mal ernsthaft, Aurélie ist eine Superpartie. Sie sieht gut aus, hat ein sanftes Wesen, ist kultivierter als 80 Prozent aller Festlandfranzosen und die Queenmother of Kuchen. Ich glaube, das sage ich ihr auch.

Ich bin gerade dabei, mein Flirtfranzösisch zu entrosten, da bekomme ich den Eindruck, dass sich Aurélie in mich verknallt hat. Ich kann nicht erklären, wie das passiert ist, ich war einfach nur nett, höflich und zuvorkommend, aber ich glaube nicht, dass ich mich in ihr täusche. Diese zufälligen Berührungen, sie legt immer wieder kurz ihre Hand auf meine, das Haare-über-die-Ohren-Streichen. Sie ist sogar ein bisschen nervös. Zu viele Zeichen zu schnell. An dieser Stelle regt sich mein schlechtes Gewissen. Ich kann nicht mit zu ihr kommen und ich kann auch nicht mit der zweiten Frau am zweiten Tag meine Portierparanoia bekämpfen. Hier sind definitiv zu viele Emotionen ihrerseits im Spiel und das hemmt mich. Und ich finde gut, dass es mich hemmt. Ich möchte sie nicht ins Unglück stürzen. Ich möchte nicht die Nacht mit ihr verbringen, um sie dann für gefühlte Ewigkeiten oder vielleicht für immer zu verlassen. Ehrlich wünsche ich ihr, dass sie glücklich wird, denn sie sucht die wahre Liebe. Aber ich bin dafür leider der falsche Mann und es stehen noch viel zu viele Städte auf meinem Reiseplan. Wenn sie nur wüsste ... Ich fühle mich schlecht.

Wir gehen noch in eine Bar und sie trinkt sogar ein Glas Champagner, dann bringe ich sie nach Hause. Aurélie wohnt nicht weit von hier. Vor der Tür gucken wir uns lange an und ich sage: »Ich weiß, dein Bruder ist zu Hause. Alles ist gut.« Sie nickt und wir umarmen uns auf der Straße. »Sehen wir uns wieder?«, fragt sie mit großen traurigen Augen. Ich gebe ihr einen Abschiedskuss auf die Stirn und verspreche es. »Aber bitte gedulde dich ein wenig. Ich bin noch ziemlich lange auf Reisen.« Dann springe ich in ein Taxi und fahre zurück in mein Hotel.

Wie üblich mache ich erst dort mein Telefon an. Es war während des ganzen Abends im Flugmodus. Das habe ich mir bei Dates angewöhnt. Es ist nicht nur eine Frage der Höflichkeit, sondern auch des reinen Selbstschutzes. Das hat mir mal meine Exmitbewohnerin so erklärt: Wenn sie bei einem Rendezvous auf die Toilette geht, dann wartet sie zwei Minuten und öffnet dann erst Tinder. Sie ruft das Profil des aktuellen Dates auf. Dort ist sofort zu erkennen, wann die jeweilige Person das letzte Mal online war. Sollte da also unter dem Profilfoto stehen: »Ist jetzt online« oder »war vor 6 Sekunden online«, dann bekommt der Typ einen Satz heiße Ohren. Sie empfindet das als respektlos. Verstehe ich, man sollte nicht mit anderen während eines Dates Verabredungen treffen. Dennoch, das grenzt schon an Kontrollwahn, so wie Mülleimer-Durchwühlen. Tinder ist Spyware für Misstrauische oder Eifersüchtige. Mein Rat also: Flugmodus. Oder noch einfacher: Don't date and tinder!

Mein Handy piept:
Facebook-Mail von Aurélie: Ich würde gerne mit dir schlafen.
WhatsApp von Ann: Meine Periode ist vorbei und ich bin frisch gewaxt. Soll ich etwa so alleine schlafen gehen?

Manchmal hat man halt die Qual der Wahl und am Ende freut sich niemand. Ich schlafe tief und fest ein. Gute Nacht, Paris. Stadt der schnellen Liebe.

Amsterdam
Niederlande
Radius: **50 km**
Aufenthalt: **72 Stunden**

Amsterdam

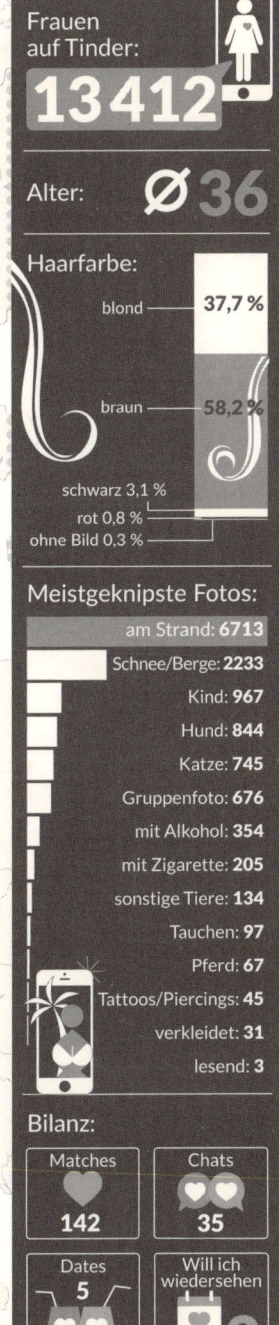

Frauen auf Tinder:

13 412

Alter: Ø **36**

Haarfarbe:

blond — **37,7 %**

braun — **58,2 %**

schwarz **3,1 %**
rot **0,8 %**
ohne Bild **0,3 %**

Meistgeknipste Fotos:

am Strand: **6713**
Schnee/Berge: **2233**
Kind: **967**
Hund: **844**
Katze: **745**
Gruppenfoto: **676**
mit Alkohol: **354**
mit Zigarette: **205**
sonstige Tiere: **134**
Tauchen: **97**
Pferd: **67**
Tattoos/Piercings: **45**
verkleidet: **31**
lesend: **3**

Bilanz:

Matches
142

Chats
35

Dates
5

Will ich
wiedersehen
2

Fünf Länder in drei Tagen

Diese gewaltige Hustenattacke verändert alles. Bis hierhin lief es durchaus rund, doch nun verliere ich die Kontrolle über mich. Ich bin ja eigentlich ein hartgesottenes Kerlchen, doch mir zieht es grad die Schuhe aus. Erst dieses Gefühl des Erstickens, die Lunge verkrampft. Mit der verbliebenen Luft röchle ich mir die Seele aus dem Leib. Ich beuge mich sitzend vornüber und presse meine Oberarme auf die Brust. Meine Stirn liegt dabei auf dem Kneipentisch genau zwischen Bier und Gin Tonic. Ich bete zu Gott, dass dieses Keuchhusteninferno endlich vorübergehen möge. Doch es hört einfach nicht auf. Nachdem sich meine Körperorgane nach einiger Zeit beruhigt und die Muskeln entkrampft haben, kann ich wieder aufrecht sitzen. Ich schaue Nina an. Meine glasigen Augen tränen. Mir ist schwindlig und ich sehe auch leicht verschwommen. Ich grinse und sage auf Englisch: »Sorry, das bin ich nicht gewohnt.«
Ein dicker, süßlicher Rauchschwall strömt aus dem Mund der Italienerin. Kurze Zeit später sagt sie: »Bis gerade eben fand ich dich noch ganz sexy, aber irgendwie sieht die Sache jetzt anders aus.«

Amsterdam ist in jeder Hinsicht eine bemerkenswerte Stadt, und das erlebe ich, als ich dort die ersten Gehversuche mache. Im Hauptbahnhof steht ein Piano. Jeder, der möchte, darf darauf spielen. Egal, ob befähigt oder nicht. Gesungen werden darf auch. Manchmal ist das wirklich toll und manchmal nicht. Ich lausche einem betrunkenen selbsternannten Opernsänger, der einen Orangensaft-Tetrapak in der Hand hält. Sein Fast-Tenor hallt durch die Bahnhofshallen. Begleitet wird er von einem Pianisten mit Pudelmütze. Es ist eine skurrile, aber lustige Szene, niemanden stört es und es macht Spaß, dem zuzusehen und zu hören, was die beiden da fabrizieren.
Kaum trete ich auf den Vorplatz des Bahnhofs, empfängt mich ein warnendes Leuchtschild mit wechselnden Botschaften: »White Heroine sold as cocaine – again victims in hospital – Ignore Street Dealer«. Überall an den Hotspots der Stadt steht dieses Schild, und schnell

merkt auch der unbedarfteste chinesische Tourist, wohin der Wind bläst beziehungsweise woher der Wind kommt. Aus den zahlreichen Coffeeshops der Stadt weht der Geist einer liberalen Drogenpolitik. Doch statt dass sich die aus aller Welt angereisten Jugendlichen am legalen Haschisch erfreuen, möchten sie Vollgas geben und so auch in den Tod rasen. »Last November 3 Tourist died«, droht das Warnschild.

Den nächsten Hinweis auf Drogen erhalte ich, als ich in meinem Hotel, dem NH Hotel Amsterdam Noord, um ein Raucherzimmer bitte. Die Rezeptionistin weist mich mahnend darauf hin, dass allerdings nur Zigaretten geraucht werden dürfen. »Keine Sorge«, entgegne ich, »ich rauche keine Zigarren.« Sie guckt mich an, als ob ich etwas nicht richtig verstanden hätte. Lange halte ich mich in meinem Zimmer sowieso nicht auf. Ich habe bereits vorgearbeitet und Tausende und Abertausende von Singles in Amsterdam gesichtet. Es hört gar nicht auf. Nach zwölf Stunden habe ich bereits um die 50 Matches, am Ende werden es 140 sein. Da sieht man den Wald vor lauter Bäumen nicht mehr.

Insgesamt bieten sich während meiner Holland-Tage über 13.000 Frauen auf Tinder an. Das ist ja mal ein Knaller. In Gesamtdeutschland hatte ich die gleiche Anzahl. Aber im Großraum Amsterdam leben gerade mal 2,4 Millionen Menschen, Deutschland hat 82 Millionen Einwohner.

Amsterdam ist die ultimative Welt-Tinder-Hauptstadt. Selbst Metropolen, die mindestens fünfmal so groß sind, wie Paris oder Istanbul können da nicht mithalten. Nach ein paar Tausend Mitgliedern ist Schluss, aber Amsterdam ist wie ein Fass ohne Boden. Her mit den hübschen Holländerinnen. Da muss bestimmt auch ein harter Verdrängungswettbewerb stattfinden bei so einem Überangebot.

Am schnellsten greift Nina (32) zu. Wir verabreden uns nach drei Sätzen: 20 Uhr Hauptbahnhof am Klavier.
Es regnet und ist sehr windig, deshalb kommt sie auch ziemlich dick verpackt in einer schwarzen Winterjacke. Kurzes Hallo und schon sitzen wir in einer Skybar unweit des Hauptbahnhofs. Diese Bar im

Silvertree by Hilton ist wirklich toll. Von hier aus kann man die komplette Altstadt überblicken, den Sündenpfuhl, gemeinhin auch als Rotlichtbezirk bekannt. Kilometerweit sind die Lichter der Großstadt zu sehen.

Sie Bier, ich Rotwein. Günstiger als in Paris. Sie schält sich aus der Winterjacke, und als sie das geschafft hat, hat sie sich plötzlich in eine Italienerin verwandelt. »Oh, ich dachte, du kommst aus Holland.« Sie: »Wir haben noch gar nicht über unsere Nationalität geredet. Ich stamme aus Mailand.« Jetzt fällt es mir auch auf, Nina sieht aus wie eine typische Norditalienerin. Dunkelbraune Haare, blasser als ihre Landsleute aus dem Süden, eine Handvoll Sommersprossen und blaue Augen. Sie ist allerdings nicht angezogen, wie man es von einer Mailänderin erwartet, sie sieht eher aus wie ein Schluffi. Abgewetzte Jeans mit Schlag, ausgewaschener schwarzer Baumwollpullover und darüber eine Abart des Arafat-Tuchs. Seit neun Jahren wohnt sie in den Niederlanden. Sie ist studierte Biologin, arbeitet in Amsterdam aber im Finanzwesen. Was genau sie da macht, verstehe ich nicht ganz, allerdings ist es auch nicht wichtig, denn sie ist derzeit arbeitslos und hat nicht besonders viel Geld. Sie spricht recht gut Holländisch, aber sie versucht es zu vermeiden, wo es nur geht. Ich spreche die Sprache bruchstückhaft, da ich mal ein halbes Jahr Holländisch auf der Schule hatte. Doch jetzt kommt es: Sie mag Holländer nicht, oder anders ausgedrückt, sie kann sie nicht einmal im Ansatz leiden. »Wieso lebst du dann hier?«, frage ich verblüfft. Ich habe nicht eine einzige schlechte Erfahrung mit Holländern gemacht. Ich kenne die Menschen mit dieser drolligen Sprache als lebensbejahend, sehr lustig beim Partymachen und außerdem haben sie eine fantastische und dazu sympathische Nationalmannschaft, was man von der italienischen eigentlich noch nie behaupten konnte. »Holländische Männer sind die unzuverlässigsten auf der Welt«, sagt sie. Nur 50 Prozent ihrer verabredeten Dates haben überhaupt geklappt. »Hier gibt es die Tradition des im letzten Moment Absagens«, oder wenn er denn schon komme, habe er nicht viel Zeit. Für eine schnelle Nummer sei aber immer Platz im engen Terminkalender des sexhungrigen Grachtengekkos. Generell stuft sie die Holländer als oberflächlich, selbstverliebt und viel zu ehrgeizig ein. Die wollen allen beweisen, dass auch Menschen aus einem Miniland was draufhaben.« »Wieso gehst du dann nicht zurück nach Italien?«, will ich wissen. »Da finde ich keinen Job.« »Aber hier hast du ja auch keinen Job.« »Ja, aber hier bekomme ich bessere Sozialleistungen.« Ach, daher weht der Wind. Dennoch erweist sich Nina als ein Mensch, der in philosophischen und kulturellen Dingen durchaus bewandert ist. Nach zwei Gläsern Wein fragt sie, wann ich denn das letzte Mal in der Altstadt (also auf der Partymeile) gewesen sei.

»Das ist bestimmt schon 18 Jahre her. Ich war mit einem Freund hier und zur Feier des Tages sind wir in einen Coffeeshop und haben uns Pilze gekauft. Zwei Stunden später haben wir in einer Bar wie die Wilden zu Livemusik getanzt. Und zwar zu Free Jazz.«

Ich versuche mir immer noch vorzustellen, wie das ausgesehen haben muss. Zu Free Jazz kann man, ja darf man nicht tanzen. Da sollte man nur mit dem Kopf wippen oder die Bewegungen des Saxofonisten nachahmen. Free Jazz ist viel zu intellektuell für hektische »Dance Moves«, wie Detlef D! Soost sagen würde. Mich schaudert ein wenig bei der Erinnerung.

»Pilze sind mittlerweile verboten. Darauf haben wohl einige Leute zu viel Blödsinn gemacht. Inklusive aus dem Fenster springen«, erzählt Nina.
Da hab ich ja Glück gehabt. Free Jazz rettete mein Leben.
Nach zwei Drinks nehmen wir den Fahrstuhl abwärts und spazieren durch die kleinen Gassen der Altstadt. Es gibt Dutzende Coffeeshops, Bars, Restaurants, Fast-Food-Läden, Headshops, Cafés und Kneipen. Die Straßen sind bis zum Bersten gefüllt mit abenteuerlustigen Ausländern. Wir stoßen auf mehrere englische Junggesellenabschiede. Meistens stehen die vor den rot erleuchteten Scheiben, hinter denen sich Damen in knappen Dessous feilbieten.
Sie führt mich in eine Kneipe. Vorne prangt ein Schild. Darauf eine stilisierte Marihuana-Pflanze. Drum herum steht: »Here you can smoke – and drink.«

Wir gehen hinein. Die Luft riecht unglaublich süß. Langer Tresen. Der Laden ist schmal, wie alles in Amsterdam, aber in die Tiefe gehend. Wir setzen uns ganz am Ende an einen Tisch. Der Kellner kommt. Sie: Becks, ich: Gin Tonic. Ich zünde mir eine Zigarette an. Der Kellner sagt: »Das ist hier verboten.« »Draußen steht aber dran, dass ich hier rauchen darf, und hier steht ein Aschenbecher«, entgegne ich weise. Ja, ich habe ja recht, aber: »Hier darf man aber nur Haschisch oder Marihuana rauchen!«

»Was ist denn, wenn ich mir einen Joint mit Tabak mischen will, geht das?«

»Das ist kein Problem, das ist erlaubt!«

O. k., ich fasse noch mal zusammen: In einer Kifferbar darf man kiffen, aber nicht rauchen. Rauchen darf man nur, wenn der Tabak mit homöopathischen Hilfsmitteln gestreckt wird. Jemand, der nicht kiffen oder seinen Tabak nicht mit Dope mischen will, muss vor der Tür quarzen. Das ist schlicht und ergreifend vollkommen absurd. Hier wird man ja als Raucher förmlich gezwungen, zum »Harzer« zu werden. Amsterdam ist in der Tat eine bemerkenswerte Stadt.

»Vergiss das mit den Zigaretten«, sagt Nina. »Warte kurz.« Sie geht an den Tresen und kommt mit einer Miniaturausgabe eines Reagenzglases aus Plastik zurück. Darin ist ein Joint. »Pures Gras ohne Tabak.« Sie zündet sich den breiten Oschi an. Ohne könne sie nicht richtig gut einschlafen. Sie zieht dreimal, dann gibt sie ihn mir. Ich bekomme die brutalste Hustenattacke meines Lebens und denke, ich muss sterben. Sie schaut sich die Situation interessiert an und zieht seelenruhig weiter an der Tüte. Dann bekommt sie einen Laber-Flash. Sie sinniert über Dope, Liebe, Sex, Architektur, Politik. Sie schildert so fließend klar und flüssig präzise, dass ich von ihrer Klugheit überrollt werde. Alles, was sie sagt, ist schlüssig und macht Sinn. Sie ist bestimmt die schlauste Frau der Welt, denke ich mir. Bedauerlicherweise vergesse ich sofort jede Einzelne ihrer Ausführungen, sobald sie ausgesprochen wird. Ich kann überhaupt nicht folgen und mein Hirn verheddert sich förmlich in einem Gedankenstrudel. Informationen prasseln in einer Schnelligkeit auf mich ein, die gar nicht so einfach zu verarbeiten sind. Sie redet – ich vergesse – sie redet und ich denke an Schokolade, Cola und Fernsehen im Bett. Darauf hätte ich jetzt Lust. Ja, Schokolade.

»Hörst du mir überhaupt noch zu?«, fragt sie.

»Ja, klar.«

»Was hab ich denn als Letztes gesagt?«

»Irgendwas mit Schokolade?«

Sie: »Bis grade eben fand ich dich noch ganz sexy, aber irgendwie sieht die Sache jetzt anders aus.

Ich: »Echt? Wie denn?« Ich habe Gummibärchen im Hirn. Ob es um diese Uhrzeit noch irgendwo ein Eis gibt? Eines mit vier Kugeln?

Was sie mir gerade zu erklären versucht, ist, dass ich mich durch das Gras ganz schön verändert hätte. O. k., denke ich mir, kein Sex mit Nina. Ein paar Sekunden später: Ist mir egal. War mir von Anfang an egal. Im Hotel gibt es bestimmt auch deutsches Fernsehen. Vielleicht ja auch Lakritze. Lakritze, tolle Idee. Ich brauche Lakritze. Oder vielleicht doch eher eine Trauben-Nuss? Ich muss mich schon entscheiden, beides zusammen ist komisch. Ich will jetzt eine Cola. Dringend. Der Kellner ist weit weg. Ich versuche, die Hand zu heben, um auf mich aufmerksam zu machen, aber ich bin zu faul. Das Hirn verweigert den Befehl an die Hand. Es sagt: Entspann dich mal, Digga. Die anderen Leute von den anderen Tischen gucken schon. Die sehen ganz genau, was mit mir los ist. Oh verdammt, die wissen, dass ich stoned bin. Ist das peinlich! Was ich vollkommen außer Acht lasse: Ich sitze in einem Coffeeshop. Alle um mich herum sind breit und haben kleine rote Augen. Aber das kommt mir nicht in den Sinn, stattdessen bahnt sich eine ordentliche Paranoia an. Die »Alle wissen was du getan hast«-Paranoia. Bloß schnell wieder an Schokolade denken. Oder Marmeladenbrote mit ganz viel Butter. Und dann zusammenklappen und reinbeißen, dass die Früchtepampe an den Seiten rausquillt. Ich würde gerne Konditor werden. Wieso hab ich das eigentlich nicht gelernt? Ob das noch auf dem zweiten Bildungsweg funktioniert?

Nina hat die Schnauze voll von mir, wir gehen und schlendern durch die Gassen, ich habe das Haupt gesenkt und eine Kapuze auf dem

Kopf. So kann niemand erkennen, wie es um meinen Zustand bestellt ist. Mir kommen lauter Gestalten entgegen, die ähnlich herumlaufen wie ich. Meine Verbündeten, alles meine Verbündeten. Es ist schon nach eins. Komisch, das ging ja schnell. »Ich nehm 'n Taxi und du?«, frage ich sie. »Ich muss nach Hause laufen, es fahren leider keine Busse mehr!« »Ist das weit?« »Ungefähr eine halbe Stunde!« Das arme Mädchen. Mitten in der Nacht. Ich würde sie ja heimfahren, aber ich hab noch ein wichtiges Date mit dem Inhalt meiner Minibar. Hoffentlich ist da kein Daim drin. Daim find ich doof. Die größte Enttäuschung wäre jetzt allerdings eine langweilige Vollmilchschokolade. Das würde mir echt die Nacht versauen. Ich schweife ab. Ich zücke mein Portemonnaie und gebe ihr zwanzig Euro. »Bitte nimm ein Taxi«, sage ich, »ich kann dich unmöglich nach Hause gehen lassen, vor allem, weil es regnet.« Es ist mir wirklich unangenehm mit dem Geld, aber in ihre Augen kehrt ein Leuchten ein. »Weißt du, das hat noch nie ein Mann für mich getan. Noch nie. Ich weiß das wirklich sehr zu schätzen. Aber zehn Euro würden reichen.« Habe ich auch in meinem Portemonnaie. Sie gibt mir zwei Küsse auf den Mund. Irgendwie hatte ich auf einen Lippenstift mit Blaubeergeschmack gehofft.

Nach 20 Minuten Taxifahrt bin ich wieder in Noord-Amsterdam. Das NH hat einen Rieseneingangsbereich. Hier kann man eigentlich problemlos nächtliche Besucher reinschmuggeln, denke ich. Ich denke falsch. Die große Drehtür ist verschlossen. Ich muss klingeln.
Eine Stimme aus der Gegensprechanlage sagt auf Englisch: »Ja, bitte?«

Ich: »Hallo, ich möchte ins Bett!«
Stimme: »Name und Zimmernummer?«
Ich: »Zimmer 451 ... 514 ... 145«
Stimme: »Ihr Name?«

Ich bin sehr stolz auf mich, ich kann meinen Namen buchstabieren.
Stimme: »Sie wohnen hier nicht.«
Ich: »Doch, ich schwöre.«

Stimme: »Bitte wiederholen Sie Ihren Namen.«

Ich buchstabiere noch einmal und bemerke, dass ich im ersten Anlauf glatte zwei Fehler gemacht habe.
Stimme: »Entschuldigen Sie bitte. Herzlich willkommen.«

Der Türöffner summt. Ich gehe mit gesenktem Kopf am Portier vorbei. Er weiß, was mit mir los ist. Er weiß es, er weiß es, er weiß es. Ich gehe auf meinen Flur mit den Raucherzimmern. Hier riecht es tatsächlich noch schlimmer als im Coffeeshop. Wie war das mit »nur Zigaretten«? Hier kifft das ganze Stockwerk! Aber das sind bestimmt alles nette Leute hinter den Türen, die bereitwillig meine Vollmilchschoki gegen eine Crisp oder Marzipan eintauschen würden, falls es hart auf hart kommt.

Zimmer. Licht an. Minibar. Gummibärchen, Mandelschokolade, mit Schokolade überzogene Nüsse, Cola. Amsterdam ist ein Schlaraffenland. Ich weiß nicht, was ich zuerst öffne. Aber ich beginne, ohne Sinn und Verstand alles in mich hineinzuschaufeln. Währenddessen scheine ich eingeschlafen zu sein. Am nächsten Morgen klebt mir ein Gummibärchen auf der Wange. Die Hälfte der Schokolade hat die Nacht unter mir verbracht, sich dementsprechend auf mir und dem Laken verteilt, aber immerhin die Mandeln freigelegt. Ach, die haben die ganze Zeit so gepikst.
Wie soll ich das nur der Putzfrau erklären? Ach was, das passiert hier bestimmt täglich. Ich drapiere die Mandeln so auf der Schokopfütze, dass es keine andere Erklärung für die braunen Laken gibt.
Was steht denn heute auf dem Programm?

- 15:30 Uhr: Rosemarijn (43) – Staatsanwältin – Kulturprogramm (auf Englisch)
- 20:30 Uhr: Sartini (32) – Barista – Abendprogramm (auf Englisch)

Nachdem ich mich ausgiebig gesäubert und der Putzfrau 10 Euro Schweigegeld auf den Tisch gelegt habe, mach ich mich auf den Weg in die Innenstadt. Vom Ausgangspunkt Hauptbahnhof ist eigentlich alles, was das Touri-Herz begehrt, innerhalb von 30 Minuten Fußmarsch zu erreichen. Schön übersichtlich und dank der Grachten ordentlich parzelliert. Das Rembrandthuis heißt so, weil es dem Maler Rembrandt van Rijn knapp 20 Jahre gehörte und von ihm bewohnt wurde. Rosemarijn und ich treffen uns vor dem Haus. Sie kommt in Jeans, grauem Wollpulli und beiger Winterjacke. Blasse Haut mit rosigen Wangen bei blauen Augen, braunen schulterlangen Haaren und normaler Statur. Ganz süß, sieht jünger aus. Wir sagen kurz Hallo, gehen ins Museum und ich zahle unsere Karten. Sie hatte vorher im Chat angedeutet, dass ihr Exmann ein Lump ist, der nicht einmal den Unterhalt für die Tochter zahlt, und sie etwas knapp bei Kasse sei. Allzu viel sprechen wir nicht, denn wir bekommen Kopfhörer aufgesetzt und gehen durch das schmale hohe Rembrandthäuschen. Küche, Gesindebett, Schlafzimmer, Atelier. Diese holländische Pressbauform ist wirklich gewöhnungsbedürftig. Alles ist schmal und eng. Nach einer Stunde sind wir durch. Ende des Kulturprogramms, ab in die nächste Wirtschaft. Schmal und lang. Rosemarijn gibt sich als Expertin in Sachen Tinder zu erkennen. Sie hat zwei Fotokollektionen auf ihrem Handy:

Fotokategorie 1: Männer mit Fischen in den Händen. »Ganz Holland ist voller Wettkampfangler, die einen Hecht nach dem anderen aus dem Wasser ziehen.« Ich bin beeindruckt, der Holländer fischt nur die ganz dicken Brocken. Was mir aber schleierhaft ist, wieso er solche Fotos als Profilfotos einstellt. »Mädels, seht her, ich bin ein guter Ernährer.« Bisschen plump.

»Und jetzt pass auf«, sagt sie, sie zeigt mir drei Jungs mit Fisch im Schnelldurchlauf. »Ist dir was aufgefallen?« »Es ist bei allen derselbe Fisch?«, rate ich. »Richtig, dieser Fisch ging durch mindestens sechs Hände. Ich unterstelle ja sogar, den haben sie auf dem Fischmarkt gekauft.« Ich bemerke die Staatsanwältin in ihr, die die Ermittlungen aufgenommen hat. Fischmarktangler, zieht euch warm an!

Fotokategorie 2: Penisse

»Manche Kerle können es kaum abwarten, dir ihren Schwanz zu zeigen. Sie betteln förmlich darum, dir ein Bild schicken zu dürfen.« Sie scrollt durch ihre Penisgalerie. »Wie verhält es sich dabei mit Männern mit kleinen Penissen?«, frage ich ernsthaft interessiert. Sie: »Nein, Männer mit kleinen Penissen schicken keine Bilder.« Ich sage: »Du willst also behaupten, ich habe einen kleinen Penis!« Wir lachen und wechseln unser Getränk, anstelle Kaffee nun Apfel-Martini. Guter Sprung.

»Wenn die Schwanzbilder wenigstens schön wären, aber guck mal.« Das Bild zeigt einen Typen in Frontalansicht. Er liegt auf dem Bett und der Penis springt förmlich in die Kamera. Im Hintergrund liegt Kinderspielzeug. Wir verziehen beide den Mund und machen so was wie »Uäääääh«.

Das nächste Bild: Der Typ hat von oben fotografiert, während er auf der Toilette saß. Die Kloschüssel macht einen Großteil des Bildes aus. Als wäre das nicht schon unästhetisch genug, zoomt sie heran. »Siehst du das?« Ja, das sehe ich, da liegen Schamhaare auf dem Klositz. Es ist eklig.

Das ist das Grundproblem! Wenn sie wenigstens im Ansatz einen Sinn für Ästhetik hätten, aber dann Schamhaar und Kinderspielzeug. Darauf einen kräftigen Schluck Apfel-Martini. Der Nachmittag mit der Frau Staatsanwältin ist amüsanter als gedacht. Sie berichtet mir nach dem zweiten Apfel-Martini dann auch noch von ihren letzten Liebhabern. Einem Intellektuellen, der keinen hochbekam, und einem Typen, der dumm wie Brot war, somit perfekt für einen geistigen Ausgleich sorgte. »Seine Stärken lagen woanders!« Mich würde sie übrigens auch mit nach Hause nehmen, nur gehe das jetzt nicht, sie müsse ihrem Sohn was zum Abendessen kochen. Passt doch, ich muss auch zu meinem nächsten Date ... äh Geschäftsessen. Das war bisher ein lustiger Samstag. So kann es weitergehen. Tschüss, Rosemarijn.

Ich hab noch etwa eine halbe Stunde Zeit und nehme Kontakt zu Frauen auf, mit denen ich schon seit meiner Ankunft tindere. Zwei der 13.000 sagen schließlich Ja zu einem Treffen morgen.

- Jane (25) – 13 Uhr Frühstück
- Michaela (34) – 16 Uhr bummeln

Den letzten Abend halte ich mir noch frei. Sowohl Nina als auch Rosemarijn haben signalisiert, dass sie auch ein zweites Mal bereit wären, mich zu treffen.

Jetzt aber bin ich mit Sartini verabredet, oder wie der Volksmund sagt: erst Apfel-Martini, dann Date mit Sartini. Oh, ich merke schon wieder leicht den Alkohol.

Wir haben uns in der Kalverstraat verabredet, einer beliebten verkehrsberuhigten Einkaufsstraße. Als sie vor mir steht, ist meine erste Assoziation: Die sieht ja aus wie Jennifer Lopez. Na gut, sagen wir, wie Jennifer Lopez mit etwas größeren Poren im Gesicht und nach Kaffee duftend. Wir gehen in eine Bar, und sie bestellt sich einen Ingwertee. Hallo, es ist Samstagabend! Ingwertee. Ja, sie sei Muslima und trinke keinen Alkohol. Gut, dann einen Cuba Libre für mich. Ihre Geschichte: Sie kommt aus Indonesien und hat nur einen Namen. Also, sie heißt einfach nur Sartini. Das ist so üblich in der Gegend, aus der sie komme. So steht es auch in ihrem Pass. Ihr Papa macht Geschäfte mit Holländern, und in einen von denen verliebte sie sich. Fette Hochzeitsparty in Jakarta. Kind. Umzug nach Holland. Nach sieben Jahren Scheidung. Papa hat das Sorgerecht und sie geht jeden Tag zwölf Stunden in ihren Coffee-to-go-Laden und macht Kaffeeköstlichkeiten. Schon seit drei Jahren. Jeden Tag Hunderte Male Milch aufschäumen und Kaffeebrühen. Sieben Tage die Woche. Frei hat sie kaum, die Bezahlung geht so. Sie teilt sich mit drei anderen Landsleuten die Wohnung. Aber besser als nach Indonesien zurück. Bei Tinder hat sie sich unmittelbar nach unserer Verabredung gelöscht. Ich bin sozusagen ihr letztes Online-Date. Vorher hat sie nur einen getroffen, der war okay, aber sie habe ja auch kaum Zeit. Sie wünscht sich einen Mann fürs Leben, der ehrlich ist und die Welt mit ihr bereist. Sie spricht extrem leises Englisch mit brutalem Borneo-Einschlag, dazu ist die Musik sehr laut. Ich muss mich wahnsinnig konzentrieren und immer wieder nachfragen, bis ich alles wirklich verstanden habe. Es ist anstrengend, und deshalb macht es keinen Spaß. Nach dem zweiten Ingwertee laufen wir noch 20 Minuten und ich bringe sie zum

Hauptbahnhof. Niemand spielt Klavier. Wir verabschieden uns und ich verspreche, morgen – wenn ich es schaffe – auf einen Kaffee vorbeizukommen.

Das Date mit Jane am nächsten Tag ist ähnlich nervenaufreibend. Mit ihr bin ich um 13 Uhr bei strahlendem Sonnenschein im Grandcafé am Leidseplein verabredet, einem wunderschönen Platz mit öffentlichen Edelstahlpissoirs, die hydraulisch am Abend aus dem Boden fahren und morgens wieder im Boden versinken. Ist das cool. Das will ich auch in Deutschland. Damit sollen die besoffenen Wildpinkler gebändigt werden. Ich bin ganz aus dem Häuschen. Jane kommt mit dem Fahrrad und ein paar Minuten zu spät. Sie ist vielleicht 1,60 Meter, hat ein knackiges Figürchen, schwarzes, langes, glattes Haar. Ich würde euch ja gerne etwas über ihre Augen sagen, aber sie nimmt ihre Sonnenbrille nicht ab. Nicht ein einziges Mal während des ganzen verfluchten Dates. Das ist unhöflich. Erschwerend kommt hinzu, dass Jane kaum einen Satz auf Englisch zustande bringt, geschweige denn auf Niederländisch. Sie stammt aus Brasilien (!) und hat mir wahrscheinlich die ganze Zeit englische Sätze made by Google Translator geschrieben. Ich hole mein Handy raus. Deutsch-Portugiesisch. Was ich verstehe: Sie kommt aus São Paulo, wollte mal kurz ihren Cousin in Holland besuchen, ist aber geblieben. Jane ist nicht gemeldet, hat keine Aufenthaltsgenehmigung und arbeitet jetzt als Putzfrau für vier Euro die Stunde schwarz. In São Paulo war sie angeblich bei Gucci als Verkäuferin angestellt. Aber hier geht es ihr besser. Putzfrau schlägt Gucci-Verkäuferin. Hätte ich so auch nicht gedacht. Ich versuche ungefähr mit allem, was ich habe, zu kommunizieren. Ich vernuschle mein Spanisch, weil ich hoffe, es portugiesisch klingen zu lassen. Ich nutze Hände, Handy, Messer, Gabel, Tasse. Ich gebe alles und sie sich keine Mühe, ja sie nimmt nicht mal ihre beschissene Sonnenbrille ab. Gott sei Dank ist unser Date auf anderthalb Stunden angesetzt. (Sie muss zu Verwandten.) Ich habe meine Hirnkapazitäten erschöpft. Bereits nach einer Stunde bin ich fertig. Ich mag nicht mehr. Das hat keine Leichtigkeit. Ich zahle unsere Rechnung und wir laufen schweigend die Marnixstraat hoch. Eine knackevolle Einkaufsstraße, deren Geschäfte am Sonntag geöffnet haben. Eigentlich müsste es hier jeden Tag mehrere Dutzend Tote geben, so schnell wie die Straßenbahnen hier durchdonnern. Ich verabschiede mich von Jane vor dem Abercrombie-&-Fitch-Laden, indem ich vorgebe, mich dringend neu einkleiden zu müssen. Sie muss ja eh zu ihren Verwandten. Tschüss und auf Nimmerwiedersehen.

Das waren mir zwei Lehren kurz hintereinander. Dates mit Sprachbarriere machen eigentlich keinen Sinn. Da muss es schon vom ersten Augenblick an ganz schön funken, damit man das durchhält. Bedauerlicherweise war es aus den Chats nicht ersichtlich, dass die Damen Englisch »gespielt haben«. Was tun? Vorher kurz telefonieren? Wäre eine Lösung, habe ich aber eigentlich keine Lust zu. Ich finde, das nimmt den Reiz. No risk und so. Ich kann euch beruhigen, ich werde mir auf meiner weiteren Reise keinen weiteren derartigen Lapsus erlauben.

Ich hab noch zwei Stunden Zeit bis zum nächsten Date. Keine Brasilianerin, keine Indonesierin, keine Italienerin, ja nicht einmal eine Dame aus den Niederlanden. Ich treffe die totale Hirnentspannung. Eine Deutsche. Fünf Nationen in drei Tagen.

Michaela ist eine ausgeglichene 36-jährige Kielerin, die richtig gut Schotter mit einem indischen (!) Start-up verdient hat, es verkaufte und jetzt eine Art Privatier ist. Sie macht genau das, worauf sie Lust hat. Tagein, tagaus. Seit 17 Jahren wohnt sie in Amsterdam und spricht Niederländisch fast ohne Akzent. Sie hat mittelblonde Haare und ist nicht ganz so durchtrainiert, aber sehr sympathisch. Wir setzen uns in die Sonne an einer Gracht und sie erzählt mir von ihrem Leben in Holland. Derzeit arbeitet sie an einem Blog über Coffeeshops. Ob ich denn schon mal in einem war. »Nein«, lüge ich wie aus der Pistole geschossen. Ich denke an Mandelschokolade und Bettlaken.
»Echt nicht? Das musst du gesehen haben, bevor du fährst. Hier um die Ecke ist einer der besten Coffeeshops der Stadt. Das ist so ungefähr das ›Gechillteste‹, was einem am Sonntagnachmittag passieren

kann.« Wir gehen ein paar Schritte. Dann in einen wirklich schönen Laden. Es gibt nur Kaffee, Tee und Gesundheitsdrinks, als Kontrast dazu diverse Haschisch- und Grassorten. Bevor sie einen Großeinkauf macht, gebe ich zu bedenken, dass Gras bei mir merkwürdige Auswirkungen haben kann. »Das ist der Grund, warum man es raucht, honey.« Wir setzen uns in den hinteren Bereich. Ledersitzecken in warmen Farben, sehr bunt, sehr edel, alles sehr indisch anmutend. Wirklich eine gute Atmosphäre. Es läuft Trancemusik und auf einer Leinwand ein Naturfilm. Nach dem Joint stellen Michaela und ich die Kommunikation ein. Sie starrt auf eine Unterwasserwelt auf der Leinwand und ich beobachte die Gäste. Links eine Gruppe südostasiatischer Schüler. Sie reden nicht, sie rauchen. Hinten links drei Hip-Hopper, wahrscheinlich aus den Staaten. Einer starrt an die Decke, einer guckt Fernsehen, einer auf sein Handy. Daneben eine Gruppe tschechischer Kaputtnix. Die sehen alle so aus, als hätten sie erfolgreich eine Heroinkarriere hinter sich gebracht und würden grade auf Softdrugs umschwenken. Ich bemerke fehlende Zähne, brutale Hautirritationen und geschmacklose Tattoos. Und dann noch das lethargische italienische Pärchen. Eigentlich redet hier niemand. Es ist wie in einem Schweigekloster oder vielleicht treffender: wie in einer dieser berühmten chinesischen Opiumhöhlen, wo die Jungs alle auf Betten liegen, jeder eine lange Pfeife in den Händen. In Trance scheinen hier alle zu sein. Es findet keinerlei Kommunikation statt. Kiffen macht introvertiert, stelle ich fest. Das TV-Programm wird gewechselt. Statt Fauna läuft jetzt Bayern München gegen irgendwen. Ich freu mich, aber Michaela möchte wieder einen Naturfilm sehen, ist aber zu schwach, um das beim Personal zu annoncieren. Wir sitzen da zwei Stunden und beschränken die Kommunikation auf das Allernötigste (»Noch 'nen Kaffee?«).

Mein Hirn befindet sich vollkommen im Leerlauf und das ist auch gut so nach den beiden anstrengenden »Wir haben Sprachprobleme«-Dates – obwohl Michaela und ich nun auch nicht gerade Kommunikationsmonster sind. Aber das ist etwas anderes, wir kommen auch schweigend stoned miteinander klar, hier herrscht kein Druck. Nachdem wir uns etwas erholt haben, führt sie mich noch durch zwei weitere Coffeeshops. Ich glaube, ich bin eine Art Testperson für sie. Wo fühlt sich der THC-Tourist am wohlsten? Aber die anderen Läden sind mir alle zu versifft. Irgendwann bietet mir Michaela an, mit in ihre Wohnung zu kommen. Sie müsse dringend mit ihrem Hund raus, aber danach können wir noch eine Flasche Wein trinken und echte Zigaretten rauchen, das sei bei ihr erlaubt.

Sie hat wirklich eine tolle – für holländische Verhältnisse ganz schon breite – Wohnung. Breite Wohnung, hahahah! Kifferwitz!

Wir sitzen bis drei Uhr nachts an ihrem Tisch, reden, trinken und rauchen. Sie bietet mir mehrfach an, auch bei ihr zu bleiben, aber ich habe keine Lust. Es reicht mir zu wissen, dass da was laufen könnte. Für die Umsetzung bin ich viel zu faul. Wenn ich jetzt mit ihr schlafen müsste ... hektische Bewegungen, küssen ..., nein, alles viel zu aufwendig. Irgendwann setze ich mich in ein Taxi und fahre heim.

Auf dem Weg zurück ins Hotel fällt es mir wie Schuppen von den Augen. Ich weiß auf einmal, wieso Amsterdam so viele Tinder-Singles hat. Die sind alle viel zu stoned, um was Ernstes auf die Reihe zu kriegen. Denn mir kann niemand erzählen, dass Menschen in der Lage sind, eine Beziehung zu führen, wenn Küssen schon viel zu anstrengend ist! Ich glaube, die Holländer werden bald aussterben, der liberalen Drogenpolitik sein Dank.

Wien
Österreich
Radius: **50 km**
Aufenthalt: **72 Stunden**

Wien •

Frauen
auf Tinder:

2013

Alter: Ø **34**

Haarfarbe:

blond — **32 %**

braun — **59 %**

schwarz 7 %

rot 1 %
ohne Bild 1 %

Meistgeknipste Fotos:

am Strand: **636**
Schnee/Berge: **527**
Gruppenfoto: **219**
im Dirndl: **176**
Hund: **77**
mit Alkohol: **58**
mit Kind: **54**
Katze: **34**
Tauchen: **23**
mit Zigarette: **21**
sonstige Tiere: **18**
Tattoos/Percings: **9**
Pferd: **4**

Bilanz:

Matches	Chats
♥	♥♥
41	**14**

Dates	Will ich wiedersehen
6	
♥♥	♥ **6**

Die Made im Speck

Es gibt Situationen im Leben, da kann man im Nachhinein kaum erklären, wie man da hineingeraten ist. Es ist Montag früh, 4:30 Uhr. Ich stehe in einer einsamen Gasse und habe ein halbes Kilo prämierten Tiroler Speck in meiner Hand. Schweißverpackt. Noch zwei Wochen haltbar. Hinten klebt das Preisschild auf der Folie: 12,58 Euro. Es ist ein Abschiedsgeschenk. Wien ist schon manchmal merkwürdig.

Wenn ich an Wien denke, schießen mir immer sofort zwei Erinnerungen in den Kopf.

Erste Erinnerung: Ich gehe 1998 mit einer Freundin in einen Wiener Club, ein ehemaliges Bordell. Sehr verwinkelt mit vielen Separees und kleinen Fenstern. Vor einem dieser Fenster hat sich ein Dutzend Gäste versammelt, die Leute gröhlen und feuern jemanden, für mich nicht sichtbar, an. Plötzlich brüllt ein Mädchen aus der ersten Reihe: »Sie hat ois gschluckt, sie hat ois gschluckt!« Hört sich doch gut an, wenn eine Nachricht auf diese Weise transportiert wird. Ich lache immer noch bei der Erinnerung an die Shouterin, wie sie überglücklich ihre Erkenntnis in den Club schreit, als hätte ihre beste Freundin gerade ein Wettsaufen gewonnen.

Zweite Erinnerung: ein Jahr später. Ich sitze spät in der Nacht alleine in einer Bar in Guanabo im Osten von Havanna, Kuba. Ein dicker weißer Mann in einem zeltartigen Hemd und beigem Strohhut und Zigarre kommt zur Tür herein. Mein erster Eindruck: Das ist ein Wiener Aktionskünstler. Einer, der mit Blut spritzt und sich »Hauptsache, nackt« auf die künstlerische Freiheitsfahne geschrieben hat. Seine Arme hat er um die Schultern zweier kubanischer Jineteras gelegt. *Jineteras* kann man übersetzen mit »Reiterin«. So nennen die Kubaner abfällig Gelegenheitsprostituierte, die in diesem armen Land durch sexuelle Dienstleistungen ihr Gehalt aufbessern, Da ich der einzige andere Weiße in dem Laden bin, kommt er auf mich zu und fragt mich, woher ich komme. »Berlin«, sage ich. Er spendiert mir einen Cuba Libre. Er ist tatsächlich aus Wien. Er sagt mit Dialekt: »Weißt du was, die Berliner san mir symbathisch. Wiener und Berliner haben den gleeeichen Schmäh.« So hatte ich es bis dahin nicht betrachtet, aber wenn man genauer zuhört: Der Berliner meckert, der Wiener grantelt. Also same, same but different: Der Berliner Humor ist derb und trocken, der Wienersche weinerlich-melancholisch. Ehrlich, ich finde den Wiener Witz feinsinniger.

Ich bin gern in Wien. Eine großartige Stadt mit toller Architektur, guten Bars und weltoffenen Menschen. Das landläufige Gerücht besagt, dass die Österreicher die Deutschen nicht sonderlich leiden können und man ebenjenes als Piefke zu spüren bekommt. Nichts davon ist wahr, wenn man sich an eine einfache Regel hält: Mit dem Hut in der Hand kommt man durch das ganze Land, oder neuzeitlicher ausgedrückt: Wer ficken will, muss freundlich sein. Gilt übrigens nicht nur für Österreich, sondern eigentlich für die ganze Welt, außer für Russland. Da habe ich das Gefühl, man sollte möglichst grummelig auf jeden anderen Menschen wirken, um akzeptiert zu werden, zumindest bis zum ersten Wodka im Wasserglas. Danach ändert sich sowieso alles.

Ich fliege äußerst vorbereitet nach Wien. Ich habe bereits vier Dates in drei Tagen ausgemacht, bevor ich nur einen Fuß auf österreichischen Boden setze. Gründliche Vorarbeit aus Amsterdam: Dates am Freitagabend, Samstagmittag, Samstagabend, Sonntagabend. Das ist gut. Bloß nicht zu viel Druck. Wer unter Druck datet, zieht gerne mal den Zonk. Obwohl, setze ich mich selber durch diese Taktung unter Druck? Viel Spielraum hab ich ja nun nicht. Doch eines vorweg: In Wien wird es keine Nieten geben, nicht eine. Ich treffe wirklich nur tolle Frauen, alle hübsch, alle klug, alle open minded. Ich sag ja, Wien ist eine tolle Stadt.

Freitagabend um 20 Uhr hab ich mein erstes Rendezvous. Hier die Konversation mit Daria zum ersten Date:

Ich: Guten Morgen, Wien. Hast du gut geschlafen?
Sie: Ja danke. Über 1000 km entfernt? Du bist nicht in Wien, oder?

Ich: Nein, in Amsterdam, aber am Wochenende bin ich wieder in Wien! Ich komme aus Deutschland, dein Name klingt aber auch nicht wirklich österreichisch.

Sie: Nein, ich komme aus dem Iran und studiere hier.

Ich: Toll. Das kultivierteste Land im Mittleren Osten. Nennst du dich Perserin oder Iranerin?

Sie: Gibt es da einen Unterschied?

Ich: Nun, wenn du sagst, du bist Perserin, möchtest du damit ausdrücken, dass du einer stolzen, seit Jahrtausenden währenden Kultur angehörst. Wenn du Iranerin sagst, ist dir das herzlich egal. In westlichen Ohren klingt Perserin besser, weil man bei Iran an Repression und Ajatollahs denkt.

Sie: Ja genau :)

Ich freu mich, ich habe mich somit gerade als Mitglied des Bildungsbürgertums zu erkennen geben können.

Nach ein wenig Polit-Small-Talk schlage ich vor, die Sache bei einer Melange am Wochenende zu vertiefen. Sie ist einverstanden. Schön. Ich sag doch immer, Allgemeinbildung lohnt sich. Und zur Not kann man immer noch schnell die Wissenslücken durch Wikipedia oder Google auffrischen und dann einen auf dicke Hose der Belesenheit machen. Ist auch irgendwie viel befriedigender als: »Na, stehst du auf Oralsex?«

Nächstes Date also: Daria. Sie sieht auf ihren Fotos wirklich toll aus. Sie zeigt sich auf vier Bildern: zweimal Ganzkörper im Kleid, zweimal Porträt. Genau so soll es sein. Ich erkenne die Figur, ich erkenne das Gesicht und sie sieht aus wie die türkischstämmige TV-Moderatorin Nazan Eckes. Eckes ist eine wirklich nette, sympathische, lustige Frau, die ich schon ein paarmal in meinem Leben getroffen habe, und sie wird gleich auf mein Date projiziert. Yippie, ein Date mit Nazan.

Mein Hotel liegt am Parkring. Gute Sache: Der Portier ist weit entfernt von den Aufzügen. Hier kommt kein neugieriger Abfangjäger-Nachtpförtner, falls ich gezwungen bin, einer entfernten Bekannten eine spontane Übernachtungsmöglichkeit anzubieten. Mein Zimmer liegt im 12. Stock, von dort kann man einen großen Teil Wiens überblicken. Vor mir sehe ich den Stephansdom. Von meiner Unterkunft bis zu dieser Kirche laufe ich gerade mal acht Minuten. Wie sich herausstellt, ist das höchste Wahrzeichen Wiens der ideale Treffpunkt. Die Hälfte meiner Dates habe ich im Schatten des Turms.

Mit Daria bin ich um 20:30 Uhr in der Onyx Bar verabredet. Sie liegt im 6. Stock eines Hotels am Stephansplatz. Vor ungefähr einem Jahr habe ich mir in dem gemütlichen Ambiente mal mit ein paar Kollegen die Lichter richtig schön ausgeblasen. Dabei haben wir eine nach der anderen geraucht. Seitdem hat sich einiges getan. Nun heißt es dort: Rauchen verboten. Wie gut, dass Daria Nichtraucherin ist.
Wir treffen uns vor der Tür, fahren gemeinsam mit dem Fahrstuhl hoch und bekommen dann einen Tisch mit direktem Blick auf den beleuchteten Stephansdom zugewiesen. Super!
Daria hat sich sehr viel Mühe gegeben vor unserem Stelldichein. Sie trägt eine rote, edel anmutende Seidenbluse mit hellblauen dezenten Stickereien, einen sehr engen knielangen schwarzen Rock, ein paar goldene Ringe an den Händen, dezentes Make-up, tolle Haare. Größe: knapp 165 Zentimeter. Sie bestellt Weißwein, ich Rotwein.
Ihr Deutsch ist leider nicht so gut wie nach den ersten Sätzen im Chat, also wechseln wir ins Englische. Sie erzählt mir von Teheran, ihren Eltern, den geheimen wilden Partys. Von dem Spaß, sich über die strengen Regeln hinwegzusetzen. Sie war vier Jahre lang mit einem Schweizer zusammen, den sie im Urlaub kennenlernte und mit dem sie sogar extra in die iranische Hauptstadt flog, um ihn ihrem Vater vorzustellen. Sie wollten heiraten, waren verlobt, doch dann zerfiel der Turm der Liebe zu Staub. Grund war ein Ortswechsel. Sie ging nach Wien zum Studium der Islamwissenschaften, er blieb in seinem Sportgeschäft in Zermatt. Fernbeziehungen muss man mögen.
Daria ist eine sehr vorsichtige, zurückhaltend freundliche, leise, aber intelligente hübsche Frau. Eine vernünftige junge Lady, die niemals mit einem Kerl in der ersten Nacht das Kamasutra ausprobieren würde. Ich spüre sofort, dass sie jemanden erst richtig kennenlernen will,

bevor es überhaupt zu einem vorsichtig-intimen Übergriff kommt. Sie muss sich zu hundert Prozent sicher sein. Nun, da ist ja mit mir erst mal wirklich kein Blumentopf zu gewinnen. Ich komme aus Berlin. Aber es gibt eine Lösung. Sie kann ja Islamwissenschaften an der Freien Universität zu Berlin studieren. Sie lächelt. Sie sei gerade erst vor anderthalb Jahren in Wien angekommen, das Grundstudium wolle sie hier schon erst einmal beenden. Aber was sie wirklich behindert, seien die österreichischen Gesetze für ausländische, EU-ferne Studenten. Sie dürfe nur zehn Stunden im Monat arbeiten. Das sei zum Leben zu wenig und zum Sterben auch.

Unterstützt wird sie deshalb von ihrer Familie. Ihr Vater macht im Iran Import-Export, was natürlich erheblich schwieriger geworden ist mit den Sanktionen gegen das Mullah-Regime wegen dessen Atompolitik. (Kurze Zeit später erzielen die USA und der Iran einen Kompromiss im Atomstreit. Ein Durchbruch nach zehn Jahren Stress für alle Beteiligten. Wenn alles gut geht und sich alle Parteien an die Absprachen halten, wird das Embargo sukzessive aufgehoben.)

Es gibt eine gewisse Distanz zwischen mir und Daria-Nazan. Ich glaube, es liegt wirklich an der kurzen Zeit, die wir uns erst kennen. Ich habe fast das Gefühl, als handele es sich um eine Sitzung, weitere Terminvereinbarungen nicht ausgeschlossen. Und so ist das Date nach zwei Stunden vorbei. Sie muss morgen früh lernen, ich glaube ihr. Die Teheranerin ist ein braves Mädchen und das meine ich nicht despektierlich.

Ich zahle die Rechnung und bringe Daria zur U-Bahn. Wir verabschieden uns mit Wange an Wange. »Du bist ja noch ein paar Tage in Wien, vielleicht schaffen wir es ja noch mal«, sagt sie. Ich gucke sie ungläubig an. »Wenn du das möchtest?!« Sie: »Ich sage nie etwas aus reiner Höflichkeit, sondern nur, wenn ich es ernst meine. Das war ein netter Abend. Danke.« Wir verlinken uns auf Facebook. »Komm gut heim!«

Kurz vor 23 Uhr. Der Abend ist noch jung und ich schmeiße noch mal die Tinder-Maschine am Stephansdom an. Eine junge Dame ist überaus aufgeschlossen, »aber nicht mehr heute«, und eine nahezu aufdringlich: Svetlana, 37 Jahre. Ich sitze dann bald in einer schlimmen serbischen Spelunke zwischen Hotel und Dom. Am Fernseher läuft »Best of WM 2014«, vor mir steht ein Rotwein – einwandfreie Nuttenplörre. Schmeckt nach Essigmarmelade. Merke: niemals Wein in serbischen Spelunken bestellen. Egal, wo auf der Welt. Aber hier darf ich rauchen und Fernsehen gucken, um die Stunde, bis Svetlana kommt, zu überbrücken. Als Deutschland gerade das sechste Tor gegen Brasilien schießt und ich mal wieder Tränen des Glücks in den Augen habe, steht sie vor mir. Es ist kurz nach Mitternacht. Sie ist schlank, hat blondes schulterlanges Haar, blaugraue Augen und einen Hauch von Silberblick, der aber ganz niedlich ist.

Svetlana ist erst einmal verwirrt, dass ich sie in diese serbische Spelunke geladen habe. Nicht nur, weil das Ding wirklich eine Art Nutten-Zuhälter-Treffpunkt ist (so sehen die anderen Gäste aus), sondern weil sie ursprünglich aus Kroatien kommt (aber schon seit 26 Jahren in Österreich wohnt). Jugoslawienkrieg und so. Doch die Bedienung gibt ihr den letzten Rest!

Sie: Einen Gin Tonic.
Bedienung: Wir haben keinen Tonic.
Sie: Dann nehme ich einen Wodka-Energie.
Bedienung: Wir haben kein Redbull (obwohl wir uns in Österreich befinden, Frechheit).
Sie: Cuba Libre?
Bedienung: Wir haben keine Limetten.
Sie: Gut, dann nehme ich einen Weißwein. Was für Sorten habt ihr?
Bedienung: Eine.
Sie: Nehm ich.

Eine dicke, blond gefärbte Serbin mit viel zu engem weißen T-Shirt bringt ihr ein 0,2-l-Glas mit sehr gelblich aussehendem Wein. Nach einem Schluck verzieht sie den Mund. Ich probiere. Spitze. Es ist ein Dessertwein aus der Kategorie ultrasüß und ultrabillig. Die haben hier nicht die geringste Ahnung von Gastronomie. Wir wechseln mal besser in die nächste Geldwaschanlage. Ein paar Meter weiter, neben meinem Hotel, ist eine Bar mit angeschlossener Diskothek, das »Lord of S«. Klingt wie ein Sado-Maso-Club, ist aber tatsächlich eine Bar, und hier gibt es sogar echten Gin Tonic mit Tonic. Den bestellen wir. Zum Persönlichen: Sie macht irgendwas mit Marketing, ist seit drei Jahren geschieden, hatte seitdem ein paar Techtelmechtel, auf Tinder hat sie bisher nur ausgewählt höfliche Menschen aus Wien kennengelernt. Nix zu beanstanden. Ihr 16-jähriger Sohn ist mit Freunden unterwegs und wohnt gerade bei Papa. Das Signal, das sie sendet: »Heute hab ich sturmfreie Bude.« Außerdem schaut sie mich an, als wolle sie sagen: »Freundchen, dich vernasch ich mit Haut und Haaren.« Ich meine, aus jeder ihrer Poren heraus sexuelle Lust zu riechen. Ich sollte doch mal herausfinden, ob mein Gefühl mich täuscht. Nach zwei Gin Tonic bringt die Bedienung die Rechnung. Der kleine Lord of S muss wohl schlafen. Wir sind aber noch nicht müde. Ich biete ihr an, noch mit in mein Hotelzimmer zu kommen, da gebe es auch richtigen Wein. Zumindest in einer 0,2-l-Flasche. Sie sagt Ja. Oh, super. Schnell über die Straße. Wie zu erwarten, macht der Abfangjäger keine Probleme.

Rauf in den 12. Stock, Weinflasche auf, Prost und es herrscht immer noch der gleiche Zustand. In ihren Augen lese ich Sex, doch nachdem sie das Glas geleert hat, sagt sie plötzlich, dass sie jetzt nach Hause müsse. Moment mal, hab ich mich etwa verlesen? Brauche ich eine Brille? Körpersprache: 6 – setzen!

Ich bringe sie leicht konsterniert zur Tür. Das kann nicht sein, deswegen setze ich alles auf eine Karte und küsse sie. Sie tut so, als ob sie das nicht will. Doch nach gefühlten fünf Sekunden knutschen wir hemmungslos. Als ich sie gerade überreden möchte, die ganze Abreisesituation zu überdenken, sagt sie: »Ich muss wirklich los, aber ich habe morgen Abend noch nichts vor.« Grmpf. Ich aber. »Vielleicht Sonntag«, sage ich. Wir küssen uns noch mal so richtig und dann verlässt sie mich. Baba! Servus!

Ich rauche eine Zigarette auf meinem Balkon und versuche, eine Analogie nach zwei Dates herzustellen. Auf die Schnelle geht nix in Wien, die Mädels sind hier nicht so. Für Spaß zu zweit brauchst du hier mehr Zeit. Obwohl ich noch zwei weitere Nächte in Wien bin, plane ich bereits meinen nächsten Aufenthalt. Dass der vonnöten ist, werden die nächsten vier Dates beweisen.

Am nächsten Mittag pfeift ein kalter Wind durch die Gassen, als ich durch die Altstadt laufe. Ich habe eine Verabredung am Stephansdom mit einer waschechten Wienerin, die den schönsten Beruf der Welt hat. Er hat mit Leben zu tun. Erika ist 33 Jahre alt und Hebamme in Wien. Auf ihren Fotos ist eines auffällig. Sie ist am Dauerlächeln. Sie hat dunkle, krausige Haare zum Zopf gebunden, ist sportlich und 1,70 Meter groß. Das weiß ich, weil es unter ihrem Profil steht. Viele Frauen geben bei Tinder ihre Größe an. So wollen sie Überraschungen durch kleinwüchsigere Männer vermeiden, gerade die Frauen, die angeben, über 180 Zentimeter zu sein. Mir ist die Größe wurscht, deshalb gebe ich meine selber nicht an (Ausschlusskriterium) und versuche, alle Frauen von 127 bis 212 Zentimeter gleich zu behandeln. O. k., ich treffe auf meinen Reisen tatsächlich keine Frauen in Basketballergröße, aber rein theoretisch könnte ich, auch wenn es ihnen wahrscheinlich nicht wirklich gefiele.

Gut, dieses Problem haben Erika und ich nicht, sie trägt außerdem flache Schuhe. Eine herzliche Begrüßung, als würden sich alte Freunde zufällig wiedertreffen. Sie hat große, braune, lachende Augen und ein unglaublich herzliches Wesen. Wir sollten wirklich Freunde werden, ist mein erster Gedanke.
Übertönt wird unsere Begrüßung von Mikrofongequake. Am Stephansdom protestiert Scientology gegen Psychiater und Gegendemonstranten gegen Scientology. Irgendwas ist immer am Stephansdom. Hier geben sich die Demogruppen die Klinke in die Hand. Kurze Zeit später ist Scientology verschwunden und Tierversuchsgegner nehmen den Platz ein, zwei Stunden später eine kurdische Menschenrechtsgruppe.
Zuerst setzen sich Erika und ich in ein Scientology-fernes Straßencafé, dann fängt es leider an zu regnen und wir flüchten in ein uriges Kaffeehaus, so mutet es zumindest von außen an. Von innen ist es eine schmale, verräucherte Kneipe mit acht verschiedenen Wurstsorten im Angebot. Da ich wie so häufig das Frühstück im Hotel verschlafen habe, bestelle ich mir zum Wachwerden eine Kolbász, eine ungarische, pikante Wurst. Erika bleibt wurstlos.

Sie redet lieber über die Freude der Geburt, ihren wundervollen Job, ihr Leben (Sport und Arbeit) und darüber, dass sie sich bei Tinder nicht allzu wohlfühlt. Zu viele Spacken auf der Suche nach schnellem Sex. Ja, ja, andere Länder, gleiche Sitten, denke ich mir und male mir aus, wie paradiesisch das Leben doch wäre, hätten die Frauen mehr Libido und die Männer weniger Testosteron. Was auf der Welt fehlt, ist die sexuelle Balance. Wie viele Frauen waren in ihrem Leben schon bei Callboys? Und wie viele Männer im Puff? Siehste! Da ist doch seit Beginn der Evolution etwas aus den Fugen. Männern würde etwas weniger Geilheit wirklich guttun und Frauen etwas mehr. Ich kann diese »Männer müssen ihren Samen seit Urzeiten weit streuen«-Rechtfertigung einfach nicht mehr hören. Andererseits geht mir dieses »Männer denken nur mit dem Schwanz«- oder »Die ist zugenäht«-Vorgewerfe auch gehörig auf den Senkel. Aber das muss ja nicht Erikas Problem sein. Nach zwei Cappuccinos und einer Wurst ist auch schon Schluss, denn Erika muss zum Sport und dann zur Arbeit. Vorher werden wir ebenfalls noch Facebook-Freunde. Um es kurz zu machen: Ich befreunde mich mit jedem Wiener Tête-à-Tête im Zuckerberg'schen Klub der Milliardengesichter. Baba. Servus.

Ich bummle durch Wien, Hofburg, Rathaus, Kapuzinerkirche, Kaisergruft, Opernhaus. Ach, ist die Stadt schön. Ich muss noch etwas Zeit überbrücken, bevor ich Natasha treffe. Auch sie habe ich bereits in Amsterdam gematched und angeschrieben.
Ich sehe auf ihren vier Bildern lange blonde Haare zum Zopf, aber auch mal offen, sie ist wirklich bildhübsch mit ihrem verhaltenen Lächeln. Und: Sie hat immens lange Beine. Ihr Profiltext: *KISS slowly – LOVE truly – LAUGH uncontrollably*
Auf einem ihrer Fotos trägt sie eine rote Hose und ein grünes Oberteil. Rot und grün. Nick Knatterton kombiniert und schreibt:

Ich: Very nice to meet you. Are you from Belorus?! And if yes or no do you speak German?
Sie: Ja, ich bin aus Weißrussland und ja, ich spreche auch Deutsch. Ich lebe seit 6 Jahren in Wien.

Ich: Was hat dich nach Österreich verschlagen?

Sie: Der Wunsch nach einem besseren Leben. Wie alle, die aus dem Osten kommen!

Ich: Und hat es funktioniert?

Sie: Ich fühle mich zumindest wohler. Kann mir Mehl leisten und so.

Ich: Backst du dein Brot selber?

Sie: Ich kann weder kochen noch backen, suche aber einen Freund dafür

Natasha will erst einmal meinen vollen Namen, um mich googeln zu können. Sie überprüft mich also vor einem möglichen ersten Date auf Herz und Nieren. Ich muss zugeben, das macht mich ein bisschen unsicher, es gibt da jede Menge Mist im Netz über mich. Aber da muss ich durch. Ich überlebe den Security-Check und wir verabreden uns, nachdem wir deckungsgleich der Meinung sind, dass Wladimir Putin ein eitler Psychopath mit Minderwertigkeitskomplex ist. Mehr wollen wir dann nicht mehr über Politik reden. Bis zu unserem Rendezvous schreiben wir uns wirklich jede Menge Blödsinn hin und her. Lauter Quatsch. Es macht einen Heidenspaß, und so bin ich doch ein wenig aufgeregt, als ich in diesem unscheinbaren Restaurant am Radetzkyplatz sitze und auf Natasha warte, deren Straßenbahn gerade laut ihrer SMS Umwege fährt.

Sie hat wirklich einen günstigen Ort ausgesucht. »Garage« heißt der Laden, und es gibt jede Menge Tapas. Am Nebentisch sitzt ein Pärchen, das extrem leise redet. Das weckt natürlich meine Neugier, ich beobachte sie und höre genauer hin. »Und welche Erfahrungen hast du so bei Tinder gemacht?«, höre ich die Frau mit gedämpfter Stimme fragen. Wobei sie das »Tinder« extra leise spricht, den Kopf dreht sie dabei von mir weg zur Wand. Ach, das ist ja spannend. Scheint ein beliebter Dating-Treffpunkt zu sein. Ich möchte weiter zuhören und beuge mich seitwärts etwas näher zu ihnen, aber die Tür geht auf und Natasha rauscht rein, so schnell, dass ich kaum reagieren kann und immer noch in dieser Horchposition schräg zum Tisch verharre. Sie ist da, sie hat eine unglaubliche Präsenz und damit füllt sie den Laden. »Hoppla, jetzt komm ich« oder, um mit 2Pac zu sprechen: »All eyez on me.« Sie trägt ein graues langes Baumwollhemd, darunter ein Unterhemd, dazu eine schwarze Jeans. »Ich war heute beim Sport und habe festgestellt, ich werde in meinem Leben nie wieder meine blauen Jeans tragen können. Nie mehr.« Das ist das Erste, was sie sagt, als ich aufstehe und sie umarme. Sie scheint sich in ihrer »neuen« Kleidung noch nicht ganz wohlzufühlen. Probleme von Frauen kurz vor Vollendung des 30. Lebensjahres. »Ich bin mir sicher, du wirst in die jetzige Hose ganz bestimmt noch reinwachsen«, sage ich mit einem fetten Grinsen. Sie gibt mir eine kleine zärtliche Ohrfeige und kneift mir in die Brust, nicht ganz so zärtlich. Wow, was für ein Start. Wir fangen augenblicklich an, miteinander zu quasseln. Wir quasseln so viel, dass wir nicht dazu kommen, in die Speisekarte zu gucken. Ehe ich mich versehe, steht schon das zweite Glas spanischer Rotwein vor uns. Der Abend nimmt Geschwindigkeit auf, ehe er angefangen hat, und wir werden richtig laut, weil wir gegeneinander anquasseln und keine Gelegenheit ungenutzt lassen, um uns gegenseitig in die Pfanne zu hauen oder wahlweise laut zu lachen. Das Tinder-Pärchen am Nebentisch schweigt und hört uns zu. Doch bei uns gibt es keine »Und was hast du schon so erlebt«-Storys, bei uns gibt es nur Zoten. Unsere Tapas-Bestellung gleicht dann auch eher einer Schlacht darum, wer die möglichst fettigsten Gerichte aussucht. Irgendwann steht der ganze Tisch voll mit kleinen Schälchen, und wir donnern uns die Chorizo, Champignons und Tintenfische rein, als bräuchten wir diese ganz dringend als Basis für einen langen harten Abend. Ich glaube, das Tinder-Paar neben uns fühlt sich belästigt. Sie suchen ihre Gemeinsamkeit und die finden sie darin, uns als doof einzuschätzen. »Aus denen wird eh nix, das sehe ich doch sofort«, flüstere ich grinsend Natasha zu, die mir ob dieser Ungezogenheit gleich wieder gegen die Schulter boxt. Gott, ist diese Frau gewalttätig. Sie wartet förmlich darauf, mir wieder einen mitgeben zu können. Wie eine Katze in Lauerstellung, die jeden Moment über den Tisch springt. In ihren blauen wachen Augen erblicke ich wirklich fröhliche Kampfeslust. Ich muss aufpassen, dass sie mich im Laufe des Abends nicht grün und blau prügelt. Gott, ist das eine Freude! Wir lachen wahnsinnig viel und irgendwann haben wir das langweilige Pärchen vom Nebentisch vertrieben. Dann zahlen wir und gehen. Sie führt mich eingehakt am Ufer der Donau entlang, bis wir an der Schiffsstation Wien-City ankommen. »Darin ist eine tolle Bar. Die heißt: ›Motto am Fluss‹.«

Weil sie es so nuschelt, verstehe ich stattdessen »Mord am Fluss«. Ich sage: »Das ist ja ein geiler Name, klingt nach einem Miss-Marple-Krimi.« Ich spreche es mit tiefer Horrorstimme aus: »MORD AM FLUSS« – und bekomme schon wieder eine geboxt. Dennoch beschließen wir, den Laden zukünftig nur noch so zu nennen. Das »Mord am Fluss« ist wirklich ein tolles Restaurant mit angeschlossener Bar. Das Personal ist spitze und schnell, obwohl der Laden knackevoll ist. Aber man kann es auch nicht oft genug sagen: Die Ösis sind die besten Gastronomen der Welt, deshalb gibt es sie überall auf dem Erdball. Ein österreichischer Zyniker hat es mir mal so erklärt: »Wir sind so gut, weil wir es gewohnt sind zu dienen.« Wenn dem so ist, dann solle sich das doch bitte nicht ändern. Also bitte weiterdienen! Nach drei Longdrinks haben wir beide erst leicht einen im Karren. Bei mir liegt es daran, dass ich seit Antritt meiner Reise fast jeden Abend Alkohol getrunken habe, bei ihr liegt es garantiert an den weißrussischen Genen. Sie mag vielleicht maximal 52 Kilo wiegen bei 173 Zentimeter Größe, aber sie lässt sich den Alkohol nicht anmerken. Nur werden ihre Schläge immer härter. Danach ziehen wir weiter. Erst in die Bar im Hotel Bristol, dann noch in die American Bar. Dort ist der Tisch Gott sei Dank so wackelig, dass sie mich nicht mehr schlagen kann, ohne Gefahr zu laufen, die Getränke umzukippen. Das ist ihr aber egal. Sie boxt mich, wann immer ich ihr die Gelegenheit dazu biete. Ich zieh ihr im Gegenzug mittlerweile immer am Ohr. Wir labern und labern und irgendwann wird es hell. Erst gehen in der Bar die Lichter an und dann auch vor der Tür. Es dämmert bereits. Und Wien mag uns nichts mehr zu trinken geben. Wir beschließen heimzugehen. Ich bringe sie zur U-Bahn. Auf dem Bahnsteig verabschieden wir uns. »Wollen wir uns morgen zum Katerfrühstück treffen?«, frage ich sie, als ihre Bahn kommt. Sie sagt: »Wenn du damit vor 12 Uhr meinst, dann nein!« Kurze Umarmung. Ich laufe euphorisch heim, als der Morgen graut. Die Bäume sind noch kahl, aber es sind vereinzelt die Vögel zu hören. Der Tag macht den Eindruck, als würde der Frühling das blaue Band flattern lassen. Das war wirklich das tollste Date seit Monaten. Ich bin leicht euphorisiert und beschwingt kehre ich ins Hotel zurück. Ich freu mich schon auf morgen. Mal gucken, ob das nach dem Erwachen auch noch der Fall ist, ich habe ganz schön einen sitzen.

Im Bett mache ich mein Handy wieder an. Ich habe ein paar neue Nachrichten und zwei neue Matches, wie ich gerade so erkenne. Aber viel interessanter ist, was sich derweil auf Facebook abspielt. Da hat mir eine gewisse LA RA eine Freundschaftsanfrage geschickt. Ich öffne ihr Profil und tatsächlich, es ist Lara aus Leipzig. Was soll das denn jetzt? Eigentlich bin ich über sie hinweg, was, nebenbei bemerkt, gar nicht so lange gedauert hat. Kaum gerät sie in Vergessenheit und ich lerne eine richtig tolle Frau kennen, ploppt sie wieder in meinem Leben auf. Das hat sie mit Absicht gemacht. Sie muss wohl gespürt haben, dass es mir gut geht. Läuft wohl nicht so mit dem Sachsensack, was? Aus der Euphorie der letzten Stunden entspringt schlechte Laune. Ich werde richtig wütend. Hat sie mir doch echt einen miesen Abschluss eines schönen Abends beschert. Ich lehne ihre Anfrage ab und mache die Augen zu. Mein Handy piept. Natasha hat ein Bild von ihr und einem großen, weißen, kuschligen Teddy geschickt, der in ihrem Bett liegt. Alles ist gut.

Der nächste Morgen beginnt mit starken Schmerzen im Kopf. Mir ist schwindlig und ich brauche erst einmal einen Liter Wasser, eine heiße Dusche und zwei Packungen Instantkaffee aus dem hoteleigenen Wasserkocher auf meinem Zimmer, bevor ich einen klaren Gedanken fassen kann.
Dann ist es 13 Uhr. In der Nacht war Zeitumstellung. Eine wichtige Stunde verloren. Ich schreibe Natasha eine WhatsApp:

Ich seh scheiße aus!
Sie antwortet: Ich liege noch im Bett.
Ich: Darf ich bitte unter deine Bettdecke krabbeln, aber lass die Augen zu, ich seh scheiße aus.
Sie: Nein, du darfst nicht unter meine Decke krabbeln. Ich wohn in einer WG.

Das hat sie mir gestern, glaube ich, erzählt.

Sie: Aber wir können noch spazieren gehen, bevor ich fahre.

Ich: Wohin fährst du denn?

Sie: Warst du gestern etwa betrunken? Ich fahre heute nach Weißruss-land, Dummkopf.

Ich frage besser nicht weiter, wer weiß, was ich noch alles so vergessen habe.

Ich: Wir müssen was essen, bevor du fährst.

Sie: 15 Uhr Stephansdom.

Ich: O. k.!

Da wir uns nicht auf Anhieb finden, schreiben wir uns Beschimpfungs-SMS. Es geht genau so weiter, wie es gestern aufgehört hat. Toll! Kein Wunder, dass ich sie nicht finde, sie trägt Sonnenbrille. Das ist unfair. Ich habe dicke Ringe unter den Augen und bin blass. Kurze Umarmung, dann gehen wir schnurstracks in ein Schnitzelrestaurant, und das ist der Moment, wo ich mich ein wenig in diese Frau verknalle. Sie bestellt nämlich Rindertartar. Rindertartar zum Frühstück. Ich meine, also ernsthaft, rohes Fleisch. 250 Gramm. Das Hallowach-Menü für die deftige Weißrussin von heute. Diese Frau ist echt Weltklasse. Dann fragt sie mich, ob wir ein Bier trinken wollen. Nein, wollen wir nicht! Cappuccino und frisch gepresster Orangensaft in rauen Mengen. Und danach bitte ein Schnitzel für mich.

Nun kehren die Kräfte zurück und wir gehen spazieren, eigentlich genau den gleichen Weg, den ich schon am Vortag gegangen bin, nur in entgegengesetzter Richtung. Sie lädt mich in der besten Gelateria der Stadt auf ein Eis ein. Ich finde, das ist eine schöne Geste. Ich dürfte mittlerweile auch so an die 300 Euro auf der Uhr haben. Liebe Buchhaltung, nur so zur Info. Manchmal muss man auch investieren!

Dafür, dass der Abend in einem bescheidenen kleinen Restaurant anfing, haben wir uns kostentechnisch immens gesteigert. So eine Geste – und sei sie auch noch so klein – wie ein Eis ist wichtig. Es signalisiert, dass dein Gegenüber auch mal bereit ist, für dich einzuspringen.

Wir laufen am Ende sogar händchenhaltend. Es fängt an zu regnen und wir gehen in einen Pub. Oh, da läuft ja ein Fußballspiel. EM-Quali.

Deutschland–Georgien. Ich grinse etwas verlegen. »Darf ich das sehen?«, frage ich. »Nur wenn ich ein Bier trinken darf, o. k.?« Klar darfst du. So viele du willst! Ich sitze mit ihr auf Barhockern und wir gucken das Spiel. Dabei massiert sie mir ungefragt den Nacken und die Schultern. Muss ein komisches Bild für alle Außenstehenden sein. Da sitzt ein Kerl mit seiner Freundin im Pub auf Barhockern und sie massiert ihn, während er Fußball guckt. Ja, an dieser Stelle ist wirklich Neid angebracht. Sie isst rohes Fleisch zum Frühstück, sie kann super feiern und dann verwöhnt sie mich sogar noch beim Fußballgucken mit Wellness. Prädikat Traumfrau. Doch der Traum geht zu Ende. Sie muss nach Hause. Gleich wird sie von weißrussischen Freunden abgeholt, es sind 1200 Kilometer bis nach Minsk. An der Straßenbahn umarmen und küssen wir uns wirklich nur sehr kurz – zweimal. Dann fährt Natasha davon.

Ich könnte das Kapitel Wien langsam beenden. Das war ja wirklich alles richtig toll bisher und muss nicht mehr gesteigert werden, finde ich. Aber wie der aufmerksame Leser vielleicht mitbekommen hat, waren das erst vier Dates! Und wie kommt eigentlich dieser Schinken in meine Hand?

Nicole ist mein viertes von langer Hand in Amsterdam vorbereitetes Wien-Date, und das soll in der Tat ein Happening werden.
Die 35-Jährige sieht aus wie Brittany Murphy und hat sechs Bilder eingestellt. Langes braunes Haar bis zur Brust. Wirklich tolle Fotos mit einem verschmitzten Grinsen. Sie schreibt:

Sie: Your eyecolör is nice
Ich: That is what we call grüngraublau
Sie: Ülala, na dann hasch e guat, alle guten Dinge sind dreieye erlei
Ich: Oh, eine Wortakrobatin. Du machst bestimmt was mit Medien ;)
Sie: Mach Schauspiel und male. Wo befindet er sich denn gerade?

Ich bemerke die Ansprache in der dritten Person Singular und eigentlich ist das, historisch gesehen, ziemlich frech. So sprach der Adlige einst mit dem niederen Volke. »Möge er sich erheben.« Das schreib ich ihr auch:

Ich: Du redest grad wie der König mit dem Bauern. Der Bauer ist in Amsterdam und morgen in Wien.
Sie: Neeeeeeiiiiiiinnnnn! Wieso nicht heut? Wie lange bleibst du? Ich fahre morgen nach Tirol. Omas Burzeltag!

Diese Antwort verwundert mich dann doch. So viel Emotion nach so wenig Geschreibsel. Wie sie mir später bei unserem Treffen lachend gestehen wird, war diese Botschaft eigentlich an einen anderen Typen gerichtet. Nun, das passiert halt. Hat sie uns mal kurz verwechselt und mir das geschrieben, was sie ihm schreiben wollte. Später wird sie mir auch sein Bild zeigen. Er stammt aus Hamburg und sieht eigentlich genauso aus wie ich. Aber alles nicht weiter schlimm, denn so kommen wir zu unserer Verabredung im Sauseschritt. Sie kehrt Sonntagabend um 20:30 Uhr zurück nach Wien. Ich biete ihr an, sie vom Hauptbahnhof abzuholen. Das hat doch etwas Romantisches. Einverstanden!

Kurz vor ihrer Ankunft stehe ich am nagelneuen Wiener Hauptbahnhof am Südtiroler Platz und studiere den Fahrplan. Es kommt nicht ein einziger Zug aus Tirol. Es kommt überhaupt kein Zug um 20:30 Uhr an. Irgendwas stimmt da nicht. Für einen Hauptstadthauptbahnhof an einem Sonntagabend ist es auch wirklich ungewöhnlich ruhig. Ich versuche Nicole über Tinder zu erreichen, aber sie war seit zehn Stunden nicht mehr online und macht auch keine Anstalten, es jetzt zu sein. Ich schaue noch mal in unseren Chatverlauf, ob ich vielleicht irgendetwas verpasst habe. Ja, habe ich, denn sie hat mir ihre Nummer geschickt. Hatte ich übersehen. Ich ruf sie an und darf mir Vorwürfe anhören: »Wo bleibst du denn?«
Ich: »Entschuldige mal bitte, ich bin am Hauptbahnhof!« »Da bin ich auch!« Nach kurzen Beschreibungen, wo wir denn stehen, fällt uns auf: Ihr Hauptbahnhof sieht nicht aus wie meiner. Kurz danach finden wir heraus, dass sie am Westbahnhof steht, der eigentlich auch

»Hauptbahnhof« genannt wird. Wie ich später feststelle, hatte Wien bis vor Kurzem gar keinen richtigen Hauptbahnhof, und deshalb wurde der Westbahnhof »Hauptbahnhof« genannt. Der erste, ganz wirklich richtig echte Hauptbahnhof ist erst vor kurzer Zeit offiziell eröffnet worden, aber ich verliere mich in Details. Ich springe in ein Taxi und sie geht in eine Kneipe, deren Adresse sie der Taxifahrerin am Handy nennt. 15 Minuten später bin ich im »Freiraum« nahe des westlichen Hauptbahnhofs. Nicole sitzt im ersten Stock am Tresen. Sie trägt einen schwarz-weiß gestreiften Pablo-Picasso-Pullover, sie raucht, trinkt Bier und grinst so schelmisch-verschmitzt wie auf ihren Bildern. Sie hat grün-braune, große Augen und Wimpern bis zum Mond (echt!), ihre braunen Locken fallen auf ihre Schultern. Sie ist verdammt süß und sieht viel jünger aus als 35, eher so 29. Ich sage als Erstes: »Das erste Bier geht auf dich.« Sie: »Ich wusste, dass du das sagst.« Wir mögen uns auf Anhieb und stellen fest, dass wir gemeinsame Bekannte aus dem Schauspielbereich haben. Sie war mal in der engeren Auswahl für die Rolle der Uschi Obermeier, sie hätte auch kein Problem damit gehabt, den ganzen Film über nackt zu sein, aber letztendlich bekam die Rolle Natalia Avelon, die ebenfalls kein Problem damit hatte, den ganzen Film über nackt zu sein. Jedenfalls malt Nicole mittlerweile mehr, als dass sie vor der Kamera steht, denn Schauspielerei sei Leiden und brotlose Kunst. Ich stimme ihr zu, ich habe genug Schauspieler in meinem Bekanntenkreis, die von der Hand in den Mund leben. Mit ihren Gemälden verdiene sie immerhin ein bisschen Geld. Sie zeigt mir auf ihrem Handy ein paar ihrer Werke. Pop-Art. Mit viel Comicadaptionen. »Ich würde sie dir ja im Original zeigen, aber ich nehme niemanden mit nach Hause, den ich gerade erst kennengelernt habe. Aus Prinzip.« Macht ja nix, macht auch so Spaß. Wir reden nach dem Begrüßungsbier fünf volle Rotweingläser und unzählige Zigaretten durch. Sie sagt, dass sie mich gut riechen kann. Das sei für sie extrem wichtig, sie habe eine sehr sensible Nase, und wenn ein Mensch unangenehm müffelt, bekommt sie es mit dem Magen. Letztens hatte sie ein Date mit einem unglaublich gut aussehenden Mann, an dem alles stimmte, bis auf seinen Geruch. Sie ist dann geflohen. Ungezwungen erzählt sie von ihren ehemaligen

Liebschaften und aktuellen Tinder-Dates und wie sehr sie es liebt, neue Leute kennenzulernen. Weit nach ein Uhr nachts, es sind kaum noch Gäste in der Räucherstube, zahlen wir die Rechnung.

Sie wirft ihre Prinzipien über Bord und nimmt mich mit nach Hause. Sie will mir nun doch ihre Bilder zeigen.

Ihr Rollkoffer vom Oma-Wochenende macht einen brutalen Lärm, der den gesamten 6. Bezirk der Stadt Wien aufwecken dürfte, als ich ihn durch die Kopfsteinpflasterstraßen ziehe.

Nach zehn Minuten Nachbarschaftsterror sind wir bei ihr angekommen. »Es ist übrigens nicht aufgeräumt«, sagt sie, als wir in das Dachgeschoss gehen. Das sagen Frauen übrigens immer, kurz bevor man ihre Wohnung betritt. Es ist wirklich nicht aufgeräumt, stelle ich fest, als ich den ersten Blick in ihr Appartement werfe. Es ist das genaue Gegenteil oder, um es positiv auszudrücken, kreatives Chaos. Ihr Atelier, ihr Wohnzimmer und die Küche befinden sich allesamt in einem einzigen Raum von maximal 18 Quadratmetern. Da stehen eine Staffelei, jede Menge Pinsel, Farbtöpfe und, so weit das Auge reicht, Bilder. Die hängen auch überall, wo Platz ist, und davon gibt es wenig. Eigentlich nur über dem Fernseher, der an der Wand befestigt ist. Und jetzt beginnt die Vernissage der Nicole.

Nachdem sie uns einen leckeren Drink namens »Tiroler Schiwasser« gemixt hat (Leitungswasser und Himbeersirup aus großen Kelchen), fängt sie an, ein Bild nach dem anderen an die Wand zu hängen, hier ein Beispiel:

© Nicole Ennemoser

Dazwischen setzt sie sich und fordert mich auf, ihre Werke zu interpretieren.

Ich bin jetzt seit drei Tagen am Dauerplaudern und mein Kiefer verkrampft sich langsam. Als ich ihn nach einer längeren Bildbesprechung wieder in die Ausgangsstellung rücke, kommt sie näher. Sie berührt mit der einen Hand meine Stirn, mit der anderen mein Kinn. Was passiert denn jetzt, denke ich. Ihr Gesicht nähert sich meinem. Ich schließe die Augen. Dann umfasst sie mit vier Finger meinen Hinterkopf, ihre Daumen graben sich leicht in das Fleisch unter meinen Ohren. Und dann fängt sie an, mir kräftig den Kiefer zu massieren. Darauf muss man aber auch erst mal kommen. Ich hatte mit ungefähr allem gerechnet, unter anderem auch damit, dass sie mich erwürgt und anschließend mit meinem gekochten Blut Bilder malt (siehe auch -> *Wiener Aktionskünstler*). Nein, ich sitze da mitten in der Nacht irgendwo auf dem Sofa einer talentierten, lustig-verrückten Malerin und die massiert mir den Kiefer! Hat euch schon mal jemand den Kiefer massiert? Also, mir noch niemand in meinem ganzen Leben. Aber wisst ihr was? Das ist toll. Himmlisch. Ich schnurre wie ein Kater, ich brumme wie ein Bär. Es ist wie in dem Film »Ziemlich beste Freunde«, wo dem im Rollstuhl sitzenden Philippe die Ohren gekrault werden. Ich halte die Augen geschlossen und genieße es, wie sie sich mit druckvollen Handgriffen an mir zu schaffen macht. Das ist sehr entspannend. Leider hört sie irgendwann damit auf. Die Vernissage geht weiter, ein Bild nach dem anderen prangt über dem Fernseher. Wir reden darüber. Ich sage ihr, dass mir vieles gefällt, was auch stimmt. Irgendwann möchte sie mir eines schenken. Sie zeigt mir ein paar, aus denen ich mir eines aussuchen kann. Aber mit Künstlern und ihren Bildern ist das so wie mit Frauen und Abendkleidern. Wenn man da nicht schnell genug »super« in den Raum brüllt, kann das zu Verstimmungen führen. Als Nicole mir gerade eine Widmung auf den Gemälderücken schreibt, bricht sie plötzlich ab, da sie der Meinung ist, ich hätte es nicht verdient. Mein Fehltritt: Ich habe ihr mitgeteilt, dass ich morgen nach Bukarest fliege und die Leinwand nicht transportieren kann. Sie stellt das Bild gespielt beleidigt zurück. »Du kannst es dir beim nächsten Mal abholen.« Sie kommt

zurück zum Sofa. »Ich hab etwas anderes für dich zur Überbrückung.«
Sie greift in die Tüte, die ihr ihre Oma aus Tirol mitgegeben hat, und
wühlt darin herum. Dann zieht sie das Abschiedsgeschenk heraus.
Ein halbes Kilo prämierten Tiroler Speck. Schweißverpackt. Noch zwei
Wochen haltbar.

Der Gerechtigkeit halber sei erwähnt, dass ich Montagmittag, kurz
bevor ich zum Flughafen muss, ein letztes sechstes Date habe. Mag-
dalena aus Wien, Texterin in einer Werbeagentur. Ihr schrieb ich Freitagabend am Stephansdom das erste Mal, sie war aber zu faul, um
noch aus dem Haus zu gehen. Am Montagmittag hat es geklappt. Ein
gemeinsames schnelles Mittagessen und ein Kaffee. 40 Minuten. Sie
muss arbeiten, ich muss fliegen. Wir werden Facebook-Freunde.

Am Securitycheck am Flughafen Wien-Schwechat wird neues Personal ausgebildet. Ein Lehrling sitzt vor dem Monitor. Der diskutiert
bestimmt zwei Minuten lang mit seiner Ausbilderin. Die beiden stören sich offenbar an einem viereckigen schwarzen Gegenstand in
meinem Handkoffer. Ich schaue ihnen interessiert zu, habe aber auch
keine Ahnung, was das sein könnte. Es hilft nichts, ich muss den Koffer aufmachen. Die Sicherheitsbeamtin greift unter meine dreckigen
Klamotten und zieht ein eingeschweißtes Stück Fleisch heraus. Sie
lächelt. »Oh lecker, Tiroler Speck.« Ich grinse sie an und sage: »Und
wissen Sie, was das Schöne ist? Er ist noch zwei Wochen haltbar.«

Bukarest
Rumänien
Radius: **50 km**
Aufenthalt: **72 Stunden**

Bukarest

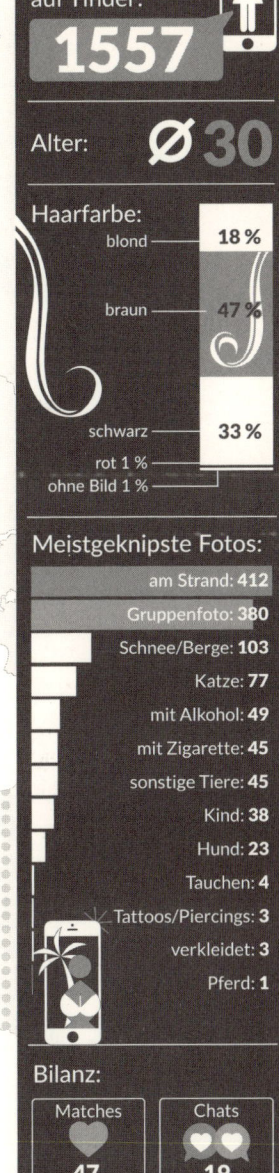

Frauen auf Tinder:

1557

Alter: Ø **30**

Haarfarbe:
blond — **18 %**
braun — **47 %**
schwarz — **33 %**
rot 1 %
ohne Bild 1 %

Meistgeknipste Fotos:
am Strand: **412**
Gruppenfoto: **380**
Schnee/Berge: **103**
Katze: **77**
mit Alkohol: **49**
mit Zigarette: **45**
sonstige Tiere: **45**
Kind: **38**
Hund: **23**
Tauchen: **4**
Tattoos/Piercings: **3**
verkleidet: **3**
Pferd: **1**

Bilanz:
Matches **47**
Chats **19**
Dates **4**
Will ich wiedersehen **1**

Ein Zombie in Rumänien

Es gibt einen ganz besonderen Grund, weshalb ich mir Bukarest als Ziel ausgesucht habe. Ein Langzeit-Tinder-Match. Liliana habe ich schon seit Anbeginn in meinem »Portfolio«. Sie war die dritte Frau, die ich damals vor knapp einem halben Jahr auf Ibiza auf Tinder zu Gesicht bekam. Die 25-Jährige ist sehr hübsch, hat dunkelbraunes glattes Haar, und unter ihren Fotos, darunter eines, das sie im Bikini am Strand zeigt, steht »Liliana from Romania – Make-up-Artist«. Sie war damals leider im Begriff abzureisen. Ich habe ihr dann immer wieder ihre »Moment-Photos« geliked, die nur 24 Stunden lang sichtbar sind. Hochgeladen von allen Orten der Welt, besonders bevorzugt: Dubai, Katar, Kuwait, Paris, Monaco. Ähnliche Pic-Posts kenne ich sonst nur vom rothaarigen TV-It-Girl Georgina auf Facebook, Instagram und Twitter. Aufgenommen an Orten, die man sich als normaler Mensch kaum leisten kann. Ich möchte herausfinden, weshalb Liliana so ein Leben führt. Ist sie so erfolgreich in ihrem Job oder ist es gar eine andere Profession, aufgrund deren sie so ein Jetset-Leben führen kann? Ich melde mich Anfang März bei ihr und frage sie, ob sie Lust hätte, mich in Bukarest zu treffen, wenn sie denn mal da sei. Wir einigen uns schnell auf ein Datum. Wir wollen essen gehen und anschließend möchte sie mir die Stadt zeigen. Ist doch prima, von einem Insider die Orte gezeigt zu bekommen, die man als Tourist wahrscheinlich nie entdeckt. Noch positiver: Wir treffen uns zum Wochenanfang. Damit habe ich die traditionelle Montagstristesse schon mal überbrückt.

Bukarest war für mich bisher ein weißer Fleck auf der Landkarte. In Rumänien war ich auch noch nie. Es gilt als das Armenhaus Europas und hat derzeit das Glück, dass die Griechenland-Krise alles überdeckt. Über Rumänien redet keiner mehr. Dennoch ist der Ruf der Rumänen, sagen wir mal, problematisch. Wenn ich meine Dates in Resteuropa frage, woran sie denken, wenn sie Rumänien hören, sind die Antworten: Bettler in Innenstädten, billige Prostitution, Scheibenwischer an großen Straßen, Hütchenspieler, Einbrecherbanden, korrupte Politiker. Das Land hatte schon einmal ein besseres Image: In den 30er-Jahren wurde Bukarest »Klein Paris« genannt. Es gibt sogar einen Triumphbogen, der allerdings derzeit renoviert wird. Diese Reputation Rumäniens versaute dann Diktator Nicolae Ceaușescu, der »Titan der Titanen«, wie er sich nannte. Ceaușescu verschandelte in den 80er-Jahren das Bild der Innenstadt durch sozialistische Neubauten und brachte zudem das Land an den Rand des Ruins. Dann wurde er von meuternden Soldaten gemeinsam mit seiner Frau Ende 1989 standrechtlich erschossen. 2007 ist Rumänien der EU beigetreten, aber kein Mitglied des Schengener Abkommens. Hier gibt es also noch Stempel in den Reisepass.

Ich hab keine echte Vorstellung von der Hauptstadt. Hübsch, hässlich, laut, leise, zerfallen oder saniert. Bald werde ich es sehen und auch erfahren, wie die Rumäninnen ticken.

Überrascht bin ich, als ich mich noch in Wien bei Tinder Rumänien einlogge. Ich sehe laute tolle Profilbilder. Wirklich unglaublich viele schöne Mädchen. Meistens mit schwarzen oder dunkelbraunen Haaren mit tollen Gesichtszügen. Ich bin noch begeisterter davon, dass mich jedes meiner Likes matched. Wahnsinn. Bei jedem Wisch nach rechts macht es »Congratulations – you have a new match«. Das kann ja was werden.

Montag am späten Nachmittag lande ich auf dem Flughafen Henri Coandă im Norden der rumänischen Hauptstadt. Leichter Regen, neun Grad. Ein Taxifahrer bringt mich zu meinem Hotel, dem Radisson Blu in der Calea Victoriei, nur einen Fußmarsch vom Zentrum entfernt. Liliana hatte mir das Hotel empfohlen, und ich bekomme dort sogar eine recht günstige Rate.

Der Taxifahrer fängt sofort an, in brüchigem Englisch zu lästern. Die Korruption, schrecklich. Der einzige Politiker, dem er vertraut, ist ausgerechnet ein Deutschstämmiger, der Präsident Klaus Johannis. Den Rest der Bagage solle man besser aus dem Land prügeln.

Problematisch: Seit dem Beitritt zur EU wird alles immer teurer und in seinen Augen auch komischer. »Schau, siehst du die neuen Fahrradwege dort? Finanziert mit Unterstützung der EU. In Bukarest fährt kein Mensch Fahrrad. Was soll das?«

Aber immerhin: »Wir haben die tollsten Frauen der Welt.« Nach einem Blick in meine App muss ich ihm vorerst recht geben. Obwohl ich gerade erst angefangen habe mit meiner Rumänienstatistik, habe ich bereits 28 Matches in 24 Stunden und heute Abend mein erstes Date mit Liliana.

Das Hotel ist super. Super, weil groß. Hier ist die Drehtür weit weg vom Portier. Hier könnte ich also bequem Dates einschleusen, ohne dass jemand es bemerkt. Genauso wie in Wien und das Gegenteil von Paris und Amsterdam. Großartig. Und wer weiß, ob ich hier nicht wirklich schwach werde, wie gesagt, die Matches sind alle wirklich hübsch. Rund die Hälfte von ihnen schreibt auf Englisch zurück. Acht schreiben ganz von alleine. Läuft bei mir.

Pünktlich um 20:30 Uhr fährt ein klappriges, verdrecktes Lada-Taxi vor dem Radisson vor. Schemenhaft erkenne ich die Frau, mit der ich verabredet bin. Ein halbes Jahr nach unserem Match treffen wir uns endlich. Liliana from Romania. Ich öffne die Tür und ... vor mir sitzt eine vollkommen hochgebrezelte Frau. Was für ein Kontrast zu unserem Gefährt! Als würde Paris Hilton auf einem alten halb toten Esel über den roten Teppich reiten. Liliana trägt ein blütenweißes Kleid, das nur leicht ihre Oberschenkel bedeckt, dazu einen goldenen Gürtel und goldene High Heels. Ihre Fingernägel sind blutrot, ebenso wie ihr Mund. Das Make-up makellos. Die dunklen Haare sind streng zurückgebunden. Sie ist knapp 165 Zentimeter groß und die Begrüßung ist, ähm, kühl, würde ich das nennen, als ich ins Taxi steige. Ein Lächeln ist höchstens zu erahnen. Vielleicht ist ihr mein Outfit etwas zu underdressed. Ich trage Jeans, eine weinrote Lederjacke und darunter eine dünne Kapuzenjacke. »Sorry, hätte ich gewusst, dass wir auf einen Opernball gehen, hätte ich mich anders angezogen«, sage ich. Sie lächelt nicht. »Wir gehen in eines der besten Restaurants der Stadt, aber so kommst du da heute rein. Ist nicht viel los, es ist Montag.«

O. k., eines der teuersten Restaurants der Stadt. Hätte ich wissen können, da sie mich ja schon in einem der teuersten Hotels der Stadt
einquartieren ließ. Ich sehe vor meinem inneren Auge, wie die Buchhaltung mein Bild an eine Dartscheibe hängt. Bei jedem Wurf ins
Auge johlt die gesamte Abteilung.

Gut, nach diesem suboptimalen Beginn unserer Freundschaft versuche ich es mit Überzeugungsarbeit. Ich greife in meine Jackentasche
und sage zu ihr: »Ich hab ein Geschenk für dich« und hole eine kleine
Schachtel hervor! Und was macht sie? Sie verdreht die Augen. Was
glaubt sie, was jetzt kommt? Ein Verlobungsring? Nein, den gibt es
erst mal nicht. In dem ganz nobel anmutenden kleinen Karton sind
lediglich zwei Mozartkugeln versteckt, die ich in Wien gekauft habe.
Sie starrt befremdet auf die Verpackung. Ich denke mir, es ist doch nur
eine Geste. Sie sagt mit gespielter Freundlichkeit kurz Danke und lässt
die Schokokugeln in ihrer Louis-Vuitton-Tasche verschwinden. Wahrscheinlich wirft sie sie irgendwelchen streunenden Straßenhunden
zum Fraß vor, sobald ich mal weggucke. Sie macht den Eindruck einer
Frau, die immer das bekommt, was sie will, und, sobald es nicht nach
ihrem Willen läuft, vollkommen ausrastet. Es ist die Crux der schönen
Frauen. Zu viele Verehrer, zu viel Auswahl. Daraus folgt eine gewisse
Ungeduld und auch eine gewisse Unfreundlichkeit. Erlebe ich öfter
mal bei ausgesprochen gut aussehenden Dates. Einfach zu verwöhnt
und zu viel gewohnt. Bei Kindern würde man »verzogen« sagen.
Nach zwanzig Minuten leichter Konversation über meine Herkunft,
was ich in Rumänien mache und seit wann ich Single bin, kommen
wir in der Brasserie an. Es ist ein schicker Laden mit DJ und Kellnern
im Livree. Es sind gerade mal fünf Tische besetzt. Dicke alte Männer
mit schönen Frauen. Na klar, russischer Rubelpräger trifft rumäni-
sches Rasseweib und bringt ihr das Champagnertrinken bei. Wir
setzen uns auf eine Lederbank nebeneinander. Weiße Tischdecken,
silberne Kerzenständer, dezentes Licht. Im Hintergrund läuft Trance-
Musik.
Sie ist gerade aus Dubai zurückgekehrt. Ob sie dort beruflich war,
will ich wissen. Sie schaut mich an, als hätte ich nicht mehr alle Lat-

ten am Zaun. Sie habe dort einen Freund besucht, von dem sie aber nicht mehr glaube, dass er noch ein Freund ist. Auf Nachfrage erklärt sie Folgendes: Sie habe da also ihren guten Bekannten getroffen und saß am Ende der Reise mit seinen elf, natürlich männlichen Scheichfreunden in einer Bar. Sie war die einzige anwesende Frau. Nachdem sie sich alle restlos betrunken hatten, ihr aber niemand wirklich Beachtung schenkte, ging sie voller Wut und blitzeblau in ihr Hotel. Dort machte sie sich über die gesamte Minibar her und kotzte sich anschließend die Seele aus dem Leib.

Vor mir sitzt eine Frau, der die Demütigung in den Knochen steckt. Wobei sie mir sicher einen Teil verschweigt. Vielleicht hat ihr Freund ihr ja die falsche Handtasche geschenkt, wer weiß.

Auf jeden Fall sei ihr immer noch speiübel und sie bestellt erst einmal einen frisch gepressten Orangensaft. »Heute keinen Alkohol«, sagt sie. Davon habe sie erst mal die Schnauze gestrichen voll. Mir fällt ein Stein vom Herzen. Sie will nicht »Saufen mit Scheichs und Champagner« nachspielen, sondern sich von ihrem Kater erholen. Die Buchhaltung wird gar nicht erst auf den Gedanken kommen, ein Bild von mir mit Dartpfeilen zu bewerfen. Die werden mir den roten Teppich ausrollen. Sparsamster Mitarbeiter des Monats.

Sie bestellt keine Vorspeise (yippieh), dafür das teuerste Rinderfilet (Mist).

Ich erzähle etwas von mir und meinen Reisen und sie nimmt alles regungslos zur Kenntnis. Ich glaub, ich bin ihr scheißegal.

»Du musst als Make-up-Artist ja wahnsinnig erfolgreich sein, um dir solche Reisen leisten zu können. Ich war noch nie in Dubai!«

Jetzt schaut sie mich endgültig so an, als hätte sie es mit einem Grenzdebilen zu tun. Nein, als Make-up-Artist arbeite sie nur in Rumänien, und wenn, dann auch nur ab und zu mal, bei Freunden auf Hochzeiten oder so. Klingt für mich so, als würde sie gar nicht arbeiten oder gar keine Lust zum Arbeiten haben. Was ist dann ihre Einkommensquelle? Es manifestiert sich, was ich schon lange vermutete. »Sag mal, Junge, du kapierst es nicht, oder? Ich reise nur auf Einladung.«

Ich spiel immer noch den Naiven: »Du kannst ja gerne mal in Berlin vorbeikommen.«

»Wenn ich eingeladen werde, dann meine ich damit nicht, dass du mir die Stadt zeigst. Ich meine eine richtige Einladung.«

Ich empfinde diese Person, die mir gegenübersitzt, als regelrecht kalt. Eisig kalt. Es ist nichts Freundliches an ihr. Hübsch, aber kein Charisma. Sexuell tangiert bin ich nicht, oder mit anderen Worten: Sie muss ich jetzt nicht unbedingt am Nachtportier vorbeischleusen.

Sie schildert mir ein Tinder-Date mit einem Pariser, den sie irgendwo in den Vereinigten Arabischen Emiraten gematched hat. Die Konversation begann am Flughafen, wo er auf seinen Frankreich-Flieger wartete. Nach nur einer halben Stunde Online-Geplauder habe er ihr ein Flugticket für ein Wochenende in Paris geschickt. Von dort habe sie im Übrigen auch die Louis-Vuitton-Tasche. So läuft das Spielchen.

»Du kannst mich auch mit nach Istanbul nehmen, ich bin eine tolle Reisebegleitung.« Jetzt kommt sie das erste Mal näher, nachdem zwischen uns während des Essens eine ordentliche Distanz geherrscht hatte. Doch ihr Lächeln zerstört ihre Fassade nicht. Ich spiele erst mal auf Zeit und sage sehr freundlich formuliert, dass dies sehr wohl eine Option sei.

Immerhin weiß ich jetzt Bescheid. Tinder ist für sie ein reines Marketinginstrument und das, was sie mir beschreibt, ist nichts anderes als ein Escort-Job. Sex und Unterhaltung gegen Flug und Shopping, vielleicht Taschengeld. Anhand der Fotos auf ihrem Profil mag das für manchen Mann ja eine Überlegung wert sein, aber wehe, da steht der Eisblock dann vor ihm und er hat sie drei Tage an der Backe, während sie in einen berserkerartigen Kaufrausch verfällt.

Sie verzichtet auf den Nachtisch und ich auch. Die Rechnung liegt dennoch bei 100 Euro. In ihren Augen wahrscheinlich ein Schnäppchen. So billig ist bei ihr noch niemand davongekommen. Aber der Abend ist noch nicht vorbei.

Wir springen in ein Taxi, das uns in die Altstadt bringt. Dort ist das Zentrum des Nachtlebens, sagt sie, dort feiert die ganze Welt, jeden Tag. An diesem Montag ist die Feier wohl ausgefallen. Es regnet und die Pubs sind nur sehr schwach besucht. Regennasses Kopfsteinpflaster, der natürliche Feind der High Heels, sie hakt sich bei mir ein. Es reiht sich eine Kneipe an die nächste. Dazwischen immer wieder

Schilder, die in bunten Farben auf eine sexy Massage oder Erotik-massage hinweisen. Klingt, als habe man hier die Auswahl zwischen Country und Western.

Übrigens, um das mal erwähnt zu haben: In Rumänien darf man fast überall rauchen, also auch im nobelsten Restaurant oder im Taxi. Meistens raucht der Fahrer sogar mit. Ich habe das Gefühl, die einzigen Ausnahmen in Bukarest sind McDonald's und die U-Bahn. Ansonsten wird hier gequalmt, bis die Lunge explodiert. »Das wird sich aber bald ändern«, sagt Liliana, während sie sich eine Slim-Zigarette ansteckt, »die EU macht Druck.«

Wir setzen uns in irgendeinen dieser zahllosen Pubs. Verraucht und heruntergekommen. Die Drinks sind billig für deutsche Verhältnisse. Sie bestellt eine Cola light, ich einen grauenhaften rumänischen Rotwein. Merke: niemals in Pubs Wein bestellen. Egal, wo auf der Welt. Wir sitzen auf Barhockern an einem völlig zerkratzten Holztresen, und im Hintergrund läuft »Highway to Hell« von AC/DC. In dieser Atmosphäre wirkt Liliana nicht mehr so steif und distanziert. Ich lenke das Gespräch Richtung rumänische Männer. Von denen halte sie nicht allzu viel und mit ihnen treffe sie sich erst gar nicht. Die Welt ist für sie interessant. Aber nicht Rumänien. Und nicht die rumänischen Männer.

Was sie will, glaube ich herauszuhören, ist ein reicher Kerl, also ein echt reicher ausländischer Kerl, der es ehrlich mit ihr meint und sie aus ihrer Misere namens Bukarest herausholt. Während sie über Kerle spricht, kehrt wieder diese Kälte zurück. Irgendwer muss ihr mal was Schlimmes angetan haben. Ich glaube, sie hasst Männer. Sie sieht in ihnen höchstens Einkaufsbegleiter und Kreditkartengeber. Sex ist dabei lästige Pflichterfüllung. Sie strebt zwar nach einem besseren Leben, das ist nachzuvollziehen, aber ihre Unterkühltheit könnte ihr dabei langfristig im Wege stehen.

Gegen Mitternacht und nach zahllosen Gähnern ihrerseits sagt sie, dass sie einfach noch zu fertig von dem Gelage in Dubai sei. Wenn ich Lust hätte, könne ich am Mittwoch ja wieder mit ihr in die Brasserie gehen. Dort gebe es Livemusik und Party. Dann sei sie auch bestimmt wieder fit.

Ich wundere mich etwas über das Angebot, unser Abend war sicher nicht in ihrem Sinne und in meinem erst recht nicht. »Wenn es Mittwoch nicht klappt, können wir ja mal sehen. Vielleicht lädst du mich ja doch mal nach Berlin ein?«

Jetzt müsse sie allerdings nach Hause. Ich bringe sie zum Taxi und wir geben uns Küsschen auf die Wange. Sie entschuldigt sich noch mal für ihren Zustand und verschwindet dann im Dunkel der Nacht. Auf dem Weg zurück ins Hotel werde ich noch ein paarmal auf Sexy- oder Erotikmassage angesprochen, aber ich bin kein Freund der käuflichen Liebe, weder bei Tinder-Dates noch bei Straßenmasseurinnen. Muss ich Liliana noch mal wiedersehen? Die Antwort lautet: Nein.

Die Nacht verläuft grauenhaft. Ich kann einfach nicht schlafen. Wälze mich hin und her, laufe durch das Zimmer, rauche, tindere, trinke einen Gin Tonic. Gucke Fernsehen. Ich finde den Weg ins Reich der Träume nicht. Ich schlummere kurz ein, bis mich wieder ein Gedanke aufschrecken lässt. Lara, Natasha und jetzt neu in der Tinder-Sammlung Liliana. Außerdem denke ich an das Date am nächsten Abend. Nadia. Bühnenbildnerin an einem der zahlreichen Theater, sie hat unglaublich große blaue Augen. Sie hat mich, als ich noch in Wien war, angeschrieben und bietet mir sogar an, mit mir durch die Bars der Stadt zu ziehen. Allerdings schreibt sie auch, dass Bukarest »eine traurige Stadt« sei, aber mit ihr die Sonne an diesem schlimmen Platz aufgehen würde. Na, mal schauen. Habe ja noch zwölf Stunden bis zu unserem Treffen. Es ist schon acht Uhr morgens und erst jetzt fallen mir langsam die Augen zu.

Um zehn Uhr steht die Putzfrau im Raum. Ich habe wohl vergessen, das »Bitte nicht stören«-Schild an die Tür zu hängen. Um elf Uhr klopft der Mann für die Minibar. Danach stehe ich auf. Ich fühle mich nicht lebendig, sondern untot. Die Sonne scheint durch das Fenster und tut mir weh – ich rette mich ins Bad. Eiskalte Dusche. Tut auch weh. Außerdem hab ich nach dieser furchtbaren Nacht schlimmste Rückenschmerzen. Ich bin ein Häuflein Elend. Meine nächste Tinder-Konversation mit dem iPhone gibt mir vorerst den Rest. Ionela, 35, mahagonibraune Haare, sehr hübsch, tolles Lächeln.

Nach einem freundlichen Hallo kommt sie direkt auf den Punkt:

Wieso guckst du hier nach Mädchen aus Rumänien?
Ich antworte: Weder um zu heiraten, noch suche ich schnellen Sex. Also, ich bin alleine in Rumänien und habe gehofft, jemanden zu finden, der mir auf Insiderlevel Bukarest zeigt ;)
Sie: Du suchst also jemanden, der dir Bukarest zeigt. Und in der nächsten Stadt machst du das dann mit dem nächsten Mädchen. Und so weiter. Weißt du was, viel Glück.

Oh je, sie hat mich durchschaut. Und durch den Schlafmangel bedingt, zieht mich ihr als »Viel Glück« getarntes »Fahr zur Hölle« richtig runter. Ich fühl mich leer und einsam, wie ich da in meinem dunklen Hotelzimmer hocke. Minutenlang denke ich über eine Antwort nach. Das Ergebnis ist nicht beeindruckend.

Ich: Findest du das unmoralisch?
Sie: Das ist nicht mein Fall.
Ich: Du suchst Mr Right, schätze ich?
Sie: Ich bevorzuge es, die Welt mit dem gleichen Partner und einer Karte zu erkunden.
Ich: Fände ich auch toll. Hab nur grade keinen Partner, aber dafür eine Karte

Unsere schriftliche Konversation erstreckt sich – oh Wunder – über anderthalb Stunden. Und das Blatt wendet sich. Wir schreiben über Unglück in der Liebe, ihren Job (sie ist Elektroingenieurin), meine Erwartungen an Bukarest (will mir gleich den Ceaușescu-Palast angucken) und es wendet sich das Blatt. Am Ende habe ich ein Date mit ihr am nächsten späten Nachmittag. Keine Ahnung, wie ich das noch hinbekommen habe. Wir wollen uns in einer Straße treffen, in der sie gerne spazieren geht. Komische Gegend. Sie befindet sich direkt an einem der größten Kreisverkehre der Stadt, dem Piața Charles de Gaulle. Von diesen riesigen Kreisverkehren hat Bukarest jede Menge. Vergleichbar mit dem Berliner Ernst-Reuter-Platz mit noch mehr Fahrspuren.

Gegen 13 Uhr verlasse ich mein Hotelzimmer. Ich sehe wirklich furchtbar aus. Nach drei Cappuccinos geht es mir nur bedingt besser. Ich beschließe dennoch, den Sonnenschein auszunutzen, statt mich wieder hinzulegen. Und so schleppe ich mich durch Bukarest wie ein Zombie durch den Glockenturm. Ich bin so müde. Doch mir erschließt sich eine Stadt, die mir gefällt. Das liegt vor allem an den vielen Parks, Denkmälern und Bauten aus dem 19. Jahrhundert. Es gibt schon eine interessante Architekturmischung in dieser Stadt. Klassizistisch, sozialistisch und modern wechseln sich ab. Die Straßen sind sauber und der Verkehr rollt. Nachdem ich all die neuen Nobelboutiquen, Museen und Universitätsgebäude der Calea Victoriei hinter mir gelassen habe, erreiche ich die erste Grünanlage, den Parcul Cismigiu. Die Vögel zwitschern und die Bäume bereiten sich auf den Frühling vor. Der Park ist gut gefüllt, doch sauber und ein Ort des Friedens. Auf den Bänken sitzen Großmütter mit Kopftuch und schmieren sich ihre Stullen, Mütter säugen ihre Kinder, die ersten Verliebten knutschen. Dann mache ich den Zombie-Walk zu einem der größten Gebäude Europas, dem Parlamentspalast, einem neoklassizistischen Klotz, der ursprünglich mal »Haus des Volkes« hieß. Erbaut wurde er unter Ceaușescu, der sich daran kaum erfreuen konnte. Kaum fertiggestellt, sah sich der Diktator 1989 einem Erschießungskommando gegenüber. Hätte er ihn doch besser nicht gebaut.

Irgendwann bin ich wieder in der Altstadt. Es ist wirklich schön hier an diesem Frühlingstag. Die Cafés sind voll mit jungen Leuten. Was auffällt: Die meisten sind in Schwarz gekleidet: schwarze Hose, Hemd, Pullover, Schuhe, auch die Haare. Was ich vermisse, ist hier die zur Jahreszeit passende Leichtigkeit. Laut lacht niemand, die Menschen gucken ernst und auch ihre Unterhaltungen klingen ernst. Vielleicht verstehe ich auch irgendetwas falsch, da ich kein Wort des Rumänischen mächtig bin.
Während ich mit einem Kaffee vor einem Pub sitze, tindere ich wieder, aber es ist bedauerlich, dass viele Frauen wirklich nur alle zwei Tage mal online sind. Da hab ich schon mal so bildschöne Kontakte, aber sie gehen einfach nicht online. Kann auch sein, dass die App nur

dort genutzt wird, wo es auch WLAN gibt. Und von diesen Orten finde ich nicht allzu viele.

Die restlichen Online-Portale sind auch keine Alternative, kaum Traffic. Auf Happn, Lovoo und OkCupid trifft man nur scheinbar Versprengte oder vereinzelt Touristen. Mir begegnet höchstens mal eine französische Schulklasse (im realen Leben). Das war's.

Aber Gott, auf mich warten noch zwei Dates, heute und morgen Abend, ich sollte nicht unzufrieden sein. Ob ich das heute Abend überhaupt schaffe? Ich bin so müde!

Am Abend kehre ich zum Hotel zurück und bereite mich auf meinen Abend vor. Theater-Nadia, 20 Jahre alt. Sie schreibt, dass sie frisch von der Uni ist und sich den Zug um die Häuser eigentlich nicht leisten könne. Also erlaube ich mir zu schreiben, dass sie sich darum keine Sorgen machen muss. Nadia hat große blaue Augen. Fünf Fotos hat sie eingestellt. Die meisten mit Fokus auf ihre blauen Augen. Von ihrer Figur zeigt sie nichts. Kurze Zeit später weiß ich, warum.

Nach einem ewigen Hin und Her, wo wir uns denn treffen, wählt sie auch einen Kreisverkehr circa 20 Minuten Fußmarsch von meinem Hotel entfernt. Uninähe. Auch dieser Kreisel ist riesengroß. Doof, sich an einem U-Bahn-Ausgang zu verabreden, wenn es davon insgesamt vier Stück im Abstand von jeweils 200 Metern zueinander gibt. Ich schicke ihr Fotos von meiner Position und sie erweist sich als orientierungslos in ihrer eigenen Stadt. Wir finden uns einfach nicht. Ich bin ziemlich genervt, dank Übermüdung. Meine Nachrichten an sie werden patziger. Irgendwann schreibt sie: *go fuck yourself.* Schiebt dann allerdings gerade noch ein Smiley hinterher.

Kurz bevor die Situation eskaliert und ich entnervt nach Hause fahre, treffe ich sie in einer Straßenunterführung. Sie steht da mit einer Freundin und plaudert und... ich wünschte augenblicklich, sie wäre ihre Freundin. Die gefällt mir. Nadia, ehrlich gesagt, nicht so. Die eine Hälfte ihres Pagenkopfes ist blau gefärbt. Sie ist schwer pummelig und trägt eine schwarze, kurze Lederjacke mit Nieten, darunter einen zum Kleid umfunktionierten Seiden-Imitat-Kimono in Schwarz mit roten Applikationen. Schwarze Strümpfe, klar, und Springerstiefel.

Beam me up, Scotty! Zu spät, sie hat mich entdeckt. Ich sag schüchtern »Hi« und warte in drei Meter Entfernung und gucke in eine andere Richtung, damit mich die Freundin nicht erkennt. Es ist schon merkwürdig, ich kenne in dieser Stadt keinen Menschen, bis auf eine Escortlady, die sicher keine U-Bahn fährt, dennoch schäme ich mich. Mein Date sieht aus wie Kelly Osbourne in ihren schlimmsten Tagen. Der alte Mann und der Punk. »Liebes Tagebuch, unser erstes Date hatten wir in einer U-Bahn-Station.« Ich versuche, nicht allzu abweisend daherzukommen, aber dann entdecke ich beim Küsschen links rechts ein Stacheldrahttattoo um ihren Hals. Alright, da muss ich wohl irgendwie durch. Wir beschließen nach einem kleinen Spaziergang, in der Altstadt einzukehren, in einem Pub, am besten in einem, wo mich die Bedienung des gestrigen Abends nicht erkennt.

Nachdem wir Bier bestellt haben und ich das Tattoo noch mal bei Deckenlicht ausgiebig betrachtet habe, eröffnet mir Nadia auf Englisch, dass sie auch Deutsch sprechen kann. Ich bin erfreut. Bis sie loslegt: »Voddsefikknschwanz.« Ja. Das ist schon beachtlich. Bei so einer Sprachbegabung bleibt mir erst einmal die Luft weg. Sie wiederholt es noch einmal: »Voddsefikknschwanz.« Ich trinke Bier. Ich will hier weg.

Sie erzählt einfach, ohne dass ich frage. Das ist gut so, denn ich habe keine Fragen, ich bin müde, schlecht gelaunt und enttäuscht. Ich suche nach Auswegen, während sie redet.

Sie findet ausländische Männer spannend, gerne auch ältere, sie hat kein Geld, um großartig wegzufliegen, aber es kommen ja immer mal wieder spannende Menschen in die Stadt. So habe sie schon einen deutschen (unbekannten) Rockmusiker gedatet und einen Banker aus Neuseeland. Wow, ein Banker aus Neuseeland! Was der wohl bei seinem ersten Date mit ihr gedacht hat! Innerlich lache und weine ich. Weine, weil ich mich in der Situation des Bankers befinde.

Wenig später überrascht sie mich positiv. Auf ihrem Handy zeigt sie mir Fotos ihrer Bühnenbilder. Auch Kostüme macht sie. Donnerwetter, ich bin beeindruckt. Diese Frau ist außerordentlich begabt, von modern bis antik hat sie alles drauf. Wirklich toll. Aber ihr gelingt, dass ich meinen aufkommenden Respekt sofort infrage stellen muss. Wir sprechen über Politik. Zuerst habe ich das Gefühl, es sitzt die No-Future-Generation vor mir, aber es ist schlimmer! Deutsche mag sie. Sie kann keine Franzosen leiden, sie hat Angst vor den Russen, Türken hatten Rumänien zu lang besetzt und deswegen sind sie zu verachten. Österreicher, grauenhaft. Rumänen, bis auf die vom Schwarzen Meer, sind doof und Roma hasst sie abgrundtief. Deshalb findet sie ja die Niederlassungsfreiheit in der EU, von der auch Rumänen profitieren, super. »Die sollen bloß zu euch kommen, dann sind wir die los.«

Ich bin ja wirklich humanistisch erzogen worden und halte mich für einen ausgesprochenen Menschenfreund und vor mir sitzt das genaue Gegenteil.

»Und Ceauşescu war eigentlich auch ein total lieber Kerl, oder?«

»Nein, aber ich liebe Ion Antonescu! Das war ein echter Patriot.«

Mir fällt fast mein Bier aus der Hand. Antonescu war ein Diktator und Verbündeter von Hitler. Unter seiner Herrschaft wurden bis 1944 Hunderttausende Juden und Roma umgebracht. 1946 wurde er zum Tode verurteilt und wie Ceauşescu ebenfalls erschossen. »Ja, aber er wollte nur das Beste für sein Land.«

Ich stelle fest, dass ich nicht nur ein Tinder-Date mit einem Punk habe, nein, ich habe ein Rendezvous mit einem Nazi-Punk. Aber ich kenne mich in rumänischer Geschichte dann doch nicht allzu gut aus und außerdem bin ich zu fertig zum Diskutieren. Ich will einfach nur ins Bett. Als ich die Rechnung bestelle, guckt sie mich entsetzt an. »Du willst doch noch nicht gehen?«

»Doch, ich hatte eine miese Nacht und habe keine Lust, jetzt mit dir über deine Glorifizierung des Faschismus zu streiten.«

»Ich bin kein Faschist, höchstens ein Patriot. Ich beweise es dir, okay? Bitte!« Dabei sieht sie mich fast flehentlich aus ihren großen blauen Augen an. Ich bin unschlüssig.

Wir verlassen den Pub. Gegenüber ist eine Pommesbude. Ich hab den ganzen Tag noch nichts gegessen, fällt mir auf. Na gut, auf 'ne Curry lad ich sie noch ein, aber dann ist Schluss. Mit der Wurst in der Hand schlendern wir Richtung Altstadtausgang. Fast haben wir eine Hauptverkehrsstraße erreicht, nur noch ein paar Meter, dann... »Warte mal, bitte«, sagt sie hinter mir. »Schau mal, hast du hiervon schon mal gehört? Das ist echt einer der bekanntesten Läden der Stadt, das Caru'cu bere. Wurde gerade zum besten rumänischen Restaurant des Jahres gewählt.«

Ich erkenne erst mal nix, weil der Laden gerade von außen renoviert wird und sich hinter einer blauen Plane versteckt. Als ich dann durch die Türscheiben ins Innere gucke, denke ich mir, okay, noch ein letztes Bier. Das Caru'cu bere sieht aus wie eine katholische Kirche, die in ein pompöses goldenes Brauhaus verwandelt wurde. Innen läuft Walzermusik. Hier kehrt die feinere Gesellschaft ein, die mal Lust auf eine deftige Schlachterplatte hat und darauf, während des Essens rauchen zu dürfen. Und hier kehrt auch der alte Mann mit dem Punk ein.

Die Preise sind moderat und wir trinken ein Bier. Ich will heim. Doch sie lässt mich einfach nicht und ich bin zu schwach, um mich zu wehren. Ein Zombie in Bukarest. Nach dem Intermezzo im Bukarester Bierkönig schleppt sie mich noch in einen Studentenkeller. »Da sind ein paar Exkommilitonen von mir.«

Oh nein, das Letzte, was ich jetzt brauche, sind ihre Freunde. Doch halb zog es ihn, halb sank er hin. Ich plumpse in diesen vollkommen verräucherten Keller. Es ist wahnsinnig dunkel und aus den Boxen dröhnt »Pumped Up Kicks« von Foster the People. Ich fühle mich wie ein Lehrer auf Klassenfahrt mit dem Abiturjahrgang. Sie bestellt von meinen letzten Lei sechs Jägermeister für umgerechnet je 1,50 Euro. Sie zieht ihre drei in einem Rutsch weg, wer weiß, wann es wieder welchen gibt, und begrüßt ihre Freunde. Ich verkrieche mich erst in eine dunkle Ecke, um dann heimlich abzuhauen. Doch sie fängt mich ab.

»Du, ich habe ein Problem«, eröffnet sie mir, »in meiner Wohnung hab ich derzeit nur kaltes Wasser und ich würde gerne mal wieder warm duschen. Nimmst du mich vielleicht mit in dein Hotel, das wäre echt so lieb von dir.« Blaue Augen blinzeln, Zombie nickt. Hauptsache, nach Hause.

Wir kommen mühelos am Nachtportier und der Security vorbei. In meinem Zimmer sucht sie gezielt die Minibar nach Schnaps ab. Sie findet Pálinca, einen Obstbrand aus Rumänien. Ich habe Angst, dass sie über Nacht bleiben will. Wir trinken einen Schluck und sie verschwindet im Bad. Warm duschen. Nach 30 Sekunden fallen meine Augen zu. Ich schlafe ohne langes Hirngezicke sofort ein. Als ich wieder aufwache, ist es 13 Uhr. Der Punk ist verschwunden, so, wie es aussieht, auch ohne hier übernachtet zu haben. Freunden, denen ich später diese Geschichte erzählt habe, fragten danach gerne, ob mir was geklaut wurde. »Nein«, antwortete ich dann, »sie hat sogar etwas hinterlassen«. Ein paar Worte auf dem Notizblock des Hotels: »Votze Ficken Schwanz.« Dahinter ein Herzchen. Immerhin!

13 Uhr – in dreieinhalb Stunden hab ich ein Treffen mit Ionela. Ich darf mit der jungen Dame, die zuerst meiner Idee, »ein Fremder braucht eine Insiderstadtführung«, so widerstrebend gegenüberstand, spazieren gehen. Wir treffen uns auch auf Anhieb am richtigen Ort. Als ich sie sehe, denke ich: endlich mal ein normaler Mensch. Sie ist hübsch wie auf ihren Fotos, dabei sehr natürlich, eine von Ausdauertraining geprägte, schlanke Figur und das Beste an ihr: Sie trägt kein Stacheldrahttattoo um den Hals.
Wir gehen los und sind beide zunächst sehr verhalten, es ist eher ein schüchternes Herantasten. Nachdem wir ihre wirklich sehr unscheinbaren Lieblingsstraßen durchquert haben, kommen wir an den Herăstrău-Park, eine riesige Anlage im Norden von Bukarest. Das Wetter ist nicht mehr ganz so schön wie am Vortag und wir sind fast alleine, als wir am Ufer eines Sees entlangschlendern. Wir setzen uns auf eine Parkbank und reden erst einmal über das Übliche. Sie erzählt von ihrer letzten Beziehung. Der Kerl war rasend eifersüchtig und bedrohte sie sogar öfter mal mit einer Waffe. Das war in Constanța an der Schwarzmeerküste. Sie bewarb sich dann heimlich auf eine Stelle in Bukarest und wurde sofort angenommen. Beim nächsten Tobsuchtsanfall ihres Freundes rief sie die Polizei, die nahm ihn erst mal mit auf die Wache und sie zog aus. Jetzt wohnt sie seit einem Jahr in Bukarest. Seitdem lernt sie Kickboxen. Nie wieder soll ihr so etwas passieren. Find ich gut. Ich erzähle die Geschichte meiner letzten Trennung, SMS 1, SMS 2, SMS 3. Ich finde, das ist auch eine ganz lustige Anekdote, die ich immer mal wieder zum Besten gebe. Jetzt legt sie los, dass sie bei Tinder bisher nur Idioten kennengelernt habe.

Der eine wollte sofort Sex, mit dem anderen lief es ganz gut an, bis der sich immer wieder Ausreden einfielen ließ, warum er sofort weg-müsse. Der wahre Grund waren eine Frau und zwei Kinder.

Das höre ich übrigens immer wieder. Verheiratete Menschen auf solchen Plattformen auf der Suche nach Sex. Ich halte das für ein echtes Spiel mit dem Feuer. Die Gefahr, erkannt und geoutet zu werden, ist immens hoch. Was für ein Risiko, aber sollen sie es doch machen, die Menschen, die einst ewige Treue geschworen haben. Über kurz oder lang werden sie je-manden enttäuschen, womöglich gar sich selber.

Langsam werden Ionela und ich locker, während wir so durch den Park flanieren. Sie ist wirklich eine angenehm ausgeglichene Person, und wir verbringen einen schönen, leicht wolkenverhangenen Sonnen-untergang am See. Es passiert ausnahmsweise nichts Bizarres, Irres oder Unvorhergesehenes. Als es dunkel wird, kehren wir im nahen Hard Rock Cafe Bukarest ein. So was gibt es? Wow. Nein, nicht wow. Zur ultralauten Rockmusik serviert man uns unterirdisches Essen. Mein Hähnchenfilet ist bretthart und ihr vegetarisches Gericht Mat-schepampe. Der Kellner muss leiden. Sie: »Welchen Job hat denn euer Koch?« Ich: »Das Huhn ist trockener als Sahara-Luft, sorry!« Wir kichern und er sagt nichts und bringt lediglich die Rechnung. Wir gehen durch einen mittlerweile stockdusteren Park zurück zu dem Kreisverkehr, wo wir uns das erste Mal in die Augen sahen. Sie muss morgen früh um 6:30 Uhr aufstehen. Schade! Ich würde gerne mehr Zeit mit ihr ver-bringen, sie besser kennenlernen. Aber daraus wird wohl nichts. Mor-gen Mittag geht mein Flieger. Sie bietet mir an, mich zu meinem Hotel zu fahren. Ich steige in ihren sehr alten Daihatsu ein, der an jeder Am-pel ausgeht. Ionela manövriert leicht orientierungslos durch den Buka-rester Abendverkehr, aber nach kurzer Zeit stehen wir vorm Radisson. »Magst du nicht vielleicht noch mit auf 'nen Drink an die Hotelbar kommen?«, frage ich. Sie sagt: »Glaub mir, das war ein echt tolles Date, das ich sehr genossen habe. Aber du fliegst morgen. Ich bin Elektroingenieurin und somit auch ein sehr rationaler Mensch. Es macht doch keinen Sinn, wenn ich jetzt noch mitkomme. Meld dich doch, wenn du mal wieder in Bukarest bist.« Dann umarmt sie mich und küsst mich auf die Wange. Ich steige aus und sie ist weg! 22:00 Uhr.

Erst im Hotelzimmer schaue ich wieder auf mein Handy. Tinder hat im Laufe des Nachmittags immer mal wieder auf sich aufmerksam gemacht, aber ich habe bisher nicht nachgeschaut. Jetzt, wo Ionela weg ist, darf ich wieder. Sieben neue Matches, darunter wieder einige bildschöne Frauen. Ich reagiere auf das »Hi« von Antonia, 42. Sie sieht aus wie Brigitte Nielsen, zumindest ihre Haare. Sie ist eine Frau, die auf vier Bildern ihr Gesicht von allen Seiten zeigt. Ihren Körper sieht man nicht. Holzauge, sei wachsam. Ich schreibe ihr recht dreist, wenn sie mich noch sehen wolle, dann ginge das nur noch jetzt, am besten an meiner Hotelbar, denn morgen geht mein Flieger. Wider Erwarten ist ihre Antwort positiv. »O. k., ich bin in einer halben Stunde bei dir. Ich mach mich nur noch chic.«
Dreißig Minuten später steht sie vor meinem Hotel. Mein erster Eindruck: Wäre ich doch besser ins Bett gegangen. O. k., die Haare sind vielleicht von Brigitte Nielsen, der Rest ist dann doch eher Hella von Sinnen in klein. Sie ist vielleicht 1,58 Meter groß, das gelbe T-Shirt mit der Aufschrift »Happy People« hat sie tief in die aufgekrempelte XXL-Jeans gesteckt. Hosenträger graben sich in ihr Fleisch. Sie sieht definitiv älter aus als 42. Bei der Begrüßung lächelt sie. Dabei sehe ich, dass ihr im oberen Kiefer beide Reihen der Mahlzähne fehlen. Sie hat nur noch ihre Schneide- und Eckzähne. Ach, Menno. Ich kann nicht behaupten, dass ich in Bukarest ein goldenes Händchen habe.
Wir setzen uns in zwei Sessel nahe der Bar. Ich würde lieber mit unserer ausgesprochen höflichen Bedienung flirten. Aber wie so häufig muss ich mir eingestehen, dass das Leben kein Wunschkonzert ist. Wir bestellen Rotwein, während ich versuche, mich in den Polstermöbeln zu verkriechen. Sie erzählt, dass sie Kindergärtnerin ist und bisher ein verdammt hartes Leben hatte, voller Entbehrungen, die man ihr auch ansieht. Vor 16 Jahren bekam sie ihren Sohn irgendwo in der Provinz. Der

Vater ist leider ein vollkommen missratener Kerl. Ein Säufer, Schläger und Spieler. Eines Tages stand ein Mann vor der Tür und hielt ihr eine Pistole an den Kopf. »Sorg dafür, dass dein Mann seine Schulden bezahlt, oder wir töten euch.« Noch in der gleichen Nacht packte sie ihre Koffer und ihr Kind und ging zurück zu ihren Eltern nach Bukarest. Aus heiterem Himmel bekam sie ein Jahr später Briefe aus dem Knast von ihrem Kerl. Adressiert an ihre Eltern. Sie hat ihm nie geantwortet. Sie hat ihn nie wiedergesehen. Sie sind immer noch verheiratet. Sie weiß nicht einmal, ob er noch lebt. Es ist ihr egal. Seitdem ist sie Single, hielt sich erst mit Gelegenheitsjobs über Wasser und wird schließlich Kindergärtnerin. Wenn sie von Kindern spricht, geht ihr Herz auf und die Augen fangen an strahlen. Sie liebt ihren Job über alles und das Schlimmste wäre, wenn sie ihn verlieren würde. Ich empfinde Mitleid für sie. Da sitzt ein herzensguter Mensch, der sich und den eigenen Sohn mit Ach und Krach über Wasser hält und so ein Schicksal nicht verdient hat.

Das ist zudem schon das zweite Date in Folge, das mir von massiver häuslicher Gewalt berichtet. Ich kann nicht beurteilen, wie sehr diese archaischen Umgangsformen noch gang und gäbe sind im Karpatenstaat, aber das gibt mir schon zu denken. Date eins scheint Männer zu hassen, Date zwei kann keine Rumänen leiden, außer natürlich die vom Schwarzen Meer. Bei Date drei droht der Freund mit Schusswaffen, bei Date vier, dank der Performance ihres Mannes, die Mafia.

Nach zwei Glas Wein wird es Zeit zu gehen. Vorher bin ich noch schnell in mein Zimmer, um etwas zu holen. Dann bringe ich Antonia vor die Tür. Es ist nach Mitternacht und ihr Wecker klingelt morgen um sechs Uhr. Sie sagt, ich sei ihr erstes Tinder-Date gewesen. Ich drücke ihr zum Abschied eine große Packung Mozartkugeln und ein halbes Kilo prämierten Tiroler Speck in die Hand. Schweißverpackt. Noch elf Tage haltbar. Das Preisschild auf der Folie habe ich abgemacht. Wenn nicht für sie den Speck, dann doch vielleicht für den Kindergarten. Sie umarmt mich und hofft, dass wir Freunde bleiben. Dann gibt sie mir einen dicken Schmatzer auf die Wange. Sie lächelt und aus Respekt vor dem Zustand ihres Gebisses drehe ich den Kopf zur Seite. Mission Bukarest ist beendet.

Zürich
Schweiz
Radius: **50 km**
Aufenthalt: **48 Stunden**

Zürich

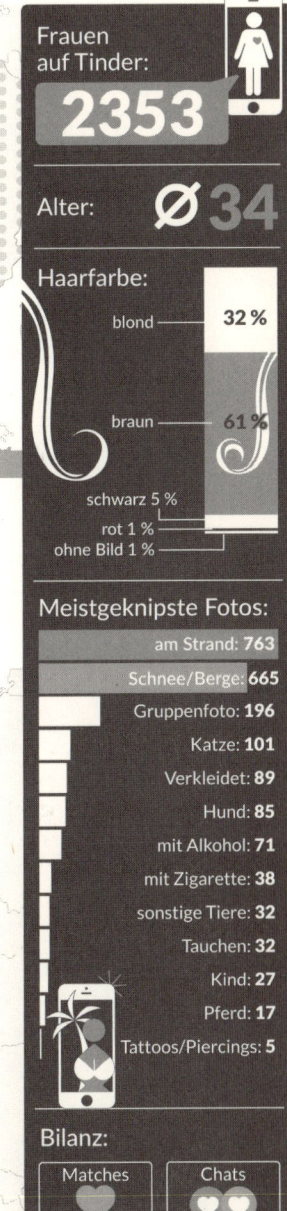

Frauen auf Tinder:
2353

Alter: Ø 34

Haarfarbe:

blond — 32 %

braun — 61 %

schwarz 5 %

rot 1 %

ohne Bild 1 %

Meistgeknipste Fotos:

am Strand: **763**

Schnee/Berge: **665**

Gruppenfoto: **196**

Katze: **101**

Verkleidet: **89**

Hund: **85**

mit Alkohol: **71**

mit Zigarette: **38**

sonstige Tiere: **32**

Tauchen: **32**

Kind: **27**

Pferd: **17**

Tattoos/Piercings: **5**

Bilanz:

Matches
36

Chats
25

Dates
3

Will ich wiedersehen
1

Sado-Maso in der Schweiz

Ein Satz, den ich wahrscheinlich mein Leben lang nicht vergessen werde. Gerade als ich einen Schluck Bier trinke, sagt Marion: »Wenn du Lust hast, kannst du mich vergewaltigen!« Ich verschlucke mich. Laufe rot an. Bier trifft Nasenschleimhäute. Ich bekomme den Gerstensaft mit Ach und Krach runter, bevor ich alles auf den Tisch pruste. Dann huste ich.

»Das meinst du nicht im Ernst!«

»Doch, ich meine das genau so, wie ich es sage.«

»Wie stellst du dir das vor? Du klopfst an mein Hotelzimmer, ich öffne, ziehe dich hinein, würge dich, schlage dich, bis du willig bist, und presse deine Schenkel auseinander, während du wie am Spieß schreist?«

»Genau so!«

»Dir ist schon klar, dass nach fünf Minuten die Polizei vor der Tür steht und es mir dann relativ schwerfallen wird zu erklären, dass das ein Spiel ist!«

Sie sagt: »Du verstehst es nicht, oder? Das ist kein Spiel, das ist ernst.«

»Du bist ja völlig bekloppt.«

»Nein, nur pervers!«

Ich weiß schon, wieso ich nur zwei Nächte Zürich gebucht habe, ich hatte ein schlechtes Bauchgefühl im Vorfeld. Außerdem ist die Schweiz, besonders nach der Aufhebung des Euromindestkurses, so brutal teuer, dass meiner Buchhaltung schon alleine durch die Erwähnung des Wortes »Schweiz« der Kamm schwillt. Nur ein Beispiel: 0,4 Liter Bier kosten in einem ranzigen Pub 8,50 Schweizer Franken, das sind umgerechnet 8,10 Euro. Mit anderen Worten: Es ist alles doppelt so teuer wie in Deutschland.

Marion hab ich in einem Schnelldurchlauf geliked, als ich noch in Bukarest war. Erst nachdem wir ein Match haben, lese ich mir den Text der 32-Jährigen durch. Sie steht auf Bondage und sucht auf Tinder coole Leute zum Experimentieren. So sieht sie gar nicht aus, eher sogar ganz süß. Glatte blonde Haare, leicht aufblondiert, große grün-blaue Augen, freundliches Lächeln.

Ich: Stehe leider nur auf Blümchensex. Schlimm?
Sie: Dann musst du dringend umerzogen werden!
Ich: Wann?
Sie: Morgen Abend! Ausreden sind verboten!

O. k., sie kommt schnell zur Sache, die Herrin der Seile. Wir treffen uns aber nicht in einem Folterkeller, sondern erst einmal in einem dunklen Restaurant, im Viadukt in der Viaduktstrasse nahe der Josef-wiese. Das ist nicht weit von meinem extrem hippen Hotel, das mir ein Freund empfohlen hatte. Das 25hours. Sehr trendy, sehr unkon-ventionell, sehr stylisch. Würde ich weiterempfehlen, auch wenn die Zimmer sehr klein sind, der Balkon ist riesig.
Sie ist schweizerisch pünktlich (20:30 Uhr), vielleicht 162 Zentime-ter groß, komplett in Schwarz, aber viel zu eng für ihre Figur. Kein Schmuck, recht blass, aber wirklich im Gesicht ganz süß. Freundliches Lächeln. Auf ihrem T-Shirt steht gedruckt: »Ich schlage gerne Frau-en.« Oh, Mann. Ich stelle mir vor, wie ich mit diesem Shirt durch den Prenzlauer Berg laufen würde. Die Zeitungsschlagzeile am nächsten Tag: »Chauvi von Jungmüttern gesteinigt!«
»Das mit dem Blümchensex hat mich richtig provoziert«, sagt sie, nachdem wir uns ein Küsschen links und rechts gegeben haben. Wir beginnen den Abend mit Cola und Wasser. Mal was anderes. Sie trinkt keinen Alkohol.
Ihre Geschichte: Schon von klein auf bemerkt Marion, dass sie anders ist als andere Menschen. Schmerzen bereiten ihr Freude. Passiv wie aktiv. Soll ungefähr heißen: Es macht ihr Spaß, zu quälen und gequält zu werden. Schnell merkt sie, dass klassischer Sex nicht ihre Spielwie-se ist (»Ich hatte noch nie einen Orgasmus bei einem Mann«), aber es auf solche Höhepunkte auch nicht ankomme; was zählt, sei die Lusterkenntnis im Kopf. Ihr zweiter richtiger Freund führt sie in die Fetischszene ein. Ihn heiratet sie sogar. Sie sind seit zwölf Jahren ein

Paar. Treue hat keine Priorität, sondern Lust und Schmerz. Seit Neuestem hält sie sich sogar einen Sklaven.

Ich glaube, ich bin in der Schweizer Version der »Versteckten Kamera« gelandet. Das ist komplett irre. »Und was macht der Sklave so?«, frage ich perplex. »Er macht den Haushalt, kocht, putzt, alles, was ansteht im Haus. Er macht das freiwillig. Manchmal provoziert er Schläge, weil er bewusst etwas unordentlich macht. Dann gibt es die Peitsche, darauf steht er.« Sie zeigt mir ein Bild ihres Sklaven. Er ist voll tätowiert. Also wirklich überall. Auch im Gesicht. Der sieht aus wie ein totaler Psychopath und er muss das auch definitiv sein. »Er nennt mich Mama!«

Jetzt bestelle ich mir doch ein Bier.

Marion hat sogar schon in einigen SM-Streifen mitgewirkt, allerdings mit Maske, ihrer Arbeit im Finanzdienstleistungssektor würde es abträglich sein, enttarnt zu werden. Sie hat einen dieser Clips auf ihrem Handy. Auf mein Bitten hin zeigt sie ihn mir. Marion auf allen vieren, in Lack gekleidet mit einer Latexhundemaske auf dem Kopf. Ein Typ zieht sie an einer Leine durch den Garten. Sie sperrt sich wie ein bockiger Rüde. Darauf holt der Kerl eine Gerte und schlägt ihr den Hintern wund. Dann wird sie gezwungen, Gartenerde zu fressen. Am Ende wird ihr ungefähr ein Kilo Wachs aus einer Riesenkerze auf den Rücken gekippt. Sie guckt mich erwartungsvoll an. Es ist wirklich der allerletzte Dreck. Ich formuliere es diplomatisch: »Der sogenannte Regisseur hat ja nicht die geringste Ahnung von Inszenierung. Die Farben, die Bildgestaltung, die Schnitte. Entschuldige bitte, aber das hätte man ästhetischer realisieren können. Mal ein Close-up von deinem schmerzerfüllten Gesicht (ach Mist, Hundemaske) oder von deinem blutigen Gesäß. Der Typ hat alles aus einer Einstellung gedreht, schau dir alleine den Schatten an. Von daher gibt es das Prädikat mangelhaft. Sorry.«

Sie ist ernsthaft geknickt, aber vielleicht spreche ich auch nur den Masochismus in ihr an. Mag sein, dass ich den Film zerreiße, und das, obwohl ich kein Wort zum Inhalt gesagt habe. Das folgt jetzt: »Und wieso wird am Ende nicht geheiratet?« Ach ja, der gute alte Pornowitz kommt nicht so gut bei ihr an.

Jetzt fragt sie mich über meine Sexualität aus:
Bondage? Noch nie, will ich auch nicht.
Peitschen? Stehe nur begrenzt auf Schmerzen.
Lack/Leder? Unästhetisch, ganz besonders bei Männern.
Natursekt/Kaviar? Das ist doch nicht dein Ernst!
Tritte ins Gemächt/Nadeln in die Eicheln? Da tut schon der bloße Gedanke weh. Nie im Leben.
Fetisch? Soweit ich weiß, keinen.

Ich dürfte für sie der größte Langweiler der Welt sein. Sie beißt so dermaßen auf Granit, dass es mir eine wahre Freude ist, doch sie fühlt sich herausgefordert. »Wie wäre es denn mit Geschlechtsverkehr und Happy End?«, frage ich grinsend.
Sex hatte sie das letzte Mal vor acht Jahren. Das kicke sie einfach nicht. Es gehe einzig und alleine um das Kino im Kopf. Ein Orgasmus sei dabei vollkommen unwichtig.
»Wir kommen wohl nicht zusammen«, sage ich mit Dauergrinsen.
»Ich will dich aber!«, sagt sie.
Ich: »Schlag mir doch was vor!«
Ich versuche, die perverse Ader in mir zu entdecken, aber ich glaube, die gibt es wirklich nicht. Mein Spektrum geht maximal bis Handschellen und Klapse auf den Po, das kann man ja nicht einmal Sado-Masöchen nennen. Sie überlegt krampfhaft. Dann kommt die Nummer mit der Vergewaltigung.
Es bleibt dabei, wir finden keinen gemeinsamen Nenner. Unsere Verabschiedung ist dann auch eher ein Trösten. Ich nehme sie in den Arm und streichle ihr den Rücken wie einem Kind, das gerade mit einer Sechs in Mathe nach Hause kommt. Dieser Abend verlief im wahrsten Sinne des Wortes vollkommen unbefriedigend für sie. Ich fühle mich großartig! Vielleicht bin ich ja doch ein Sadist?!

Am nächsten Tag ruft sie mich an. »Deine Blümchensexnummer hat mir echt keine Ruhe gelassen. Irgendwie hat mich das horny gemacht und ich habe deshalb seit Jahren das erste Mal wieder mit meinem Mann geschlafen. Er hat sich zuerst richtig gefreut.«

»Wieso nur zuerst?«, will ich wissen.

»Kurz bevor er gekommen ist, habe ich abgebrochen und das Zimmer verlassen. Er war stinkesauer. Wir Sadisten können halt nicht anders.« Und dann sagt sie etwas, was mich an die Fabel von dem Frosch und dem Skorpion erinnert. Die geht so: Ein Skorpion will einen Fluss überqueren. Er fragt den Frosch, ob der Lust hätte, ihn auf seinem Rücken ans andere Ufer zu bringen. »Ich bin doch nicht bescheuert«, sagt der Frosch. »Du stichst mich und ich bin tot.« Skorpion: »Wenn ich das täte, würde ich ja ertrinken. Ich kann nicht schwimmen.« Das leuchtet dem Frosch ein, der Skorpion setzt sich auf seinen Rücken, der Frosch schwimmt los und mitten auf dem Fluss sticht der Skorpion zu. Der Frosch ist entsetzt. »Jetzt werden wir beide sterben. Wieso hast du das getan?« Der Skorpion antwortet: »Sorry, aber ich kann nicht anders, ich bin ein Skorpion!« Dann sagt der Skorpion den gleichen Satz wie Marion: »Das ist meine Natur.«

Manchmal ist es wirklich schön, normal zu sein.

In Zürich ticken die Uhren etwas anders als in Deutschland. Das Klischee der Langsamkeit stimmt weitgehend. Ich habe recht viele Matches für so eine »kleine« Großstadt, aber die Schweizerin braucht a) viel Zeit, um zu antworten, b) eine vorausschauende Planung. Einige hätten in der nächsten Woche Zeit, aber da bin ich längst wieder weg. Schade eigentlich. Besonders gerne hätte ich die Frau kennengelernt, die für einen Schweizer Waffenhersteller Luftabwehrsysteme in Asien verkauft, aber irgendwie sind das hier alles lethargische Schnarchnasen.

Nichtsdestotrotz, für meinen letzten Tag in der Schweiz gelingen mir noch zwei Treffer:

- 1. Simone – 13 Uhr – Lunch
- 2. Josefine – 18 Uhr – Feiern bis zur Gesichtslähmung

Zürich steht ganz im Zeichen des »Sächsilüüten«, zu Deutsch: »Sechsuhrläuten«, dem Frühlingsfest der Finanzmetropole. Die Feierlichkeiten erinnern an den Feierabend, der früher immer per Glockengeläut verkündet wurde. Die Straßen der Innenstadt sind geschmückt mit den

Wappen der Zünfte und der verschiedenen Kantone. Marschkapellen mit bunten Bannern ziehen durchs Zentrum.

Der Frühling hat bereits Einzug gehalten. Die Bäume knospen, die Sonne scheint und rund um den Zürichsee haben sich die Menschen niedergelassen, um das Wetter zu genießen oder das Mittagessen aus Pappschachteln zu futtern. Die Currywurst an der Pommesbude kostet übrigens 8,50 Schweizer Franken. Freunde, ihr habt sie doch nicht alle! Ich bin zum ersten Mal richtig in Zürich und muss sagen, das ist eine schöne Stadt. Aber nicht für Normalsterbliche. Es ist alles so absurd teuer. Den schlimmsten Fehler habe ich gemacht, als ich ein Taxi vom Flughafen zum Hotel genommen habe. 15 Minuten Fahrt für 60 Euro. Und der Fahrer hat mich nicht mal beschissen.

Passend dazu erreicht mich eine Mail meines Chefs. Er schreibt: »Nachdem ich gerade nur mit Mühe die Buchhaltung ob deiner Rechnungen beruhigen konnte: Könntest du auf deinen nächsten Stationen vielleicht einen Hauch günstiger logieren?«

Boah, jetzt petzen die auch schon bei meinem Chef. Ich schreibe zurück und gestehe erst einmal meine Schuld, um dann Folgendes anzubieten: Die nächste Station geht komplett auf mich, das dürfte die Buchhaltung vielleicht beruhigen?!

Es kommt zurück: »Hahahaha, geht auf mich. Nein, das ist es auch nicht. Bewahre es nur in deinem übervollen Herzen, bitte!«

Manchmal liebe ich meine Chefredaktion. Wenn die wüssten, wo ich gerade bin.

»Natürlich fällt uns auch auf, wie hochpreisig die Schweiz ist«, sagt Simone mit wunderschönem Schweizer Dialekt. »Eine Kassiererin in einem Supermarkt verdient 4000 Schweizer Franken brutto bei 10 Prozent Steuersatz und lebt von der Hand in den Mund.«

Die Immobilienmaklerin und ich sind zum Lunch verabredet. Ein Selbstbedienungs-Sushi-Laden. Die Misosuppe kostet 15 Euro. Fünfmal so viel wie in Kreuzberg. Mehr gibt es eigentlich von diesem Lunch nicht zu berichten, außer dass mir Simone noch die teuersten Schmuck- und Klamottenläden zeigt, die auf dem Weg zurück zu ihrem Büro liegen. »Da kauft kein Zürcher ein, nur Russen und Scheichs.« Wir verabschieden uns. Ich habe noch etwas Zeit und gucke mir die Menschen an, die in diese Boutiquen gehen. Ein Gruselkabinett an gebotoxten, operierten, furchtbar aussehenden Superreichen.

Ich bin nicht nur froh, normal zu sein, jetzt bin ich auch dankbar für meinen 5000-Euro-Dispo auf der Bank. Sollte ich euch gegenüber jemals den Wunsch äußern, mir Botox in die Stirn zu spritzen, erschießt mich bitte ohne weitere Nachfrage!

Bis 18 Uhr habe ich die Innenstadt zweimal abgelaufen, dann treffe ich Josefine. Wir sind schon seit einigen Tagen in Kontakt und haben wundervolle Diskurse. Leider sind die verloren gegangen, denn Josefine wandte unmittelbar nach unserem Date den alten Tinder-Trick an und entfernte die Verbindung zu mir. Damit verschwanden die Dialoge, bevor ich davon Screenshots machen konnte. Schade aber auch.

Doch zurück zur Ausgangsposition. Die ist folgende: Wir freuen uns beide sehr auf unser Treffen. Josefine ist Bankerin. Sie ist erfolgreiche Bankerin. Sie verdient, das ziehe ich ihr fix aus der Nase, eine Viertelmillion Schweizer Franken im Jahr. Davon leistet sie sich eine 35-Quadratmeter-Wohnung in der Innenstadt. Josefine sieht ein bisschen so aus wie die Gesellschaftskolumnistin Dora Varro. Wenn ihr nicht wisst, wer das ist, dann googelt einfach mal. Sie ist eine hübsche Frau und nebenbei eine tolle Kollegin.

Josefine a.k.a. Dora hole ich von der Arbeit in einem schmucklosen mehrstöckigen Gebäude nahe dem Zentrum ab. Da sind auch keine Bankautomaten im Eingangsbereich. Ist eher was mit Investment. Wir gehen in ein Straßencafé, holen uns zwei Biere und setzen uns an die Sihl, ein Flüsschen, das durch Zürich fließt. Wir hocken im Gras und sie erzählt mir als Allererstes von ihrem Tinder-Date der letzten Woche, welches mit traumhaftem Sex endete. Er kam aus Australien und war auf Europareise. Also einer wie ich, denke ich einerseits, andererseits, wieso erzählt sie mir das als Opener? Gefahrenprävention? Oder soll das gar eine Herausforderung sein? Will sie mich zu Höchstleistungen anspornen? Ich kann nicht in Frauenköpfe blicken, freue mich aber über Ihre Zuschriften, liebe Leser!

Josefine ist eine toughe Frau. Muss sie wohl auch sein in ihrem män-
nerlastigen Gewerbe. Sie erzählt von ihrem ersten offiziellen Tag in der
Bank. Sie betritt einen Konferenzraum. Einer der Banker fragt, ob sie bitte Kaffee bringen könne. Sie nimmt von jedem Einzelnen die Bestellung
auf, besorgt die Getränke, bedient jeden devot, höflich und zuvorkommend. Als sie damit fertig ist, setzt sie sich zum Erstaunen aller an den
Kopf des Tisches und sagt: »So, meine Herren. Herzlich willkommen. Ich
bin die neue Abteilungsleiterin, und heute geht es um eine Investition
von 40 Millionen Euro. Zeigen Sie mir bitte, was Sie da herausgearbeitet
haben.« Danach hatten alle einen Heidenrespekt. Sie lacht, ich lache. Sie
war mal sechs Jahre mit einem Finanzjongleur zusammen, sie wohnten
in einer Villa am See. Aber sie entwickelte sich weiter, er sich nicht, und
irgendwann gingen sie getrennte Wege. Seit Januar ist sie Single und
seit Februar bei Tinder. Eigentlich hatte ich für uns einen Tisch in einem
angesagten Restaurant reserviert, das mir von einem Schweizer Freund
empfohlen wurde, aber sie findet, ein anderes Restaurant würde besser
zu uns passen. Die Brasserie Lipp. Hier kostet der Tafelspitz gerade mal
38 Euro. Ha! Das Kalbsteak 57! Wir setzen uns vor das Edellokal, rauchen
und bestellen beide die Fischsuppe für 21 Euro. Geschenkt! Ich bleibe
dann auch besser beim Bier.

Wir beobachten das Treiben um uns. Es kommt ein Banker vorbei. Vielleicht 1,65 groß. Perfekt gekleidet. Der maßgeschneiderte Anzug alleine
muss Tausende Euro gekostet haben. Sie sagt: »Guck dir den mal genau
an, wie der läuft, keinerlei Selbstbewusstsein. Das ist einer, der abends
zu den russischen Nutten geht. Von denen haben wir hier Tausende, genauso viele wie Idioten in den Banken.«

Jetzt knöpft sie sich die Autos vor, die vorbeifahren: Lamborghinis, Ma-
seratis, Aston Martins, Ferraris, Rolls-Royces, Bentleys. Ein Defilee der
Angeber. Einige der Fahrer scheinen immer nur um den Block zu fahren, wir sehen sie mehrfach. »Alles kleine Penisse«, sagt sie. Kein seriö-
ser Banker habe das nötig, alles Spacken. Guck mal auf die Kennzeichen.
Schau, da Kanton Aargau, das sind Bauern. Da hat sich einer mal 'nen
Schlitten geliehen, allerhöchstens geleast. Und dort Kanton Thurgau.
Das sind keine Banker, das sind die Söhne reicher Eltern, die am Wochenende auf dicke Hose machen. Immer wenn ein Sportwagen extrem

laut daherkommt, reißt sie den Arm in die Höhe und führt Daumen und Zeigefinger zueinander. Sie formt das »kleine Penissymbol«, sie formt es ganz schön häufig. Sie erzählt mir von einem Treffen mit einem Banker in irgendeinem Restaurant im 32. Stock. Er prahlte, dass er in den USA neun von zehn Frauen beim ersten Date flachgelegt habe. Als Nächstes sagte er zu ihr, dass der 31. Stock derzeit leer stünde und er tierisch Bock hätte, sie dort ordentlich durchzupimpern. Sie bestellte seelenruhig die Rechnung und sagte, dass er sich im 31. ordentlich einen runterholen solle darauf, dass mal eine Frau gezahlt hat. Dann verließ sie ihn.

»Die Jungs, die hier viel zu viel Geld verdienen, haben alle den Bezug zur Realität verloren. Eines Tages werden sie sich noch wundern.«

Es ist mittlerweile dunkel geworden. Die Rechnung ist recht moderat, wir haben ja auch nur eine kleine Suppe gegessen. (Die Buchhaltung streichelt mir sanft über den Hinterkopf und sagt: Brav!) Josefine führt mich in Ecken der Stadt, die ich bisher noch nicht kannte. Irgendwann stehen wir auf einem Sächsilüüte-Fest. Einige Leute sind in Trachten, andere normal gekleidet. Ich sag, dass ich gerne einen Schweizer Schnaps hätte, aber keinen Enzian, davon wird mir schlecht. Sie überlegt und sagt schließlich: Röteli aus dem Kanton Graubünden. Kein Schnaps, sondern ein Likör, der »brezelt aber auch«.

Sie geht zu einem Stand und sagt auf Schwyzerdütsch: »Ich hab hier 'nen Touristen im Schlepptau und der würde gerne mal Röteli probieren.« Der Wirt lacht und sagt: »«Wir haben keinen Röteli, wir haben nur Risottoli!« und zeigt auf eine Pfanne mit Reis!

Allzu populär scheint der Kirschlikör nicht zu sein, denn auf unserem Weg gibt es ihn nirgendwo. Nachdem wir mehrere Bars abgeklappert haben, erwähnt sie, dass sie welchen zu Hause hat, hebt aber drohend den Finger und sagt: nur knutschen und kuscheln. Ich lache laut. Okay, nur knutschen und kuscheln!

Wir laufen durch die Stadt, bis wir die Straßenbahn erreichen. Ein paar Stationen, ein paar Meter zu Fuß, dann sind wir da. Gute Gegend. Sie wohnt unter dem Dach. Durch die Schrägen wirken die 35 Quadratmeter wie 20. Die Wohnung ist wirklich klein, aber geschmackvoll eingerichtet. In einer kleinen Nische steht das Sofa direkt neben dem Kippfenster. Die Raucherecke. In ihrem Kühlschrank sind Champagner, Bier und Röteli, der supersüße Kirschlikör. Am Anfang trinken wir ihn aus kleinen Gläsern, später direkt aus der Pulle. Erst sitzen wir auf dem kleinen Sofa wie die Vögel auf der Stange, dann liegen wir, dann kuscheln wir, dann knutschen wir. Wann geht mein Flieger gleich? Am Mittag? Ach scheiß drauf! Es hat doch bisher immer geklappt.

Ich erwache um 11:15 Uhr und habe einen Monsterschädel. Mein Kopf pulsiert. Dieses Röteli ist ein echtes Katerli. Wo bin ich? Welche Stadt? Wieso bin ich nackt? War da nicht irgendwas mit Flieger? Oh ja, ich fliege heute nach Skandinavien. Wann gleich? Ich schaue auf mein Handy. 13 Uhr! Ich wecke Josefine und bitte um eine Taxinummer. Lustig, sie sieht genau so aus, wie ich mich fühle. Zur Verabschiedung bleibt sie – was ich sehr verständlich finde – im Bett liegen und sagt etwas wie: »Was passiert hier gerade mit mir, erst der Typ aus Australien, jetzt du? Innerhalb einer Woche zwei Typen. Ich sollte noch mal meine Moralvorstellungen überprüfen!«
»Das musst du nicht«, sage ich ihr. »Wir haben nur geknutscht und gekuschelt und uns beide an die Abmachungen gehalten... Glaube ich.« Aus Angst vor der explosiven Geschmacksmischung in meinem Mund küsse ich sie nur auf die Stirn. »Ich hoffe, wir sehen uns wieder«, sage ich. »Das werden wir sicher!«, sagt Josefine mit einer Stimme, die mich daran nicht zweifeln lässt.

Der Taxifahrer ignoriert meine Fahne und gibt Vollgas. Ich rufe derweil in meinem Hotel an und bitte darum, dass sie bitte asap meine Rechnung fertig machen sollen, ich sei etwas in Eile. Das Taxi wartet vor dem Hotel, ich springe in mein Zimmer, werfe alles in den Koffer, zahle die Rechnung. Vollgas zum Flughafen. Keine Zeit, um einen Taxameterwitz auf Kosten der Buchhaltung zu machen. Check-in am Automaten, Gott sei Dank nur Handgepäck, Sicherheitscheck. Schneller, schneller. Ich stürme zum Gate. Ich stürme in den Flieger, unmittelbar hinter mir wird das Flugzeug geschlossen. Eine freundliche Stimme ertönt, kaum hab ich die erste Sitzreihe hinter mir gelassen: »Boarding completed.« Ich verlasse die teuerste Stadt der Welt.

Stockholm
Schweden
Radius: **50 km**
Aufenthalt: **48 Stunden**

Stockholm

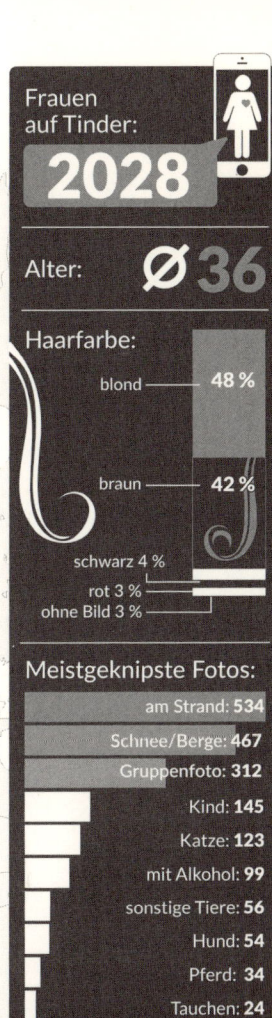

Frauen
auf Tinder:

2028

Alter: ∅ **36**

Haarfarbe:

blond — **48 %**

braun — **42 %**

schwarz 4 %
rot 3 %
ohne Bild 3 %

Meistgeknipste Fotos:

am Strand: **534**
Schnee/Berge: **467**
Gruppenfoto: **312**
Kind: **145**
Katze: **123**
mit Alkohol: **99**
sonstige Tiere: **56**
Hund: **54**
Pferd: **34**
Tauchen: **24**
mit Zigarette: **23**
Tattoos/Piercings: **14**
verkleidet: **6**

Bilanz:

Matches
51

Chats
22

Dates
3

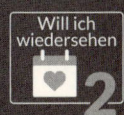

Will ich
wiedersehen
2

Die Prinzessin aus Kasachstan

Das einzige Mal, dass mich ein Taxifahrer bescheißt, passiert ausgerechnet in einem Land, wo ich es am wenigsten vermute. In Schweden. Knöpft mir der Sack doch für zwei Kilometer 350 Kronen (37 Euro) ab. Ich bin noch viel zu verpeilt, um das zu begreifen. Habe es noch nicht so mit der Umrechnung Schwedische Kronen in Euro. Als ich die Schandtat bemerke, ist er längst über alle Berge.

Der nächste Dämpfer beim Einchecken ins Hotel. »Wir haben eine schlechte Meldung für Sie. Wir müssen Sie downgraden!«
Downgraden? Die stecken doch mit meiner Buchhaltung unter einer Decke. »Ja, wir sind überbucht. Wir haben noch ein kleines Zimmer ohne Fenster!« O. k., aber ohne Fenster kann ich ja nicht einmal heimlich in meinem Zimmer rauchen. Das geht gar nicht. Ich werde grummelig. »Schauen Sie es sich doch wenigstens mal an.« Ich gehe in den Keller und danach würde ich am liebsten weinen. Es ist kein Zimmer, es ist eine Zelle, gerade mal sechs Quadratmeter groß, klitzekleines Bett, es riecht nach alten Männern und die Klimaanlage brummt. Wenn unsere Buchhalter jetzt mein Gesicht sehen würden, sie würden die Champagnerdusche anwerfen. Freunde, so geht das nicht. Ich gehe zurück zur Rezeption und sage: »Tut mir leid, nie im Leben.« »Wir sind aber voll!« »Dann muss ich leider die Buchung stornieren.« Das habe ich von meiner Mutter gelernt. Die hat im Urlaub immer einen Rezeptions-Rambazamba aufgeführt, bis wir ein Zimmer mit Meerblick bekamen. Die Rezeptionistin: »Ich gucke mal, was ich für Sie tun kann.« Sie telefoniert, ich tindere.

Habe leider viel zu spät mit der Stockholm-Tinder-Akquise begonnen. Im Taxi auf dem Weg zum Zürcher Flughafen. Dates habe ich bisher nur eines. Morgen zum Mittags-Frühstück. Ansonsten tot. Ist am späten Samstagnachmittag auch gar nicht so leicht, noch was für den Abend geregelt zu bekommen. Die meisten Schwedinnen sind da schon verplant oder bereits besoffen, wie ich wenig später feststel-

len darf. Aber ich komme mit Andrea ins Gespräch. Eine schwedisch aussehende Deutsche, die unter ihr Profil Folgendes geschrieben hat: *Hamburgerin, derzeit in Stockholm. PS: Wir können ja sagen, wir hätten uns im Supermarkt kennengelernt* ;)
Ich schreibe ihr noch schnell aus dem Flieger, bevor ich das Handy ausmachen muss:

Hallo Hamburg! Ich bin es, Berlin. Sehen wir uns in Stockholm? Und das mit dem Supermarkt finde ich super.

Sie meldet sich, als ich an der Rezeption auf mein Urteil warte.
Sie: Hallo Berlin. Willkommen in Stockholm. Wo bist du?
Ich: Stehe an der Rezeption meines Hotels, das mich downgegraded und mir ein Loch angeboten hat. Die versuchen gerade, ein neues Hotel für mich aufzutreiben.
Sie: In meinem Hotel (Radisson) ist noch was frei.
Ich: Wie teuer ist denn das EZ?
Sie: So um die 150 die Nacht.

Damit würde ich es der Buchhaltung sicher in barer Münze zurückzahlen. Nichts mehr mit Champagnerdusche. Aber es kommt anders. Die Rezeptionistin legt auf und sagt: »Ich habe gerade mit meiner Chefin telefoniert. Wir haben da noch ein Doppelzimmer. Mit Fenster. Das können Sie haben. Aber bitte nicht im Zimmer rauchen.«
»Versprochen!«

Tolles Zimmer. Tolles Ambiente. So schnell kann man mich glücklich machen. Ich berichte Andrea von meinem Erfolg und wir finden, das muss gefeiert werden. Wir verabreden uns um 20 Uhr an ihrer Hotelbar. Eigentlich bin ich ja nicht nach Schweden gekommen, um Deutsche zu treffen, aber mir bleibt keine Wahl, denn Restschweden ist an diesem Abend schon verabredet.

Nachdem ich meine Koffer im Doppelzimmer abgestellt habe, mache ich mich auf zur traditionellen Stadterkundung. Mein Hotel »Drottning Kristina« liegt zentral gelegen in der Straße Birger Jarlsgatan, einer Straße voller Bettler und Nobelboutiquen. Nur acht Minuten Fußweg bis zum Hafen. Die Sonne scheint, doch der Wind bläst eisig. Das ist dem Schweden aber egal. Die Straßencafés sind voll mit vielen unglaublich lauten Menschen. Wenn ich das richtig beobachte, geben die jetzt schon Vollgas. Es ist gerade mal 17 Uhr und ich sehe jede Menge Skandinavier, die Schwierigkeiten damit haben, geradeaus zu gucken. Mir steht der Sinn nicht nach Alkohol. Der Röteli zuckt mir immer noch durch Mark und Bein. Aber der Spaziergang tut mir gut, ich bin auf dem Weg der Besserung.

Pünktlich um 20 Uhr meldet mein Hirn: alle Organe wieder voll funktionsfähig. Da treffen sich also zwei Tinder-Deutsche, weil sie nix Schwedisches gefunden haben. Ich fühle mich ein bisschen wie Bill Murray im Film »Lost in Translation«. Zwei einsame Menschen an einer Hotelbar.

Andrea ist blond, leicht propper und sympathisch mit einer guten Portion Humor. Sie arbeitet in Schweden für einen deutschen Konzern, der sich auf alternative Energien spezialisiert hat. Ein Jahr lang wird sie im Hotel wohnen und nur selten nach Hause fliegen. Sie ist gerade seit einer Woche da. Wir starten den Abend mit Longdrinks. Junge, Junge, lange halte ich diese Taktung nicht mehr durch. Jedes Abenddate ist mit Alkohol verbunden und dooferweise hat sich die jüngst eingeworfene Paracetamol (Ihr müsst das verstehen, Röteli ist echt gemein) in der Speiseröhre quer gelegt. Das hat einen kleinen Brechreiz zur Folge. Ich versuche, die Tablette mit einem Cuba Libre aufzulösen. Cola ist ja bestens zur Zerstörung geeignet. Nach vier Stück davon ist sie endlich verschwunden. Wir bestellen Kötbullar als Basis für den Abend.

Dann wollen wir das Nachtleben erkunden und laufen in die Götgatan in Södermalm, eine echte Kneipen- und Partystraße, die schon um 22 Uhr sehr gut besucht ist. Hier reiht sich Bar an Pub an Restaurant an Club. Was auffällig ist: Die Läden sind chronisch unterbesetzt. Selbst in der vollsten Cocktailbar gibt es nur eine Tresenkraft, maximal zwei. Ich weiß nicht, ob das Methode hat, die Skandinavier sind ja berühmt für ihre Gelage, besonders wenn sie alle wieder aus den Löchern kriechen nach der düsteren Winterzeit. Vielleicht soll das System des reduzierten Personals ja verhindern, dass sich der Schwede zu schnell besäuft. Der Frühling naht und Sverige betrinkt sich hemmungslos. So ziehen wir von Bar zu Bar, bis wir kurz nach Mitternacht einen tollen Pub mit toller Bedienung und einem super Türsteher finden. Die Verbrüderung geschah so:

Türsteher: *Woher kommt ihr?*

Wir: *Deutschland.*

Türsteher: *Bayern München ist mein Lieblingsverein. Aber das alte München mit Beckenbauer, Rummenigge, Breitner und Sepp Maier.*

Ich: *Echt? Sepp Maier hat mich schon mal unter den Tisch getrunken!*

Türsteher, hocherfreut: *Das musst du mir erzählen.*

Ich: *Ich war vor zehn Jahren auf einem Bankett der Bayern, als die mal wieder den Pokal gewonnen haben. Um 2 Uhr nachts tauchte vor mir Torwarttrainer Sepp Maier auf und fragte einfach so: »Trinkst du 'nen Schnaps mit?« Ich war total happy, denn er war der Held meiner Jugend. Seinetwegen bin ich damals Torwart geworden.*

Türsteher: *Und ich wegen Beckenbauer Libero.*

Ich: *Am Ende hatten Maier und ich ungefähr zehn Schnäpse. Ich war so besoffen, dass ich mich nicht mehr an den Ausgang des Abends erinnern kann. Seine Autogramme muss ich wohl auf dem Weg nach Hause verloren haben.*

Er: *Kommt rein, die erste Runde geht auf mich.*

Wenn man sich die Blogs über das Nachtleben in Stockholm durchliest, stößt man immer wieder auf Passagen über aggressive, unfreundliche, gewaltbereite Türsteher. Ich kann diese Erfahrung nicht teilen. Das Stockholmer System sollte dringend von Deutschland übernommen werden. Im Jahre 2007 beschloss die Verwaltung, die Türsteher unter Polizeikontrolle zu stellen. Sie tragen jetzt eine Art Uniformjacke, sie werden von der Polizei ausgebildet, dürfen sogar Gäste festnehmen, bis die Polizei eintrifft. Und ihr Arbeitsplatz bzw. Einsatzort wechselt ständig. Mit diesem System wurden allerlei kriminelle Handlungen eingedämmt, wie zum Beispiel Drogenhandel, der von Türstehern ausgeht. Wie heißt es so schön in Deutschland:

Wer die Tür beherrscht, beherrscht den Laden. Also nix mit Hells Angels Security oder Libanesen-Mafia. Vor der Stockholmer Tür herrschen Recht und Ordnung und irgendwie auch die Polizei.

Der Pub ist voll mit gut gelaunt Besoffenen. Unser neuer Freund bringt uns zu einem Platz am Tresen. Andrea und ich sind begeistert, denn neben uns sitzt eine unglaublich schöne Frau. Sie ist dunkelhäutig, Anfang 20 und sie ist alleine. Alle zwei Minuten kommt ein Kerl, der sie anbaggert und brutal abserviert wird. Wir beobachten die Szene und amüsieren uns über das schwedische Scheitern. Sie bemerkt das und Andrea und die Schönheit kommen ins Gespräch, nein, ich würde das eher Flirt nennen. Die Hübsche kommt aus Äthiopien und studiert in Stockholm Medizin. Andrea spendiert eine Runde Jägermeister. Die beiden verstehen sich prächtig, und als ich von der Toilette zurückkomme, knutschen sie. Ich traue meinen Augen nicht, ich verliere mein Tinder-Date gerade an eine Frau. Wie mir Andrea kurz danach berichtet, war das nur ein Trick, um die Kerle von ihr fernzuhalten. Ich würde ja behaupten, das zieht sie eher an. Wie auch immer. Der Türsteher beginnt nach der letzten Runde, die Bar systematisch zu leeren. Er signalisiert uns, dass wir länger bleiben dürfen. Ein dicker hässlicher Vogel nutzt unsere Ablenkung und fängt an, an unserer neuen Freundin herumzuschrauben. Zu unserer Überraschung geht sie sogar darauf ein. Ich glaube, Andrea ist ein bisschen traurig. Sie tauschen noch Nummern. Macht mir nix, ich bin müde, will keinen Sex, sondern nur ins Bett. Ich bringe die geknickte Andrea heim, wie es ein Gentleman halt so tut. Sie fragt mich, ob ich Lust hätte, morgen mit ihr ins Kino zu gehen. »Fifty Shades of Grey« gucken. Klare Antwort: Nein, kenne ich schon aus Zürich in besser.

Mal zwei wichtige Dinge für den Schweden-Tinder-Urlauber:

1. Vergiss Bargeld
   In Schweden zahlt man selbst den Espresso für acht Kronen oder die Packung Kaugummi mit Kreditkarte. Man wird sogar komisch angeguckt, wenn man Scheine auf den Tisch packt, nach dem Motto: »Der Kerl hat doch was zu verbergen.«

2. Die Schönheit der Schwedinnen
   Ich möchte den Schwedinnen ja nicht zu nahetreten, aber dieser
   Mythos stammt noch aus der Zeit, als mein Vater zwanzig war.
   Schwedinnen schneiden im internationalen Ländervergleich für
   mich recht schlecht ab. Allzu spannend ist das alles nicht, zumin-
   dest nicht auf Tinder. Vielleicht habe ich – dank meinem Vater
   – auch eine zu große Erwartungshaltung. Aber ehrlich, von den
   Ländern, die ich besuche, enttäuscht mich Schweden am meisten.

Das beste Beispiel treffe ich am nächsten Tag zum Frühstück. Elske,
29 Jahre. Sie macht irgendwas mit Marketing. Ich weiß nicht, wie sie
es geschafft hat, so viele tolle Fotos einzustellen, vielleicht hat sie ja
eine hübsche Schwester, von der sie sich die Bilder geliehen hat.
Zwölf Uhr mittags. Ich stehe am knallblauen Tor vor dem alten Eingang zum ehemaligen königlichen Jagdrevier, dem Djurgården (zu
Deutsch: Tiergarten). Es weht ein strammer Wind mit 90 km/h, und
als Elske ankommt, weiß ich sofort, dass ich dort, wo das schwedische
Staatsoberhaupt einst die Rehe erschoss, die Waffen schweigen lasse.
Elske, das erkenne ich von Weitem, sieht so aus wie meine alte Religionslehrerin. Da ihr die aber nicht kennt, vielleicht ein treffenderer
Vergleich: wie eine alte Kräuterhexe.
Elske kommt in einem braunen Cordmantel und sie trägt so eine bun-
te Stoffhose, wie sie auch Gewichtheber oder Boxer in ihrer Freizeit
gerne tragen. Eine mit Gummizug oben und unglaublich geschmack-
losen Mustern. Sie hat rötliches, vollkommen kaputtes, ungekämm-
tes Haar und einen ordentlichen dunklen Belag auf den Zähnen. Sie
gibt mir die Hand. Das ist mir recht. Wir laufen ein Stück, und die
Schwedin setzt zu einem Geständnis an:
»Du, ich muss dir ehrlich sagen, ich hatte gestern ein Tinder-Date,
das total super war. Er ist Klarinettist und es war ein toller Abend.
Ich denke, wir werden uns wiedersehen. Ich wollte die Gelegenheit
aber nicht verstreichen lassen, dich auch noch kennenzulernen.« Sie
lächelt mit Plaquezähnen.
Das wäre nicht notwendig gewesen, denke ich in mich hinein und
sage so etwas wie: »Ich freue mich für dich.«

Sie beschwichtigt, da sei ja noch gar nicht die letzte Messe gelesen und jetzt sei sie erst einmal für mich da – zu hundert Prozent. Mensch, ich kann es kaum erwarten.

Wir sind fast die Einzigen, die sich in diesen Park trauen, denn der Wind wird immer stärker und es setzt heftiger Regen ein. Ein kleines Café im Park rettet uns vor den Naturgewalten. Es ist düster, schmal und eng. Übrigens, sucht man einen Treffpunkt für sein erstes Date aus, dann ist düster ja okay, aber man sollte dafür sorgen, dass er nicht schmal und eng ist. Die Leute um einen herum hören jedes Wort, das man sagt. Mich hemmt das massiv, besonders beim ersten Kennenlernen. In diesem Fall ist es mir aber, ehrlich gesagt, Wumpe. Zum Frühstück gibt es ein Krabbenbrot. Großes Oho: Elske trifft nach Jahren ihre alte Religionslehrerin wieder. Was für ein Zufall, ich habe meine alte Religionslehrerin heute auch schon getroffen.

Als sich das Wetter etwas beruhigt hat, trauen wir uns wieder zurück in den Park und Elske zeigt mir die schönen Seiten Stockholms. Djurgården ist nicht nur ein Tierpark, sondern auch eine Museumsinsel. Hier stehen das ABBA-Museum, das Nordische Museum, Skansen, das erste Freilichtmuseum der Welt, und das Vasa-Museum. Damit ist by the way nicht das Knäckebrot gemeint, sondern ein Kriegsschiff, das 1628 einen ganz besonderen Rekord hingelegt hat. Auf der Jungfernfahrt versank die »Vasa« bei der ersten Windböe noch in Hafensichtweite. Das muss man erst einmal nachmachen.

Auch ich spiele gerade das Schiffeversenken der Gefühle: Ich habe Elske gleich zu Beginn gesagt, dass ich um 15 Uhr einen extrem wichtigen Termin mit schwedischen Kollegen habe (ich kenne keinen einzigen schwedischen Journalisten). Daraufhin hat sie sich mit einer Freundin verabredet, und wisst ihr was? Die Freundin muss später noch in die Bibliothek und deshalb treffen sie sich schon um 14:15 Uhr. Innerliches High five! Etwas befremdlich finde ich Elske über die Kleiderwahl hinaus auch auf emotionaler Ebene. Ich gebe mich wie ein muffeliger, wortkarger Wikinger und sie mag mich von Minute zu Minute mehr. Wahrscheinlich ist sie verrückt. Teilweise grinst sie so, aber ich will es nicht genauer herausfinden.

Jedenfalls schaut sie mich zum Schluss mit der »Wir müssen jetzt Abschied nehmen«-Miene an und fragt mich, wann ich wieder mal in Stockholm sei. Ehrlich, so richtig eilig habe ich es derzeit nicht: »Vielleicht in einem Jahr.«

Sie sagt: »Ach schade. Aber ich hab ja noch den Klarinettisten!«

Ich wünsche den beiden einen guten Zahnarzt. Manchmal hasse ich meinen Job!

Manchmal liebe ich meinen Job. Diese Frau ist atemberaubend hübsch, Gott, ist die hübsch. Unfassbar. Das ist die schönste Frau, die ich je bei Tinder getroffen habe und wahrscheinlich jemals treffen werde. Gott, ist die jung. Oh mein Gott, ist die jung, die ist so jung, dass ich sie bei sich zu Hause um die Ecke abholen muss, damit die Tante nichts merkt. Alina ist 19 Jahre. Alina hat es faustdick hinter den Ohren. Auf ihrem WhatsApp-Bild zeigt sie sich in einem Bikini, bei dem 98 Prozent aller Männer auf der Welt sagen würden: Für die verlass ich Haus und Hof. Sie ist eine, die Männer reihenweise ins Unglück stürzt. Und sie steht erst am Anfang ihrer Karriere. Sie hat dunkelgewelltes und gepflegtes Haar, hellbraune Augen mit leichter Tendenz zum Grün. Sie ist mit High Heels circa 1,70 Meter groß und sie hat eine Figur, wie ich sie selten in meinem Leben gesehen habe. Das könnte eine C-plus-Körbchengröße sein bei einem XS-Hintern. Sie trägt hautenge graue Edelleggings und darüber eine dünne rosa Seidenbluse, die bis zum Dekolleté aufgeknöpft ist. Auf ihrem Busen ruht ein dicker Edelstein, der an einer goldenen Halskette hängt. An ihren Händen sehe ich ein paar teuer aussehende Ringe und halb lange Fingernägel in Klarlack. Sie wagt einen gefährlichen Balanceakt zwischen Tussi und Traum.

Dieses Date kam eigentlich viel zu simpel zustande. Am Anfang war das Match. Klar, ich finde ihre Selfies alle sehr sexy, aber sie laden nicht zum Nachfragen ein. Da passiert irgendwie nix, außer dass sie hübsch ist. Unter ihrem Profil steht auch kein Wort. Also schreibe ich ihr ideenlos am Samstag:

Ich: Hey Alina! Schön dich zu treffen.
Sie: Hi.
Ich: Am Sonntag schon was vor?
Sie: Nichts Besonderes.
Ich: Lust auszugehen?
Sie: Wieso nicht?

So schnell kann es gehen. Ich bevorzuge allerdings ein bisschen mehr Konversation, wobei ich da als Mann wohl auf einsamer Flur stehe.

Die Merkwürdigkeiten mit Alina beginnen recht schnell: Zum einen ist sie entsetzt, dass ich ein Taxi heranwinke. In ihrer Welt steigt man nur in Taxis ein, die irgendwo stehen oder die telefonisch bestellt wurden. Zum anderen scheißt sie den Taxifahrer zusammen. Nicht weil er das »La Rouge« nicht kennt, sondern weil er ihre Aussprache schlicht und ergreifend nicht versteht. Das ist eigentlich ein französisches Restaurant, aber sie spricht es aus, als wäre es eine irakische Autowerkstatt: »Larash«.
Wir sind schon am völlig falschen Ende der Stadt, als ich a) den Namen verstehe und ihn b) mit Maps endlich finde. Sie lästert mittlerweile ganz offen über unseren völlig überforderten Fahrer, mit dem ich Mitleid habe. Frollein, selbst wenn das ein Libanese ist, der versteht auch deine englischen Hasstiraden. Ich zahle dem armen Mann ein Schmerzensgeld. Nahe der Oper gehen wir in ein Steakhaus. Sie ist schon ganz schön genervt, obwohl alles halb so wild ist. Bei Kindern würde man sagen, die Göre ist ganz schön verzogen. Ich habe das Gefühl, ich habe das an anderer Stelle schon mal erwähnt.
Nachdem ich ihre Geschichte kenne, wird mir einiges klar. Alina kommt aus Kasachstan und lebt seit ihrem elften Lebensjahr in Schweden. Ihre Eltern haben sie hierhergeschickt, damit sie eine tolle Ausbildung bekommt, um irgendwann Staatspräsidentin zu werden, könnte man zumindest meinen, wenn man ihren Ausführungen lauscht. Sie studiert Politik und Philosophie im ersten Semester und lebt seit acht Jahren mit ihrer Tante zusammen. Ihre Verwandten sind sozusagen die Hot Shots in der ehemaligen Sowjetrepublik. Opa

ist einer der berühmtesten Bankiers des Landes. Die Eltern haben zwei Schnapsfabriken in Indien und produzieren nebenbei auch noch Socken. Sie selber ist auf Du und Du mit Teilen der schwedischen Königsfamilie (nicht die direkte Linie). Der Rest der daheimgebliebenen Verwandtschaft ist auch irgendwie ganz gut im Rennen. Sie zeigt mir deren Häuser und Bilder von Monsterhochzeiten. Diese Frau ist entweder eine große Hochstaplerin oder eine Angeberin. Sollte ihre Geschichte wahr sein, dann würde ich mich gerne auf die Stelle als ihr PR-Manager bewerben. Um Staatspräsidentin zu werden, sollte man nett zum Volke sein und nicht gleich die Hinrichtung des Barkeepers fordern. Der hat ihren Erdbeer-Margarita nämlich völlig verhunzt. Meinen Cuba Libre auch, was schon eine Kunst ist.

Ach ja, mich, der doppelt so alt ist wie sie, hat sie getroffen, weil sie mit den Leuten auch weit jenseits ihres Alters nichts anfangen kann. Wenn sie allerdings eine Lügnerin ist, dann hat sie sich mit dieser Geschichte das Abendessen redlich erarbeitet.

Ihr Abgang verdient übrigens das Prädikat »Weltklasse«. Nach dem Hauptgang schaut sie auf ihr Handy und sagt: »Oh mein Gott, das habe ich ja ganz vergessen. Ich bin mit einer Freundin im Kino verabredet.«

Ich lach mich fast tot. So hübsch sie ist, ernst nehmen kann ich sie nicht! »Oh, welcher Film denn?«

Sie: »›American Sniper‹.«

Okay. Mal ernsthaft. Es gibt auf der Welt keine einzige Frau, die zu ihrem Mann sagen würde: »Schatz, lass uns doch mal wieder ins Kino gehen. Ich würde so gerne ›American Sniper‹ sehen.« Und erst recht sagt das kein Mädchen zu ihrer besten Freundin.

Oder will sie den Film wegen der Heimatszenen sehen, in denen der Sniper immer mehr abdreht und das Familienleben nicht gebacken kriegt?

Da Alina keine Anstalten macht, mich zu fragen, ob ich mitkommen will, zahle ich die Rechnung und bringe sie zum Taxi. Ich glaub ja immer noch, dass sie eine Hochstaplerin ist, die sich so jeden Abend eine warme Mahlzeit zusammenschnorrt. Obwohl, vielleicht sollte ich zukünftig einfach mal die kasachische Innenpolitik im Auge behalten.

Apropos Kino, Andrea hat geschrieben. Ihr Film ist vorbei. »50 Shades of Grey«. Auf einen letzten Absacker, bevor ich fliege? Freundlicherweise hat sie ein Restaurant gewählt, das genau 50 Meter von meinem Hotel entfernt ist.

So treffen sich zwei gestrandete Deutsche ein weiteres Mal. Andreas neue Freundin aus Äthiopien hat sich nicht gemeldet. Stattdessen bestellt sie Kötbullar. Es ist ein bisschen so wie in »Lost in Translation«.

Istanbul
Türkei

Radius: **50 km**
Aufenthalt: **72 Stunden**

Istanbul

Frauen auf Tinder:

1362

Alter: Ø 34

Haarfarbe:
blond — **21 %**
braun — **54 %**
schwarz — **21 %**
rot 3 %
ohne Bild 1 %

Meistgeknipste Fotos:
am Strand: **711**
Katze: **178**
Gruppenfoto: **145**
Kind: **97**
Kopftuch: **71**
Schnee/Berge: **48**
sonstige Tiere: **37**
Tauchen: **35**
Hund: **29**
mit Zigarette: **18**
mit Alkohol: **7**
Pferd: **2**
Tattoos/Piercings: **2**

Bilanz:

Matches
57

Chats
19

Dates
4

Will ich wiedersehen
3

Der Tinder-Nazi

Freudestrahlend komme ich zurück an unseren Tisch, in den Händen zwei Bier und eine fast neue Packung Zigaretten. Ich freue mich. »Weißt du was, es ist wirklich klasse hier. Die hatten an der Bar keine Kippen und da hat mir der Typ dahinten an der Bar einfach seine ganze Schachtel gegeben. Ich kann es ja kaum glauben, ist das toll.«

Arzu guckt mich grimmig an und sagt: »Du solltest mehr Respekt vor unserer Kultur haben. Ich kann dein Verhalten nicht leiden! Du glaubst wohl, weil du aus Deutschland kommst, kannst du dir alles erlauben?«

Ich bin mir nicht sicher, ob ich sie richtig verstanden habe, und frage vorsichtshalber noch mal nach. Sie wiederholt ihre Sätze in doppelter Lautstärke.

Gut, irgendwie scheint es ein Kommunikationsproblem zwischen uns zu geben. Ich sage, ich find es toll und wie nett die Leute sind, und sie sagt, ich habe keinen Respekt. Etwas scheint aus den Fugen, da sie wirklich anfängt, mich zu beschimpfen. Ich werde sauer, trinke noch einen Schluck Efes und sage: »Zeit zu gehen.« Wir verlassen den dritten Stock des Kneipenhauses und verabschieden uns aus einer Distanz von circa fünf Metern. »Ciao«, sage ich mit einer abfälligen Wegwerfgeste, ohne mich noch mal zu ihr umzudrehen. Fahr einfach zur Hölle.

Wenn ich die Stadt wechsle, dann gehe ich auf Tinder in der Regel wie folgt vor: 24 Stunden vor Abflug logge ich mich in meinem neuen Ziel ein und warte erst mal einen halben Tag, bis mich die Damen auf dem Radar haben. Erst dann fange ich an zu liken.

Wie ich nach kurzer Zeit feststelle, antwortet jede Match-Türkin auf meine Begrüßung, die in der Regel aus nichts anderem als einem »Merhaba« (Guten Tag) plus Vorname besteht. Noch mal: Jede antwortet. Nicht so wie in Resteuropa, wo der Rücklauf bei 30 bis 40 Prozent liegt. Das gefällt mir gut, das steht für Höflichkeit und Respekt. Auch wenn sich die Konversationen nach ein paar Sätzen ausgetrudelt haben, zum Beispiel wegen unüberbrückbarer Sprachbarrieren. Ich habe relativ viele Matches innerhalb kurzer Zeit, darunter aber auch welche, die ihre Telefonnummer unter ihr Profil geschrieben haben. Die Worte um die Nummer herum zeigen mir relativ schnell, worum es geht, nachdem ich sie durch den Translator gejagt habe. Das sind Prostituierte, die sich auf Tinder anbieten, inklusive Preistabelle. Vier Stück verfangen sich in meinem Profil und in meinem Moments-Ordner ploppen viele Fast-nackt-Bilder auf. Tinder als Werbekanal für sexuelle Dienstleistungen. Mal was Neues.

> Richtige Fakes, und das ist das Erstaunliche, erlebe ich auf meiner gesamten Europareise nur zwei, die mich auf andere, viel tollere Seiten locken wollen, ansonsten scheinen die Tinder-Macher dieses Problem gut unter Kontrolle zu haben. Im November/Dezember auf meiner Deutschlandtour war dieses Fake-Phänomen ausgeprägter.

Von Stockholm fliege ich erst einmal nach Deutschland – wichtiges Date mit der Waschmaschine. Am nächsten Tag geht es weiter in die Türkei.
Auf dem Stockholmer Arlanda-Flughafen beginnt die Konversation mit Arzu (26). Beim Warten auf den Flieger habe ich meistens wunderbar viel Zeit, um in Ruhe zu schreiben. Ich fühle mich mittlerweile wie George Clooney in dem Film »Up in the Air«. Er reist da immer nur mit Handgepäck, das er vorher generalstabsmäßig gepackt hat. Ich reise auch nur mit gepäckablagenkompatiblem Handkoffer. Mein System ist wie folgt: Ich fliege immer nur zwei Städte an, dann komm

ich zurück nach Berlin, verbringe eine Nacht daheim, während ich hoffe, dass die Wäsche rechtzeitig trocken wird, und dann geht es weiter. Der Grund für dieses Verfahren: Ich kann easy am Automaten einchecken und muss mich in keine Schlange einreihen. Außerdem komme ich mit Gepäckbändern nicht klar. Dieses ewige Warten auf den Koffer empfinde ich als unglaubliche Zeitverschwendung, außerdem habe ich immer eine gewisse Panik, dass der Koffer irgendwo verschüttgeht. Mit Handgepäck passiert das nicht.

Auf dem Flug Stockholm–Berlin ziehe ich eine Vollniete. Der Flieger ist bis auf den letzten Platz voll. Ich Fensterplatz. Neben mir sitzt ein schwitzender Schwede, von dem ein unerträglich süßlicher Schweißgeruch ausgeht. (Alter! Gehst du in den Flieger, so vergiss das Duschen nicht.) Daneben ein Russe der Kategorie Tschetschenienveteran, der sofort an Bord seine Schuhe auszieht. Er trägt Socken, die irgendwann mal weiß waren. Gott sei Dank übertüncht der Schwedenstinker den Sockenmuffler. Schön ist das trotzdem nicht. All das schreibe ich Arzu, die sich köstlich über mein Dilemma amüsiert. Arzu studierte in Madrid internationales Marketing, hat zum Teil spanische Wurzeln, war schon ein paarmal in Deutschland, zum Beispiel in Berlin auf Klassenfahrt. Außerdem hat sie viele Verwandte in der Republik. Seit anderthalb Jahren ist sie wieder in Istanbul, um ihren Doktor zu machen.

Istanbul ist der Knaller, wirklich der Oberhammer. So eine Stadt habe ich noch nicht erlebt. Berlin kann einpacken. Das hier ist eine Weltstadt. Drei Worte, welche die Metropole der 14 Millionen Einwohner am besten beschreiben: laut, wild, voll. Egal, zu welcher Uhrzeit. Laut, wild, voll. Ich bin sofort verliebt in diese Stadt.

Mein Hotel befindet sich direkt am Gezi-Park am Taksim-Platz, dort, wo es 2013 die heftigen Proteste gab. Blick auf den Bosporus. Bei der Ankunft regnet es.

Ich bin mit Arzu zum Essen und Raki-Trinken verabredet. Treffpunkt ist der Burger King am Anfang der İstiklal-Straße, einer langen, unglaublich vollen, sehr tollen Einkaufsstraße, auf der bei Einbruch der

Dunkelheit die Weihnachtsbeleuchtung angeht. Scheint wohl jemand vergessen zu haben, die wieder abzunehmen. Wir haben April. Wobei, sieht auch im Frühling ganz hübsch aus. Es ist ein Ros' entsprungen.

Um kurz nach sieben kommt Arzu. Sie ist klein, gertenschlank, hat dunkle, gelockte Haare bis zum Po, der übrigens total knackig ist. Die eigentlich gute Gesamterscheinung wird ein wenig getrübt, da sie farbige Kontaktlinsen in Blau trägt. Also solche, wie sie Micaela Schäfer auch manchmal auf den Augen hat. Zweifelhaft.

Ihr Englisch ist dafür fließend. Sie ist eine sehr sympathische Frau, die keine Zeit verliert und uns in eine kleine Seitenstraße führt. Hier liegt ein Restaurant neben dem nächsten. Wir setzen uns vor ein Eckrestaurant. Es ist höllisch laut. Die Musikbeschallung aus drei verschiedenen Läden bekommen wir um die Ohren gedonnert, dazu Livemusiker, denen alles völlig egal ist. Wir trinken türkisches Bier und rauchen. Jede türkische Frau, die ich treffe, raucht, die eine mehr, die andere weniger. Arzu gehört in die Kategorie mehr. Nachdem wir uns unsere Lebensgeschichte erzählt haben, geht es um Politik. Erdoğan ist für sie der Zerstörer der türkischen Lebensqualität. Er hat das Rauchen in Bars verboten, er hat dafür gesorgt, dass Kneipen draußen am Abend keine Sitzplätze mehr zur Verfügung stellen dürfen, und er möchte die Frauen unter die Knute der voratatürkschen Zeit zwängen. Aber seine Zeit sei bald gekommen, sagt sie, der mache nicht mehr lange, die Proteste am Gezi-Park waren nur der Anfang. Ich habe da meine Zweifel und erwähne nebenbei, dass er unter den Deutsch-Türken wahnsinnig populär sei. Darauf hat sie scheinbar gewartet. »Ach die, die kannst du doch vergessen. Wir in der Türkei schämen uns für die Almancı, wie die Deutsch-Türken von den Türken genannt werden. Diese Weigerung, sich anzupassen, der Mangel an Bildung, das Verharren in starren Traditionen, die in der Türkei längst überholt sind. Einfach peinlich.« Ich habe das Gefühl, ich bin auf einer Podiumsdiskussion mit Thilo Sarrazin. In der Türkei treffe ich lauter Thilos. Ich gebe zu bedenken, dass es in Deutschland sehr wohl ein osmanisches Bildungsbürgertum gebe. Ich habe türkische Kollegen und Freunde, die sich nicht bei Dunkelheit zusammenrotten und Jugendliche anderer Nationen zusammenprügeln. Sie macht eine wegwischende Geste »Das ist doch die Minderheit.« Ich sage, dass sich die Türkei ja nun gerade den Betontraditionalisten annähere, ein laizistisches Land auf dem Weg in die Islamisierung.

Wo ich gerade bei Sarrazin bin: Im türkischen Tinder gibt es sogar Kopftuchmädchen. Ungefähr fünf Prozent aller Kandidatinnen haben die Haare verdeckt. Ich like sie alle, in der Hoffnung, auch ein Kopftuch-Date zu bekommen. Aber keine Chance, die wollen mich nicht. »Dann haut doch ab zu Minder!«, denke ich. Minder ist eine Art Tinder für Muslime. Darüber soll aber bitte jemand anderes ein Buch schreiben.

Als der Regen anfängt, brutal auf uns niederzuprasseln, verlassen wir unseren Platz im Freien und gehen in einen Pub. In dem ist aber sogar das Dampfen von E-Zigaretten verboten, von denen ich immer zwei einstecken habe, für den Fall der Fälle. Ich fange an, die AKP-Erdoğan-Politik extrem albern zu finden. Arzu ist übrigens Heavy-Metal-Fan, und ihr großer Traum ist es, mal Wacken zu erleben. Ich mach mal einen auf Angeber. Ein Kollege von mir betreut seit Jahren das Heavy-Metal-Festival auf der Wacken-Wiese. Ich schicke ihm eine Mail:

Du, ich sitze hier grade mit einem Tinder-Date in Istanbul und hab auf dicke Hose gemacht. Sie würde gerne einmal nach Wacken. Geht da was, gibt es noch Karten?

Seine Antwort:
Keine Sorge, das kriegen wir hin. Bedingung: Du kommst mit.

Muss ich jetzt nicht wirklich. Aber als ich Arzu die Mail zeige, ist sie richtig happy. Wir haben also ein Nachfolge-Date in Deutschland Ende Juli. Zelten in Schleswig Holstein. Zur Freude des Abends gehen wir in eine Hardrock-Bar. Arzu spendiert 'ne Runde Raki, die türkische Höllenversion des Kopfschmerz-Röteli. In der Kneipe spielt eine türkische Frauen-Heavy-Metal-Band alte E-Gitarren-Klassiker. Die Sängerin hat Haare bis zu den Knien, was sehr hübsch aussieht beim Headbangen. Songs von AC/DC, Guns N' Roses, Metallica, Motörhead. Zehn Gäste stehen vor der Bühne und rufen den Mädels Musikwünsche zu. Mir gefällt die Atmosphäre und der Raki macht sich bemerkbar. Irgendwann packt die Band die Instrumente zusammen und die Bar schließt.

Weit müssen wir nicht gehen. Zwei Stockwerke über uns ist die nächste Kneipe. Hier spielen zwei gut aussehende Jungs Türkischen Pop, der ganze Laden singt mit. Manchmal treten auch Gäste ans Mikrofon und trällern voller Inbrunst. Geiler Laden, geile Stadt. Die Leute merken, dass ich kein Türke bin, freuen sich, einen Deutschen in ihren Reihen begrüßen zu können, Raki Raki, Prost Prost. Ich fühle mich unglaublich willkommen. Die Menschen geben mir das Gefühl, ich sei gar kein Fremder, sondern ein Freund.

Etwas später beim Dart bemerke ich, dass es mit Arzu etwas bergab geht. Ihr gelingt es nicht, die Scheibe zu treffen, jeder Pfeil verfehlt sein Ziel. Ich gewinne haushoch. Wir setzen uns wieder. Noch ein Bier. Oh, keine Zigaretten mehr. Ich gehe an die Bar. Dort gibt es keine, also gibt mir ein Gast seine Packung. Ich liebe die Türkei. Was für tolle Menschen. Arzu fängt an, mich anzupöbeln. Keinen Respekt vor ihrer Kultur und so.

Wir verlassen den dritten Stock des Kneipenhauses und verabschieden uns aus einer Distanz von circa fünf Metern. »Ciao«, sage ich mit einer abfälligen Wegwerfgeste, ohne mich noch mal zu ihr umzudrehen. Fahr einfach zur Hölle.

Am nächsten Mittag schicke ich Arzu eine Mail:
Sag mal, was ist denn da schiefgelaufen?
Sie: Wieso, wir hatten doch einen super Abend?
Ich: Kannst du dich an das Ende erinnern?
Sie: Nein!
Ich: Wir sollten reden.
Sie: Heute Abend?
Ich: Ja.

Ich habe heute Abend schon eine lockere Tinder-Verabredung, aber die cancle ich mit der üblichen Ausrede, ich habe ein wichtiges Treffen mit türkischen Journalisten.

Außerdem bin ich gleich mit einer Frau zum Lunch verabredet. Bahar ist Besitzerin eines Designhotels unmittelbar an der Blauen Moschee. Das ist sieben Kilometer von meinem Hotel entfernt. Ich beschließe, dorthin zu laufen, ich muss den Raki aus dem Kopf kriegen. Außerdem ist der Istanbuler Verkehr so zäh, dass ich wahrscheinlich zu Fuß schneller bin. Erst Standardfrühstück, bestehend aus drei Cappuccinos und drei Kippen, dann geht es los am Taksim, es ist warm, die Luft ist staubig und trocken. Dreißig Minuten später stehe ich auf der Galatabrücke. Dutzende von Anglern warten auf der Brücke auf einen großen Fisch, den sie wahrscheinlich später einem Tinder-Holländer verkaufen werden. Ich gehe an der neuen Moschee vorbei und verheddere mich vollkommen im Gewürzbasar, im Großen Basar, ich ziehe vorbei an Schaufenstern voller Gold und glänzendem Geschmeide. Es ist unglaublich hektisch, jeder Rempler bleibt unentschuldigt, ich passiere Hunderte Klamottenshops, immense Gewürzberge, Teehäuser, Wasserpfeifen, Silberschmiede. Was für ein Treiben.

Da ich ahne, dass Bahar nicht so wirklich mein Typ Frau ist, habe ich ein Mittagessen vorgeschlagen, statt den Abend mit ihr zu verbringen. Zuerst will sie sogar, dass ich meine »Gezi Hotel International«-Reservierung storniere und zu ihr ziehe. Tinder als Marketinginstrument. Als buchhaltungskonformer Mensch lehne ich höflich ihr Angebot ab, es ist nämlich um einiges teurer als meine derzeitige Bleibe.

Als ich an dem ganz in kräftigem Blau gehaltenen Hotel ankomme, war ich anderthalb Stunden unterwegs, außerdem bin ich zu spät und vollkommen durchgeschwitzt, aber Bahar verzeiht dem Journalisten aus dem fernen Deutschland. Sie hatte mich als Erste angeschrieben, als ich noch in Schweden war. Ehrlich gesagt, kamen drei von vier Istanbul-Dates am Flughafen Stockholm zustande. Flughäfen können manchmal richtig ergiebige Orte sein.

Bahar hat das Hotel von ihrem Vater übernommen, da war es noch eine kleine Herberge, aber sie hat daraus ein kleines, liebevolles Paradies geformt. Sie ist eine etwas beleibtere Dame und von ihr geht eine unglaubliche Wärme aus. Ein absolut positiver Mensch.

Kleine Tische mit weißen Tischdecken sind vor dem Eingang ihrer Residenz aufgebaut. Wir setzen uns und einer ihrer Angestellten bringt die Karte. Es gibt hier unglaublich viele Parallelen zu meinem Date mit der chinesischen Restaurantbesitzerin in Leipzig. Aber ich würde die Geschichte ja nicht erzählen, wenn es nicht anders kommen würde. Denn nach der Begrüßung gesellt sich ihr Hotelmanager zu uns. Und das Merkwürdige: Er geht auch nicht mehr weg. Er gibt mir seine Karte, ich gebe ihm meine. Bin ich bei einem Geschäftsessen? Im Leben gibt es immer wieder Premieren.

Bahar und ich bestellen eine gemischte Vorspeisenplatte und er auch. Ich glaub, er ist schwul. Wir beginnen sofort, angeregt miteinander zu reden. Was ich in Istanbul so mache (ich lüge irgendwas von einer Konferenz), wie ich Istanbul finde (absolut verrückt), was ich von Angela Merkel halte (sie muss was richtig gemacht haben. Deutschland geht es gut), wie ich Erdoğan so finde (doof, finden sie auch). Dann kommen ein paar Sarrazin'sche Bemerkungen in Richtung der Almancıs. Wir diskutieren das »Zwei Seelen wohnen, ach! in meiner Brust«-Phänomen der türkischen Auswanderer. Zum Nachtisch kommt ein Monsterkuchen aus der 2000-Kalorien-Kategorie. Die beiden sind total nett, humorvoll, unglaublich gastfreundlich, warmherzig, absolut weltoffen und aufgeschlossen. Mittlerweile finde ich das auch nicht mehr schlimm, dass sich da ein Kerl dazugesetzt hat, der bei einem Tinder-Date eigentlich nichts zu suchen hat. Die beiden sind ein gutes Team und das Team Turkey mag auch den deutschen Journalisten. Wir trinken jeder noch zwei türkische Kaffee und rauchen. Sie geben mir eine Istanbul-Karte und zeichnen mir ein, wo ich noch dringend hingehen sollte. Dann müssen sie wieder an die Arbeit. Ich verspreche, bei meinem nächsten Istanbul-Besuch bei ihnen zu logieren. Auch wenn es mich wahrscheinlich ein Vermögen kostet, ich werde dieses Versprechen halten. Zum Mittagessen bin ich eingeladen. Türkische Gastfreundschaft. Ach, ist das schön hier.

Ich laufe zur Hagia Sophia, zur Blauen Moschee, dann runter ans Meer, zurück durch kleine Gassen, zum Topkapı-Palast… Als ich vier Stunden später wieder im Hotel bin, habe ich mir Blasen gelaufen. Noch 30 Minuten bis zum Neubeginn mit Arzu. Alter Treffpunkt: Burger King. Sie trägt schon wieder blaue Kontaktlinsen, hat nach wie vor einen süßen Hintern und schämt sich zu Tode. Mehrfach will ich ihr erzählen, wie sie sich gestern verhalten hat, aber sie hält sich immer wieder die Ohren zu. Zur Entschuldigung lädt sie mich auf einen frisch gepressten Granatapfelsaft ein, den es überall auf der İstiklal-Straße für 'nen Euro fünfzig gibt. Hab ich schon erwähnt, dass die Türkei recht günstig ist für deutsche Verhältnisse? Wir trinken jeder insgesamt anderthalb Liter Saft. Ich, weil ich nach meinem Gewaltmarsch ziemlich dehydriert bin, sie, weil sie ihren Kater noch nicht unter Kontrolle hat.

Danach setzen wir uns in ein kleines Restaurant und bestellen Köfte. Wir reden über Tinder und Türken. Sie date prinzipiell keine Landsleute, sagt Arzu, weil türkische Männer ein komisches Verhältnis zur Gleichberechtigung haben und das durch Erdoğans Politik noch schwieriger wird. Türkische Männer würden mit erfolgreichen Frauen einfach nicht klarkommen, und sie habe fest vor, eine erfolgreiche türkische Frau zu werden. Zur Not im Ausland.

Eigentlich bin ich nicht wirklich in großartiger Trinklaune, aber Arzu wird langsam wieder wach. Und so beginnt ein Abend, der uns erst zu einer Nobelbar, dann zu einer Punkbar und schließlich in eine Kneipe unter dem Dach im 4. Stock eines Wohnhauses führt. In mir hat sich den ganzen Abend über ein doofer Satz im Hirn manifestiert, der mich nicht verlässt. Nachdem ich schon wieder einen Raki in der Hand habe, sage ich weit nach Mitternacht zu ihr:

»Ich finde, wir sollten die Nacht miteinander verbringen.«

Sie verschluckt sich. »Wie bitte??«

»Ich finde, wir sollten die Nacht miteinander verbringen!«

Sie erteilt mir eine Lektion. »Du hast dich die letzten Abende wirklich außerordentlich zuvorkommend und gentlemanlike verhalten. Aber weißt du, was du nicht gemacht hast? Du hast gar nicht mit mir geflirtet.«

Ich protestiere. »Natürlich habe ich das, wie du siehst, sitzen wir ziemlich nah nebeneinander, ich habe dir öfter mal was in die Ohren geflüstert, wir haben uns länger in die Augen geguckt.«

»Ach, und das reicht, meinst du? Du hast weder meine Hand berührt noch gestreichelt, nicht mit meinem Haar gespielt und nicht versucht, mich zu küssen.«

Ob ihr es glaubt oder nicht, ich genieße die Situation. Diese Diskussion macht Spaß. »Dich küssen? In meinem Stadtführer steht, dass das äußerst ungern in der Öffentlichkeit gesehen wird.«

Sie verdreht die Augen: »Wem vertraust du eigentlich mehr? Dem Stadtführer oder deiner Intuition?«

Das hat gesessen. Ich entgegne: »Von dir habe ich auch keine Zeichen bekommen, dass ich dir richtig gut gefalle. Du hast dich doch nur aus Scham mit mir ein zweites Mal getroffen, weil du gestern so besoffen warst.«

Mittlerweile halten wir Händchen, und dann machen wir etwas, was man laut Reiseführer niemals machen sollte: Wir küssen uns in der Öffentlichkeit. Leider stelle ich nach einer Zehntelsekunde etwas fest: Wir sind kussinkompatibel. Das ist wirklich bedauerlich, denn so haben wir keine Zukunft. Dann signalisiert sie, dass sie bald gehen muss. Morgen kommt eine Tante mit Neffen zu Besuch. Das ist eine Lüge, aber das ist okay. Wir sehen uns ja eh in Wacken wieder. Ich bringe sie zum Taxi. Wir knutschen noch einmal sehr mutig vor den Taxifahrern und dann ist sie weg.

Kurze Zeit später kommt eine SMS von ihr:

Du hast mich ja nicht gefragt, ob ich mit ins Hotel wollte.

Die Nächte mit Arzu waren schon sehr lustig, aber Istanbul bietet mir noch eine Steigerung. Das Beste immer zum Schluss. Es begann auch bei Ebru mit einem freundlichen »Merhaba« am Montagmorgen am Stockholmer Flughafen.

Ebru hat auf ihren Bildern blonde Haare, hellbraune Augen und eine tolle Figur. Ich schlage nach einer kurzen nichtigen Diskussion vor, uns am Donnerstag zu treffen. Bis dahin können wir uns ja noch ein bisschen besser via Chat kennenlernen. Es folgen nur dürftige Antworten und vage Zusagen. Sie reagiert irgendwann gar nicht mehr. Ich finde das schade und beschließe, die Verbindung zu ihr zu kappen.

Ich schreibe: Weißt du, das Doofe an Tinder ist, wenn du jemanden löscht, kann er die letzten Botschaften nicht mehr lesen. Tu mir doch einen Gefallen und lösch mich einfach, nachdem du das gelesen hast. Ich denke, du bist an keiner Konversation interessiert. Ich wünsche dir ein wundervolles und schönes Leben.
Kurz danach kommt zurück: Wer bist du denn? Der Tinder-Nazi??? Ich war beschäftigt und habe deine Nachrichten nicht gelesen. Aber falls es dich noch interessiert: Ich hätte am Donnerstag Zeit.

Tinder-Nazi? Ich muss richtig laut lachen. Das ändert alles. Das Eis ist danach gebrochen und wir schreiben nur noch Blödsinn. Zum Beispiel, dass wir unsere Kinder Tinder und Tinda nennen werden, sollte es mit uns klappen.

Der Treffpunkt ist im asiatischen Teil der Stadt, ich solle doch die Fähre in Hotelnähe nehmen und in Bostancı anlegen. Wir verabreden uns in einem Restaurant nahe der Bagdat-Straße und wollen uns den Sonnenuntergang über den Inseln vor Istanbul anschauen. Schöne Idee zum Ausklang.

Noch besser, am Hafen, von dem meine Fähre ablegt, habe ich noch ein Spontan-Date, das von ihr ausging: Hülya, 36 Jahre alt. Dieses Treffen dauert genau 20 Minuten, eine Tasse türkischen Kaffee lang. Sie arbeitet im Controlling einer bekannten Baufirma, die weltweit Projekte umsetzt. Das Spannende an ihr: Sie war mal Richterin, wurde aber von Islamisten aus dem Amt gemobbt. Die haben alle Angst vor starken Frauen, vor allem vor Frauen, die ihr eigenes Geld verdienen und hochgebildet sind. Nach dem Kaffee geht sie zurück ins Büro und ich auf die Fähre.

Die Fahrt über den Bosporus dauert gerade mal 25 Minuten. Ich habe Zeit gespart, dann verlaufe ich mich wahnsinnig, weil es die Straße, die ich suche, dreimal gibt. Ein Taxifahrer verfährt sich auch und dann bin ich mehr oder weniger wieder dort, wo die Fähre angelegt hat. Und 30 Minuten zu spät. Die Bar ist edel, schön und gedämpft. Dabei auch hochpreisiger als alles am Taksim.

Dritter Stock, direkter Meerblick. Die Sonne sinkt und reflektiert auf der bronzebraunen Haut der blonden Ebru. Sie erinnert mich entfernt an das deutsche It-Girl Nina Kristin in Hübsch. Ach was, in tausendmal besser. Sie trägt ein weißes Stretchoberhemd in Weiß und eine enge Jeans, ist circa 173 Zentimeter groß. Manchmal bin ich aber auch ein Glückspilz.

Die 32-Jährige sitzt an der Bar und trinkt ein Glas Weißwein mit einem Eiswürfel. Sie spricht Englisch mit texanischem Akzent und einer relativ hohen Stimme, aber daran gewöhne ich mich schnell. Ebru ist in Houston aufgewachsen und hat dort ihre ersten 16 Lebensjahre verbracht. Dann verliebte sie sich in einen Jungen, der nach Ansicht der gestrengen Mutter nicht gut genug für sie war. Ebrus Eltern ergriffen eine drastische Maßnahme und zogen zurück in die Türkei.

Jetzt bin ich an der Reihe. Ich erzähle, dass ich mir hier mal aus beruflichen Gründen eine Tageszeitung angeguckt habe, um die Abläufe zu verstehen. Mööp. Fehler. Ihre Augen leuchten, die gebleichten Zähne blitzen. »Von der Zeitung kenn ich alle. Wen hast du denn da getroffen?« Ich nenne den Namen des einzigen Journalisten, der mir einfällt, und ihre Begeisterung wird noch größer. »Das ist der beste Kumpel meines Chefs.« Ich bin in einer ausweglosen Situation. Zumal ich ihr meine Visitenkarte gegeben habe. Die bleibt über Stunden vor ihr liegen und mir gelingt es nicht, sie verschwinden zu lassen. Diese Lüge wird irgendwann herauskommen. Aber nicht heute.

Die Sonne geht unter und wir wechseln zu türkischem Rotwein und einer Käseplatte. Sie arbeitet bei einer PR-Firma, die das Image der Türkei im Ausland verbessern soll. Eigentlich ist sie auch nur auf Reisen. Nächste Woche Südafrika, dann USA, schließlich Peking. Ich merke an, dass das freilich eine harte Aufgabe unter den derzeitigen politischen Gegebenheiten sei.

Irgendwann erzähl ich, dass ich mal Barkeeper war, was auch stimmt. Sie fragt, welchen Drink ich am liebsten gemixt habe, ich gebe Mai

Tai an. Es ist nicht meine Schuld, dass sie davon auf der Stelle zwei bestellt. Der Drink ist wirklich heftig, aber mir wurde ja schon gezeigt, dass türkische Frauen hart im Nehmen sind. Sie ist durch und durch säkular und hat eine gewisse Distanz zur türkischen Politik, aber auch zu den Männern. Sie schüchtere türkische Männer eher ein. Mich nicht! Obwohl mir meine Lüge noch immer durch den Hinterkopf zuckt.

»Übrigens, deine Nachricht, dass ich dich bitte löschen solle, hat mich richtig sauer gemacht. Ich dachte, was bildet der Kerl sich eigentlich ein? Es hat mich total herausgefordert.«

Ich grinse: »Hab dann ja wohl alles richtig gemacht, was?«

»Allerdings!«

Ebru ist eine Frau, mit der ich mir vorstellen könnte, richtig viel Zeit zu verbringen. Sie hat ein äußerst einnehmendes, charismatisches und herzlich-offenes Wesen, einen perfiden Humor mit einer ordentlichen Prise Selbstironie, die ich bei ihr gar nicht so erwartet hätte.

Ich versuche nun, das umzusetzen, was mir meine Lehrerin Arzu in einer nächtlichen Sitzung beigebracht hat. Ich mache Ebru Komplimente, lege meine Hand auf ihre, streichle ihr Haar. Sie wehrt sich nicht, aber mehr traue ich mich auch nicht.

Irgendwann sind wir die letzten Gäste, und der Geschäftsführer macht gegen ein Uhr überall das Licht aus und fordert uns mehrfach freundlich auf zu gehen. Wir zögern das hinaus, soweit es nur möglich ist, denn Ebru sagt, dass im asiatischen Teil jetzt nichts mehr offen hat. In den europäischen Teil zu fahren würde zu lange dauern. Sie wohnt gleich um die Ecke der Bar (mein Hoffnungsschimmer) im Haus mit ihren Eltern. (Was soll das denn jetzt?) Und da sie schon erwähnte, dass sie eine gestrenge Mutter hat, beerdige ich die Hoffnung auf einen Schlummerbecher bei ihr zu Hause. Wir versprechen, uns so schnell wie möglich wiederzusehen, dann setz ich sie mit dem Taxi vor dem durchaus großen Elternhaus ab. Sie tapst mir auf die Brust. »Versprich mir, von überall, wo du bist, ein Foto vom Sonnenuntergang zu schicken.«

Dazu wird es genug Gelegenheit geben. In einer Stadt, die für ihre Sonnenuntergänge weltberühmt ist: Tel Aviv!

Tel Aviv
Israel
Radius: **50 km**
Aufenthalt: **72 Stunden**

Tel Aviv

Frauen auf Tinder:

2593

Alter: Ø 38

Haarfarbe:

blond — 14 %
braun — 44 %
schwarz — 34 %
rot 5 %
ohne Bild 3 %

Meistgeknipste Fotos:

am Strand: **971**
Katze: **391**
Kind: **384**
Gruppenfoto: **312**
Hund: **212**
Tauchen: **89**
sonstige Tiere: **87**
mit Zigarette: **41**
Schnee/Berge: **39**
mit Alkohol: **34**
Kopftuch: **15**
Tattoos/Piercings: **13**
Pferd: **9**

Bilanz:

Matches
56

Chats
15

Dates
3

Will ich wiedersehen
1

Ein Date mit Gott

Als ich morgens um neun Uhr in Istanbul auf der Terrasse meines Hotels frühstücke, mache ich noch schnell ein Foto vom wunderbaren Panorama des Bosporus im Gegenlicht. Die Sonne steht schon hoch am Himmel. Die Sicht auf die Silhouette des asiatischen Teils der Stadt ist ungetrübt. Ein leichter Wolkenschleier umrahmt die Hügel in der Ferne. Ich lade dieses wunderschöne Foto bei Tinder hoch. In den nächsten 24 Stunden ist es für alle meine Matches sichtbar. Mal gucken, wie viele der aktuell 533 es liken werden.
Dann geht es im Taxi durch den Morgenstau der 14-Millionen-Metropole. Einmal von Westen 60 Kilometer in den Osten. Der Portier hatte mir dringend von den Transferbussen abgeraten, und mit der U-Bahn sei das viel zu kompliziert. Wahrscheinlich ist der Taxifahrer sein Cousin. Doch der bringt mich schneller als gedacht zu meinem Ziel. Dem Flughafen Sabiha weit im Osten der Stadt.

Erst am Tag zuvor habe ich angefangen, mich in Tinder Tel Aviv einzuloggen und Israels Töchter zu liken. Der Rücklauf ist mit fünf Matches nach zwölf Stunden eher bescheiden. Aber einer der »Neuen« gefällt mein Sonnenaufgangsfoto. Sie heißt Lea und schreibt unter ihr Profil: »Ich such etwas Ernstes. Verschwende nicht deine oder meine Zeit. Übrigens, ich bin aus Paraguay.« Ich schreibe ihr, nachdem ich eingecheckt habe.

Ich: Hallo Paraguay!
Sie: Tolles Foto. Wo bist du denn?
Ich: Noch in Istanbul und komme gleich zu dir – bist du in Tel Aviv?
Sie: Ich komme aus Ashkelon. Und was machst du in Israel?

Jetzt mache ich einen Fehler. Als hätte ich nichts von meinem Lügendebakel des gestrigen Abends gelernt, haue ich etwas noch Unüberlegteres raus, etwas vermeintlich Leichtes. Es wird mir noch vor die Füße fallen.

Ich: Ich gehe auf die Hochzeit eines Freundes. Habe aber am Sonntag noch nichts vor ;) Und Ashkelon wollte ich schon immer mal sehen.
Sie: Prima. Ich hol dich dann vom Bahnhof ab.

Toll. Mein erstes Date, allerdings erst in zwei Tagen.

Am Istanbuler Flughafen steige ich in den Flieger einer Fluggesellschaft namens Pegasus. Nie gehört. Aber toll finde ich, wer sich neben mich setzt. Endlich mal eine hübsche Reisebegleitung, nach schwitzenden Schweden und rabiaten Russen, die sich gerne die Schuhe neben mir ausziehen.
Sie hat schwarzes, lockiges Haar, eine wirklich knackig durchtrainierte Figur und – was mir auffällt – extrem kleine Füße. Ich schätze sie auf Größe 35. Sie mag vielleicht Anfang 30 sein.
Vor uns sitzen wirklich richtig schlecht erzogene, dicke, englischsprachige Kinder. Noch vor dem Abflug spielen sie mit den Sitzen. Lehne vor/zurück, vor/zurück. Beim Start lassen sie ihre Handys an und schicken noch SMS an ihre wahrscheinlich noch dickeren Freunde. Ich hasse sie. Wie ich bemerke, leben es ihnen ihre Eltern vor. Die dicke Mutti macht Fotos mit ihrem iPad und versendet die Bilder an irgendjemanden, der am Boden geblieben ist, während wir abheben.
Ich verdrehe die Augen, und die hübsche Dunkelhaarige tut das auch. Wir gucken uns an und schütteln beide den Kopf. Dann lachen wir und stellen uns vor. Sie heißt Daliah und kommt aus Paris. Sie hatte keinen Direktflug bekommen, deshalb musste sie die Nacht am Flughafen verbringen. Dafür sieht sie erstaunlich frisch aus. In Israel besucht sie ein paar Freunde. Irgendwann will sie weiter nach Jordanien. Wir verstehen uns prima und malen uns gegenseitig aus, wie wir die Kinder bestrafen würden, wenn es denn unsere wären. Nach einer Stunde haben wir uns für den Abend verabredet. Vielleicht kommt noch eine Freundin mit, sagt sie. Ich finde das wirklich toll. Zum einen mag ich sie, zum anderen mal kein Tinder-Date. What you see is what you get. Keine Überraschung.

Der Flug vergeht im Nu und jetzt wird es spannend: die Einreise nach Israel. Es ranken sich ja Legenden darum. Eine Kollegin hat mich kurz vorher noch ermahnt: »Die werden dir einige Fragen stellen. Stell dich da nicht zu blöd an. Und bleib bei der Wahrheit. Wenn du nervös wirst und die merken das, kann das deine Einreise massiv verzögern.« Ich denke nicht, dass ich den Sicherheitsleuten erzählen werde, dass ich ein Buch über Tinder schreibe. Wer weiß, ob die mich dann überhaupt reinlassen.« Ich beschließe also, Tourist zu sein, bin ich ja eigentlich auch. Land und Leute kennenlernen.

Daliah und ich gehen gemeinsam zur Passkontrolle. Sie sagt mir erst jetzt, dass es vielleicht bei ihr ein paar Minuten länger dauern könne. Sie sei Französin mit algerischen Wurzeln und zudem Muslima. Ich verspreche ihr zu warten, schließlich hatten wir verabredet, gemeinsam ein Taxi nach Tel Aviv zu nehmen. Dann werden wir fast zeitgleich zu zwei voneinander getrennten Schaltern gerufen.
Mich befragt eine blonde Mitzwanzigerin in Uniform. Ich lächle. Sie nicht.
»Mit welcher Fluglinie sind Sie gekommen?«
»Pegasus.«
»Woher kommen Sie?«
»Aus Istanbul.«
»Weshalb waren Sie in Istanbul?«
»Aus Spaß!«
»Was haben Sie in Istanbul gemacht?«
»Gegessen, getrunken, spazieren gegangen, die Stadt angeguckt.«
»Was machen Sie in Israel?«
»Nichts Besonderes. Tel Aviv angucken, essen, trinken, Strand.«
»Kennen Sie hier Menschen?«
»Nicht einen. Wirklich, nicht einen.«
»Wo wohnen Sie hier?«
»Tel Aviv.«
»Wollen Sie reisen?«
»Ich glaube nicht!«
»Ich sehe, Sie haben viele Stempel in Ihrem Pass!«
»Ich reise gerade durch Europa!«

Dann zähle ich ihr strahlend die Städte auf, die ich bisher besucht habe. Jetzt lächelt sie auch.

»Enjoy Israel!«

»Thank you very much!«

Ich bekomme keinen Stempel in den Pass, sondern ein kleines Einreisevisum, das ich besser nicht verlieren solle. Als ich den Sicherheitscheck überwunden habe, sehe ich noch aus den Augenwinkeln, wie Daliah brav ihre Fragen beantwortet. Es ist das letzte Mal, dass ich sie sehe.

Ich warte 25 Minuten auf sie am Kofferband. Dann noch einmal zwei XXL-Cappuccino-Längen vor dem Ausgang und in der Haupthalle. Keine Daliah. Nach über einer Stunde Warten gebe ich auf. Hätten wir doch nur Telefonnummern ausgetauscht. Irgendwas. Aber nichts. Ich weiß nicht, ob sie schlussendlich doch ins Land einreisen durfte oder nicht. Ich weiß nur, dass mir die Flughafensicherheit mein erstes Date versaut hatte.

Tel Aviv ist auf den ersten Blick keine besonders schöne Stadt. Die Straßen sind dreckig. Heruntergekommene Häuser neben Hochhausneubauten. Kräne thronen über der Stadt. Wo kein Platz in der Breite ist, da muss die Höhe genutzt werden. Überall wird gebaut. Es ist Freitag, und alle Geschäfte sind dicht. Hab ich völlig vergessen, es ist ja Sabbat-Beginn. Sozusagen jüdischer Sonntag. Es ist relativ trostlos, und ich sehe eine Stadt, die fast wie verlassen wirkt. Wie Berlin sonntagmorgens um zehn. Hier ist es 16 Uhr und es bewegt sich nicht allzu viel. Bis ich in Strandnähe komme. Der Strand ist voll. Ende April. Toll. Mein Hotel liegt nicht weit in einer Straße zum Strand.

Rezeption. Begrüßungssaft, Kreditkarte. Die Rechnung wird vorab präsentiert. Drei Tage 585 Dollar. Moment mal, 585 Dollar? Meine Buchhaltung wird dafür sorgen, dass ich geteert und gefedert aus dem Verlag geworfen werde. Das gibt richtig Ärger. Hundertprozentig. Ich kann mich nicht erinnern, dass es bei der Buchung so teuer war. Wobei ich zugeben muss, auch ein wenig den Überblick verloren zu haben, bei all den Reisen. Oh Mann, das tut echt weh. Der Portier bemerkt, wie ich ungläubig auf die Rechnung starre, und beruhigt: »Wir sind ein sehr günstiges Hotel.« Das kann ja was werden. Tel Aviv ist teuer, ich hörte davon.

Bevor ich aufs Zimmer gebracht werde, macht mich der Portier auf die Dachterrasse im 9. Stock aufmerksam. Da stehe sogar eine Kaffeemaschine. Ich fahre sofort hinauf. Ein Paradies. Das hier ist mein neues Hauptquartier. Es gibt eine Hollywoodschaukel, WLAN und eine Steckdose. Ich kann unter freiem Himmel durch eine Häuserschlucht auf den Strand gucken und ich bin der einzige Mensch dort oben. Scheint nicht viele Gäste zu haben, das Savoy. Vielleicht, weil es ein geschichtsträchtiger Ort ist. Am 4. März 1975 wurde das Hotel von einem kopflosen, zum Selbstmord befohlenen palästinensischen Kommando gestürmt und besetzt. Es begann ein blutiges Gemetzel mit einer Antiterroreinheit, an dessen Ende acht Palästinenser, fünf Geiseln und zwei israelische Soldaten auf dem Schlachtfeld zurückblieben. Das Hotel wurde zerstört und erst zwölf Jahre danach wieder eröffnet. Es gibt viele dieser Orte mit solchen Geschichten. Israel ist ein Land, in dem ich besonders als deutscher Tourist auch immer an die Historie erinnert werde.

Nachdem ich den Verlust von Daliah zur Genüge betrauert habe, gibt es ein Match auf dem Hauptquartierdach. Rahel ist 44 Jahre, sie ist auf einem Foto mit drei Kindern zu sehen. Sie sieht auf ihren Fotos viel jünger aus. Unter einem ihrer Fotos steht: *It's a new dawn, it's a new day, it's a new life for me.* – Der alte Klassiker von Nina Simones »Feeling good«.

Ich antworte: ... and I'm feeling good. Hello Rachel!
Sie: Shabbat Shalom.
Ich: Und wo zelebrierst du heute den Kiddush?[3]
Sie: Ich bin heute auf keinem. Du?
Ich: Nein, ich bin nicht jüdisch. Schlimm?
Sie: Interessante Leute zu treffen hat nichts mit Religion zu tun. Woher kommst du?

Ich erzähle, dass ich aus Deutschland komme, und eine kleine Diskussion über Religion und ein mögliches Treffen entsteht. Dann schreibt sie das:

---

3 Jüdischer *Segensspruch* zu Beginn des Schabbat am Freitagabend, vergleichbar mit dem christlichen Sonntag

Weißt du, gestern war Holocaust Memorial Day. Ein Tag, der die ganze Nation bewegt hat. Keine Partys, nichts Lustiges im Fernsehen. Und jetzt bist du hier. Ein Mensch aus diesem (!) Land. Und ich fühle mich privilegiert, dir diese Stadt zu zeigen, die aus der Asche der Katastrophe entsprang. Ich hoffe, du verstehst, dass ich das auf positive Art meine.

Ich schlucke und bekomme Gänsehaut. Opa, was hast du im Krieg getan?

Ich: Unter diesen Umständen fühle ich mich besonders geehrt.

Wir verabreden uns für 22:30 Uhr auf dem Rothschild Boulevard. »Das ist früh«, sagt sie, »da ist noch nichts los im Nachtleben.«

Ich leg mich noch mal kurz ins Bett. Die Istanbuler Nächte stecken mir erheblich in den Knochen. Sie schickt mir währenddessen zwei Nachrichten, die mich erahnen lassen, was mich erwartet.

- Wenn du bis 22 Uhr diese Mail nicht beantwortest, dann »bye«!
- Wehe, du bist nicht pünktlich!

Huijujuj, wie ist die denn drauf? Gut, laut Maps ist der Rothschild 15 Minuten Fußmarsch entfernt. Ich gehe dann mal besser los, wer weiß, was mir blüht, wenn ich auch nur 30 Sekunden zu spät komme …

Die Frauen in Israel sind auf Tinder, sagen wir mal so, nicht alleine. Ich sehe in keinem Land mehr Frauen, die sich auf Fotos mit Kindern zeigen. Frauen zwischen 25 und 48 und alle präsentieren auf Tinder auch ihre Töchter und Söhne. Hier wird mit offenen Karten gespielt. Das Durchschnittsalter ist höher als überall sonst. Lovoo spielt hier eigentlich gar keine Rolle. Happn auch nicht. OkCupid geht grade so und Inner Circle, na ja, sieben Mitglieder im Radius von 109 Kilometern. Alles mau. Es gibt zwar jüdische Singlebörsen, aber dafür besitze ich nicht die richtige Religion.

Pünktlich um 22:15 Uhr, also fünfzehn Minuten zu früh, bin ich am Rothschild. Wir haben uns vor dem McDonald's verabredet. Egal, ob Istanbul oder Tel Aviv, ob Burger King oder McDonald's. Die großen Marken sind die beliebtesten Treffpunkte. Weshalb? Die kennt einfach jeder auf der Welt und deshalb sind sie leicht zu finden. Also leichter als das Cafe im Berg oder die hippe Bar in diesem Keller im Hinterhaus. Aber: Bitte DAVOR treffen. Nicht drinnen. Wer das mit seinem Date macht, ist entweder 18 Jahre alt oder ein Idiot. Also bitte. Davor!

Um 22:30 Uhr steht Rahel vor dem Hamburger-Laden. Sie ist circa 1,65 Meter groß, hat braune, schulterlange Haare und braune, lebenslustig-leuchtende Augen. Drahtig und dennoch einen Po, der an Kim Kardashian erinnert. Hallelujah.
Wir geben uns die Hand statt Küsschen links und rechts, sie hat einen festen Händedruck. Gekleidet ist sie ganz in Schwarz, enge Stretchhose, ein enges T-Shirt. Sehr körper- und körbchenbetont.
»Ich zeig dir jetzt das Nachtleben von Tel Aviv«, verspricht sie und wir gehen in eine Kellerbar gleich nebenan. Die Security vollzieht an mir einen Ganzkörpercheck. »Das ist normal hier«, sagt Rachel, »eigentlich in jedem Laden.«

Malereien an den Wänden, leicht ranzig, könnte auch in Berlin sein. Viele Gäste sind noch nicht da, aber innerhalb einer halben Stunde wird der Laden voll sein.
Wir setzen uns an den Tresen auf Barhocker. Sie dreht sich vollständig zu mir, schenkt mir Aufmerksamkeit. Ich bestelle ein israelisches Bier, Rahel bestellt einen Gin Tonic. »Mein erster seit zwei Wochen«, sagt sie. Sie kommt gerade aus Thailand und hat Wellness gemacht. »Heute habe ich richtig Lust, mich zu betrinken.« Dann bestellt sie sich einen Shot dazu. 4 cl Gin pur. Alter, wie ist die denn drauf? Gin pur. Grauenhaft. Mir spendiert sie einen israelischen Anisschnaps. Prost.
»Es ist übrigens kein Zufall, dass wir uns getroffen haben«, sagt sie. »Das war Gottes Wille. Es gibt keine Zufälle.«
»Aha!«

Dann fängt sie an, von ihrem Leben zu berichten. Drei Jahre lang war sie beim Militär, im ersten Irakkrieg 1990 hat sie gedient. Sie erzählt vom Heulen der Sirenen, als Saddam Hussein Israel mit Scud-Raketen beschießen ließ. Sie schwärmt von den Weltuntergangspartys, die sie damals feierten. Sie erzählt, dass die Jungs von der Hamas Vollpfosten sind, da deren Tausende von Raketen im letzten Jahr rein gar nichts ausgerichtet hätten. Dennoch, das war schrecklich, das permanente Heulen der Sirenen. »Nur ein alter Mann ist gestorben, und das an einem Herzinfarkt.« Sie spricht nicht besonders gut über den Ministerpräsidenten Netanjahu, aber auch die Opposition bekommt ihr Fett weg. Sie erzählt von ihren drei Kindern (17, 16 und sieben Jahre alt) und von ihrer Scheidung vor vier Jahren. Seitdem ist sie Single. Sie bestellt sich nach fünf Minuten den zweiten Gin Tonic. Ich habe mein Bier noch nicht einmal zur Hälfte ausgetrunken.

Sie gestikuliert wild mit den Händen, während sie spricht. Weil der Drink nicht schnell genug kommt, pflaumt sie die Bedienung an. Beim Sprechen reißt sie mit ihrer Hand an meinem T-Shirt, zieht mich an sich. Dann stößt sie mich wieder weg, sie kneift mich ins Ohr, sie zwickt mich in die Wange, sie massiert mir mit einer Hand den Nacken, während sie redet und redet. Sie ist permanent in Bewegung, obwohl sie auf ihrem Barhocker sitzt. Von Schluck zu Schluck wird sie lauter und wilder. Ich habe das Gefühl, dass ich ihr nicht widersprechen sollte, sie wirkt so soldatisch und ist es scheinbar gewohnt, dass man ihr gehorcht. Doch irgendwann wird unsere Diskussion etwas wirr, als wir beim Thema »Verhältnis USA – Israel« sind. »Wir verlieren gerade unseren wichtigsten Verbündeten«, sagt sie, »und das ist nicht einmal die Schuld von Netanjahu, sondern von Obama. Es ist schrecklich für Israel, dass die USA einen muslimischen Präsidenten haben.« Moment mal, Obama muslimisch? Das glauben doch höchstens Verschwörungstheoretiker, Hinterwäldler und Rednecks. Wie kommt sie denn auf so einen Blödsinn? Na gut, sie hat ja auch schon mächtig einen drin. Gibt sie selber zu.

Nach drei Gin Tonic sagt sie: »Jetzt bin ich besoffen, lass uns tanzen gehen!« Gegenüber in die nächste Bar. Sicherheitscheck. Von außen sieht der Laden aus wie eine noble Cocktailbar, von innen ist er der lauteste Club der Welt; zudem Security, nackter Beton, die Wände, der Boden kahl. Dann stellt sie sich auf den Barhocker und singt: »Never Can Say Goodbye«, »You Make Me Feel« und andere Disco-Klassiker. Die anderen Gäste gucken irritiert, so eine Frau scheint auch in Israel nicht allzu häufig vorzukommen. Sie singt auch irgendwann nicht mehr, sie schreit sich die Seele aus dem Leib. Dann ist Selfie-Time. Wir machen kuschelige Fotos. Eng umschlungen oder kurz vor dem Kuss. Dann bittet sie andere Gäste, uns zu fotografieren, und schließlich will sie Jägermeister. Diese Frau hat die Energie von zehn israelischen Atombomben. Und nach dem vierten Gin Tonic ist sie wie ein Reaktor, dessen Brennstäbe langsam zu schmelzen beginnen. Was für eine Power. Sie hätte wahrscheinlich den Sechstagekrieg in drei Tagen beendet. Die Zehn Gebote hätte sie mit den Fingernägeln in fünf Minuten in die Tafeln geritzt und nicht nur das Rote Meer, sondern ganze Ozeane geteilt. Chuck Norris würde bei ihr sicher den Schwanz einziehen.

Und dann nimmt sie mich aufs Korn. »Weißt du was? Irgendwie siehst du schwul aus«, kommt da aus heiterem Himmel. All meine Beteuerungen, dass dem nicht so sei, werden ausgeschlagen. Trotz Händchenhalten und feurigem Hin-und-Her-Geflirte bleibt sie dabei.

»Ich glaube, wir sollten den Club wechseln. Etwas für dich. Eine Bar mit richtig vielen Männern, da stehst du doch drauf.«

Oh Mann, der Abend geht schon wieder in eine absurde Richtung. Sie schleift mich tatsächlich in eine Schwulenbar. Eine Travestiekünstlerin singt. Die Barkeeper bedienen oberkörperfrei. Verdammt durchtrainiert die Jungs. Sie beginnt augenblicklich, das Tresenpersonal zu belästigen! »Würdet ihr für mich heterosexuell werden?«, ist nur eine ihrer Fragen, dann sollen die Barkeeper entscheiden, wen von uns beiden sie lieber abschleppen wollen (natürlich sie), danach fragt sie einen Mann, ob er nicht auch glaube, dass ich schwul sei (bin mir nicht sicher, darf ich ihn mal küssen?). Ich bestelle schnell zwei Gin Tonic und ... die Kreditkarte funktioniert nicht. Die EC-Karte schon gar nicht. Ich bitte sie, kurz auf mich zu warten, und gehe eine Bank suchen, da ich bereits fast all meine Schekel verbraten habe.

Ich laufe um den Block und finde lediglich kleine ATM Cash Machines, die mir allesamt freundlich mitteilen, dass sie meine Karten nicht sonderlich mögen. Nachdem ich erfolglos drei Geldautomaten abgeklappert habe und gerade mal noch 50 Schekel in meinem Portemonnaie sind, kehre ich niedergeschlagen in die Gay-Bar zurück. Das Geldlos-Gefühl ist schlimm, da ich jetzt von ihrem finanziellen Wohlwollen abhängig bin. Es folgt der nächste Klopper. Sie eröffnet mir, dass gleich ein Freund von ihr vorbeikomme.

»Aha?«

»Ja, einer, der mich besonders gut leckt!«

»Wie bitte?«

»Ja, er macht das wirklich gut.« Und sie genieße es immer wieder, aber das würde mich doch bestimmt nicht stören?

Ich frage nach, ob das ein Scherz sei, nein, kein Scherz, er sei wirklich gut im Lecken. Ich bin fassungslos. Schon wieder eine dieser Premieren. Da sagt mir also mein Date, da kommt ein anderer, der es ihr so richtig besorgt. Entschuldigung, aber wie würde sie denn reagieren, wenn ich ihr eröffnen würde, dass da gleich eine komme, die mir so richtig toll einen bläst? »Fuck off, I don't care«, wäre die Antwort. Genau.

Ich sage ihr, dass ich jetzt besser gehe.

Sie sagt: »Bleib, er ist ja noch gar nicht da.«

Ja, das stimmt, aber ich muss auch nicht wirklich dabei sein, wenn sich die Zunge des Jahrtausends zu schlängeln beginnt. Ich wünsche ihr viel Spaß.

»Bist du eifersüchtig?«, fragt sie selbstbewusst.

Ich antworte, das sei keine Frage der Eifersucht, sondern der Höflichkeit. Sie lacht und sagt, dass ich ja eh schwul sei und mich lieber um die Barkeeper kümmern solle.

Ich habe ja mittlerweile begriffen, dass sie ihr Leben so lebt, als würde morgen die Welt zerstört werden. Doch das ist nicht freundlich, Nein, es ist das genaue Gegenteil. Es ist respektlos und beleidigend. Aber nicht mein dringendstes Problem. Schlimmer ist: Ich habe kein echtes Geld mehr, also keines, mit dem man in Israel allzu weit kommt. Tschüss, Rahel. Sie lacht mich aus. Ich beschließe heimzugehen.

Nach zwei Kilometern sehe ich eine Bank, eine richtige. Ich stecke meine Karte in den Automaten hinein, sie wird akzeptiert, Geheimzahl. Klappt. 1000 Schekel. Ich weiß ja nicht, wann die Karte das nächste Mal abgelehnt wird und wo ich das nächste Mal eine Frau aus Geld-such-Gründen verlassen muss, nur damit sie in der Zeit den Typen anruft, der als Feuerwehrmann alle Brandherde vernichtet, die in einer sehr alkoholisierten Nacht zu löschen sind.

So, Date Nummer 1 gegen die Wand gefahren. Es kann nur besser werden. Gute Nacht.

Es ist Samstagmorgen. Der Strand ist um elf Uhr gut gefüllt. Ich liege auf meiner Hollywoodschaukel hoch oben auf dem Hoteldach, Kaffee, Sonne, Tinder. Im Schnelldurchlauf:

Nein, nein, nein, nein, ja, nein, nein, nein, ja, ja, nein, nein, nein. Match, nein, nein, ja, nein, nein, nein, nein, nein, nein, nein, nein, nein, nein, nein, nein, nein, nein, nein, ja, ja, nein, ja, Match.

Schwupps, kommt eine Nachricht. Von Daphne, 39, mit braunem, langem, gelocktem Haar. Auf zwei Bildern zeigt sie sich mit ihrem Sohn. Sie schreibt nur zwei Buchstaben, nichts Ungewöhnliches.

Sie: Hi
Ich: Hello, Daphne!
Sie: Wie geht es dir? Woher bist du? Du siehst toll aus!
Ich: Danke – aus Berlin. Und du? Tel Aviv?
Sie: Ja, aber ich bin Französin.

Na, das ist doch toll, finde ich und schreibe auf Französisch weiter.
Ich: Ich liebe Frankreich.

Und wissend, dass gerade sehr viele Juden aus Frankreich ins Heilige Land aus Angst vor Übergriffen »fliehen«, frage ich weiter.
Ich: Bist du aus einem bestimmten Grund nach Israel gekommen?
Sie: Ich war in den Ferien hier und fand die Jungs so süß – kennst du Tel Aviv?
Ich: Ich bin das erste Mal hier.
Sie: Genial. Wir sollten uns treffen. Wie viel Uhr?

Wir wechseln rüber zu WhatsApp und nach ein wenig Hin und Her beschließen wir, uns zum Abendessen zu verabreden. Sie müsse nur noch einen Babysitter organisieren.

Das ging ja doch schnell. Aber die Erfahrung lehrt: je schneller die Verabredung, desto schräger der Ausgang. Besonders, wenn ein Treffen so von ihr forciert wird. Also gut. 21:30 Uhr Hashan Square in Jaffa, nahe der Altstadt. Perfekt, der Abend ist vorerst gerettet.

Ich versuche noch ein Date für den Nachmittag zu organisieren, aber die potenziellen Kandidatinnen sind entweder zu faul oder zu verkatert oder beides. Nachdem ich Tel Aviv ordentlich durchgetindert habe, aber keine vernünftige Konversation mehr herausspringt, beschließe ich, mir die Stadt anzuschauen, und schlendere den Strand entlang. Auf der Promenade sind viele junge Paare mit Kinderwagen zu sehen. Ich höre Hebräisch, Hebräisch mit russischem Akzent, Arabisch, viel Französisch, manchmal Englisch, wenig Deutsch. Find ich gut. Die Menschen baden, sonnen sich oder picknicken auf den Grünflächen. Die Strandbars sind voll.

Nach einem Spaziergang an der Strandpromenade, einem Blick in die Altstadt von Jaffa und auf den alten Markt, stets das Handy in der Hand, bekomme ich Hunger und ergattere einen Platz an der Außenbar eines Strandrestaurants. Mein Akku ist schon wieder auf 25 Prozent. Mann, ey. Dadurch, dass ich permanent auf mein Handy starre und versuche, Gespräche mit gleichgültigen, selten antwortenden Dafnas, Mayas, Shirlys, Shiris, Gals, Liors und Oshrits zu starten, zeigt der iPhone-Akku wieder seine hässliche Seite. Mann, ey.

Mein Kebab kommt. Vier in einem Brot gebackene Lammfrikadellen mit Tomaten und Knoblauch und Peperoni. Es schmeckt toll. Was aber nervt, ist, dass niemand antwortet. Liegen wohl alle am Strand.

Als ich satt bin und gerade die Rechnung bestellen will, höre ich neben mir eine Stimme!

»Excuse me, are you the guy from Tinder?«

Ich drehe mich um und vor mir steht eine Frau, die mich mit großen braunen Augen anlächelt. Sie hat braunes, schulterlanges Haar, gebräunte Haut und strahlend weiße Zähne. Ihre Figur kann ich nicht einschätzen, sie trägt ein weites schwarzes Strandkleid, das auch die Schultern bedeckt.

»Psst, nicht so laut«, sag ich, »das mit Tinder muss ja nicht jeder wissen.«

»Ach«, sagt sie, »meine Freundinnen wissen das schon, die sitzen dahinten am Tisch.«

Ich dreh mich um und sehe den Tisch sofort, denn die drei Mädchen schauen amüsiert zu uns rüber und winken.

Ich lache. »Ganz schön mutig, dass du mich einfach so ansprichst. Ich hätte ja auch jemand anderes sein können.«

»Ich war mir sicher, dass du das bist, ich habe ein fotografisches Gedächtnis. Außerdem ist das ein kleines Land! Was machst du in Tel Aviv?«

»Ich arbeite hier ein wenig.«

»Und was?«

»Ich ...«

Ich hab einfach keine Lust mehr zu lügen. Ich habe auch keine Lust mehr, mir irgendwelche Lügen auszudenken. Es nervt.

»Komm, ich sage dir einfach die Wahrheit. Ich schreibe ein Buch über Tinder und reise durch Europa, und da ihr auch beim Eurovision Song Contest mitmacht, gehört Israel eben auch zu Europa. Ich hab zuerst eine Serie über Tinder in Deutschland gemacht, dann kam ein Verlag auf mich zu und sagte, komm, mach doch 'n ganzes Buch daraus.«

Sie ist tatsächlich begeistert. »Und du tinderst dich durch die Welt? Das ist ja verrückt, ich reise auch viel und benutze überall Tinder. Aber auf die Idee, daraus ein Buch zu machen, bin ich noch nicht gekommen, Wenn du Lust hast, komm an unseren Tisch. Das interessiert auch meine Freundinnen. Aber Vorsicht, die sind nicht so gut drauf, eine hat diese Woche eine Krebsdiagnose bekommen und eine ist schwanger und hat Schmerzen.«

Kurz darauf bin ich umgeben von Maya, so heißt sie, ein Tinder-Match, und ihren drei Freundinnen. Sie trinken hausgemachte Limonade und Bier. Ob es denn ein Tinder-Baby werde, frage ich die Schwangere, um die Runde etwas aufzulockern. Nein, sie haben sich bei der Arbeit kennengelernt. Aber sie war auch mal bei Tinder.

»Und wie sind die israelischen Tinder Boys so?«, will ich wissen. Die Begeisterung hält sich in Grenzen. »Die wollen alle nur schnellen Sex. Manche von denen sind so bescheuert und stellen ihren Penis als Profilbild ein. Passiert zumindest nicht allzu selten.«

Es scheint ein Universalgesetz zu sein. Männer auf der Welt, egal, wo, handeln gleich, da sie der festen Meinung sind, bei Penisfotos schmelzen die Frauenherzen in Scharen.

Maya berichtet, dass sie mal ein Tinder-Date eine Stunde vorher gecancelt hat. »Ich hab den Typen gegoogelt und las, dass gegen ihn ein Gerichtsverfahren läuft. Wegen Totschlags. Er hat bei einer Sicherheitsfirma gearbeitet und einen Palästinenser erschossen. Ich hab ihn sofort gelöscht. Es sind da schon einige komische Jungs unterwegs.«

Ich berichte, dass nicht nur die Jungs komisch seien, auch einige Mädels haben gehörig einen an der Waffel. Ich berichte von meiner gestrigen Nacht. »Da kommt gleich ein Typ, der mich richtig gut leckt.« Ungläubiges Kopfschütteln.

Wieso ich denn ausgerechnet nach Israel gekommen sei, wollen die vier wissen. Ich sage, ich hätte gehört, die schönsten Menschen der Welt wohnen in Israel oder im Iran, aber Persien kann ich ja unmöglich als europäisches Land verkaufen und im Buch geht es schließlich um Europa. – »Ach, echt? Hier leben die schönsten Menschen der Welt?« Sharon lacht. »Schau dich mal um.« Ich lasse meinen Blick durch das Restaurant kreisen und tatsächlich widerlegt das meine These!

»Auf den Iran mag das ja zutreffen, aber ganz ehrlich, wer hat dir denn das mit Israel erzählt?« Alle lachen.

Als ich ihnen von meinem Plan berichte, dass ich am nächsten Tag mal Ashkelon angucken möchte, sind sie etwas konsterniert: »Was willst du denn da? Da ist doch nix.«

Ich bin etwas erstaunt. Ashkelon war mal eine historienumrankte Kreuzfahrerstadt und ich vermutete, davon noch Spuren zu finden (gemeinsam mit meinem Date aus Paraguay). »Ach, vergiss Ashkelon, wenn, dann solltest du dringend nach Jerusalem. Geh nach Jerusalem!«

Ich gebe noch ein paar Dating-Anekdoten zum Besten. Dann noch etwas Small Talk, schließlich bemerke ich, dass es Zeit wird zu gehen. Für zwanzig Minuten war das drollige Kerlchen aus Deutschland ganz interessant, jetzt wechseln die Damen wieder langsam ins Hebräische, von dem ich nicht ein Wort verstehe. Wir verabschieden uns und Maya sagt, dass wir gerne noch mal plaudern können, vielleicht finden wir ja wieder zusammen.

Ich mache mich auf den Rückweg zum Hotel. Eine Botschaft von der Frau aus Paraguay: *Na, wann startet deine Hochzeit?*

Ach, du Scheiße. Das hatte ich ja vollkommen vergessen.

Auf dem Flughafen von Istanbul hatte ich ihr geschrieben, ich sei auf dem Weg zur Hochzeit eines Freundes. Mist, verdammt. Was schreib ich denn jetzt zurück? Im WiFi-Hauptquartier auf meinem Dach google ich erst einmal »jüdische Hochzeit, Hochzeitsriten und Traditionen«.

Ich war zwar mal auf einer jüdischen Hochzeit in Berlin, aber wer weiß, vielleicht ist der Eheritus in Israel ein ganz anderer. Was soll ich ihr bloß schreiben?

Ich tippe ins Handy, dass es eine kleine Zeremonie am Strand gab und die Party am Abend stattfindet.

Sie: *Dann war es keine jüdische Hochzeit? Ach, schade.*

Ich: *Nein, sie ist orthodox und er gar nix. War alles eher unkonventionell.*

Gott sei Dank schluckt die Jüdin aus Lateinamerika die Lüge.

Als sie mich dann noch fragt, wo genau die Hochzeit stattfindet, antworte ich: *Im Garten des Brautpaares!*

Gibt es in Tel Aviv überhaupt richtige Gärten? Diese Stadt ist so vollgebaut, dass ich bisher keinen einzigen Garten gesehen habe. Egal, wenn ich ihr jetzt den Namen eines Hotels nenne, ruft sie da gar an und recherchiert, ob ich die Wahrheit gesagt habe. Wie auch immer. Gartenparty.

Ich schreibe Lea, dass mir der Portier davon abgeraten habe, nach Ashkelon zu fahren. Ob wir uns nicht lieber gemeinsam Jerusalem anschauen wollen? Sie findet die Idee super. Als ich unter der Dusche stehe, stelle ich mir vor, wie ich ihr am nächsten Tag von der fiktiven Hochzeit erzählen muss. Wieso muss ich mich denn immer in solche Schwierigkeiten bringen? Anstrengend. Ich mache mir selbst das Leben schwer. Also morgen Jerusalem, aber jetzt erst einmal nach Jaffa. Die Französin wartet. Es ist Samstagabend, 20:30 Uhr.

Ich freue mich ja immer, Französinnen zu treffen. Ein wenig wieder in die Sprache der Liebe abzutauchen. Bin ja ein wenig außer Übung, wie ich in Paris gemerkt habe. Pünktlich um 21:30 Uhr sagen wir uns Bonjour am Uhrenturm des Hashan Square und gehen ein paar Schritte Richtung Altstadt, bis wir ein Eckrestaurant finden. Sie heißt Daphne, hat hellbraune Augen, hellbraune Haare, hellbraunes Brillengestell und hellbraune Haut, bekleidet ist sie mit einem hellbraunen langen Kleid. Irgendwie ist alles an ihr hellbraun. Normale Figur. Als Frau ist sie auf den ersten Blick nicht wirklich mein Fall, aber ich hab ja auch noch nichts getrunken. Das wird nachgeholt. Sie Weißwein, ich Rotwein.

Geboren wurde Daphne als Tochter von zwei Trödelhändlern, die einen Laden am legendären Pariser Flohmarkt Porte de Clignancourt besitzen. Auch ihre Großeltern waren Trödler, eingewandert aus Syrien. Sie ist Jüdin und kam vor elf Jahren nach Israel, nachdem sie vorher zehn Jahre als Flugbegleiterin um die Welt gereist ist. Dann kam sie nach Israel und blieb.

»Ich war ein französischer Pionier, mittlerweile kommen die französischen Juden ja in Scharen und verärgern die Einheimischen.«

»Ach echt, womit?«

»Das Problem ist der Wohnraum«, sagt sie. »Die Franzosen, die kommen, sind meistens wohlhabend. Sie kaufen sich Appartements in den besten Lagen und dann nutzen sie sie lediglich in den Sommermonaten. Das bringt hier alle auf die Palme. Wohnen wird immer teurer und teurer, und gute Wohnungen sind selten. Und dann kaufen die Franzosen, was sie bekommen können, und nutzen die Wohnungen als Drittwohnsitz. Das ist nur ein Problem. Israel hat viele«, sagt sie. Sie selber habe sich vor elf Jahren ein Appartement für 200.000 Euro gekauft. Der Preis habe sich mittlerweile verfünffacht.

»Ich könnte Millionärin sein, wenn ich die Wohnung verkaufe, aber das würde mir nichts bringen, weil ich dann in eine andere Stadt ziehen müsste. In Tel Aviv kommt man mit einer Million nicht mehr weit.«

Sie möchte nichts essen, aber ich habe Hunger und bestelle Ravioli. Wie sich später herausstellt, mit Ochsenknochenmark. Hätte die Karte mal ordentlich lesen sollen. Muss man mögen, tue ich aber nicht. Ich quäle mich mit diesem fettigen Zeug. Ein Teil des Knochens wurde sogar mitgeliefert. Danke schön.

Daphne arbeitet mittlerweile nicht mehr im Flugzeug, sondern im Marketing eines israelischen Fernsehsenders. Halbtags. Ansonsten kümmert sie sich um ihre sechsjährige Tochter. Sie müsse auch spätestens um Mitternacht zu Hause sein, so lange bleibt der Babysitter. Sie trinkt einen großen Schluck ihres Weißweins und sagt: »Oh, ich werde langsam betrunken.« Ich bin erstaunt. Nach einem halben Glas Wein? Sie habe schon zu Hause das eine oder andere Glas gehabt, sagt sie. Die Veränderung kommt im Sauseschritt. Sie bekleckert sich permanent beim Trinken. Der Wein fließt einfach an ihrem Mund vorbei und ihre Ausführungen werden wirrer. Sind die hier eigentlich alle so? Zweites Date am Stück und schon wieder so 'ne betrunkene Knalltüte.

Sie guckt auf ihr Telefon und sagt: »Verdammt, ich glaub, ich muss früher los.« Sie tippt etwas. Sie wird hektisch. Dann sagt sie, sie müsse auf Toilette. Ich glaube kein Wort. Es macht den Eindruck von Krisenmanagement. Nach zehn Minuten kommt sie zurück und sagt, sie könne doch noch länger bleiben. Sie bestellt noch einen zweiten Weißwein. Muss ich erwähnen, dass das keine gute Idee ist? Also, ich bemerke, dass sie mich mag, aber irgendwas stimmt hier überhaupt nicht. Immer wieder tippt sie aufgeregt etwas in ihr Handy. Sie erzählt mir irgendetwas von einem Schlüssel, den sie einem Kollegen noch geben müsse. Samstag am späten Abend. Na, das stimmt bestimmt nicht. Sie lügt, während sie sich mit Weißwein vollkleckert und immer konfuser wird. Also mal ehrlich, irgendwas ist hier gar nicht in Ordnung.

Ich frage sie, ob sie vielleicht vor dem Alkohol irgendwelche Tabletten genommen habe. Sie antwortet sofort, dass sie ADS habe. Sie kichert. Ich erinnere mich an einen Fall aus meiner Vergangenheit, von dem ich ihr berichte. Eine Bekannte von mir litt unter dem Aufmerksamkeits-Defizit-Syndrom, und immer wenn sie Alkohol auf ihre Tabletten kippte, wurde es extrem unangenehm – für alle Anwesenden. Ich merkte aber an, dass bei dieser Person auch noch eine manische Depression dazukam. Ja, die habe sie auch, sagt sie, während sie sich mit Wein besabbert. Ich fasse es nicht. Diese Medikamente sollen ja für eine gewisse mentale Ausgeglichenheit und Stabilität sorgen, aber wenn Alkohol dazukommt, gerät das ganze System vollkommen außer Kontrolle. Das beste Beispiel sitzt mir gegenüber. Sie sagt, sie komme mit Alkohol super klar, das würde mit ihren Medikamenten wunderbar korrespondieren. Sie guckt schon wieder auf ihr Handy. Sie springt auf und sagt: »Ich muss sofort los. Mein Kollege, der Schlüssel!« Sie küsst mich auf den Mund, umarmt mich, entschuldigt sich und sagt, dass wir es ja morgen noch mal versuchen können. Ja, nee, ist klar. Sie stürmt davon. Es ist noch nicht einmal 23 Uhr und der Abend ist für mich gelaufen. Obwohl... mein Akku zeigt noch 14 Prozent. Ob es mir gelingt, noch ein Date am Samstagabend um 23 Uhr in Tel Aviv klarzumachen? Die Antwort ist: Nein!

Aber einen Dialog, der kurz vor Mitternacht entstand, möchte ich euch nicht vorenthalten:

Ich: Good evening, Jessica.
Jessica: Hi! Bist du Single?
Ich: Ja und du?
Jessica: Ich bin geschieden! Wir können uns nicht treffen! Viel Glück!
Ich: Wie bitte? Wir können uns nicht treffen, weil ich Single bin? Das ist verrückt.
Jessica: Du wirst eine Familie gründen wollen und das hab ich hinter mir.
Ich: Ich verlasse Montag Tel Aviv. Du musst dich also nicht um meine Familienplanung kümmern.
Jessica: Noch mal: Viel Glück!

Das ist mit Abstand das Bescheuertste, was ich je gelesen habe. Und mich ärgert diese dämliche Ignoranz. Ich lösche sie, bevor Jessica mir zuvorkommt. Blöde Kuh. Der Akku ist runter. Ich hab keinen Bock mehr. Ich geh frustriert ins Bett. Obwohl, es bleibt noch ein Fünkchen Hoffnung. Morgen fahre ich mit Lea nach Jerusalem.

Um es kurz zu machen: Lea sagt mir am nächsten Morgen ab. Ihr wird am Nachmittag ein Bett von IKEA geliefert und da kommen Leute, die das aufbauen. Das Bett hat sie sich bestellt, weil ihre Mutter demnächst zu Besuch kommt. Schon wieder eine Lüge. Ja ja, die kommen am Sonntag, um ein Bett aufzubauen. Doof, dass ich mal wieder vergessen habe, dass Sonntag ein ganz normaler Werktag in Israel ist. Also wie unser Montag. Ich habe jetzt zwei Möglichkeiten: Entweder ich hocke den ganzen Tag oben auf meinem Dach und versuche, noch ein Date für den

Abend an den Start zu bekommen, oder ich fahre jetzt einfach mal nach Jerusalem. Zum Date mit Gott.

Ich entscheide mich für Letzteres.

Kurze Zeit später halte ich ein Taxi an. Ich möchte zum Hauptbahnhof. Von dort fährt alle zehn Minuten ein Bus in die Stadt Gottes. Der Taxifahrer ist entspannt und gut gelaunt.

»Wohin willst du denn vom Hauptbahnhof?«, fragt er.

Ich sage: »Nach Jerusalem.«

Er sagt: »Ich kann dich hinfahren. Ich mache dir ein Angebot, das du nicht ausschlagen kannst. Ich finde dich sympathisch und deshalb bringe ich dich hin, zeige dir Jerusalem und fahre dich wieder zurück für 600 Schekel (140 Euro). Weißt du, es ist nämlich kein Zufall, dass ausgerechnet du bei mir ins Taxi gestiegen bist. Gott will, dass wir einen Tag miteinander verbringen. Hallo, ich heiße Ben.«

Er gibt mir die Hand. Ich lache. »Fahr mich erst mal hin für 300 Schekel, dann sehen wir weiter.«

Wir quatschen die ganze Fahrt durch. Er hat graues, volles Haar, eine ordentliche Plauze und ist 60 Jahre alt. Er spricht fließend Englisch. Als ich ihm erzähle, dass ich mich mit einer Flirt-App durch die Welt date, ist er ganz aus dem Häuschen. Er will alles wissen, zum Beispiel, wo es die tollsten Frauen auf der Welt gibt! Ich sage, dass ich in Wien und Istanbul die besten Erfahrungen gemacht habe und dass die schönsten Frauen der Welt aus Persien kommen. Da wird er etwas fassungslos. Aus dem Land des größten Feindes kommen die schönsten Frauen? Niemals!

Ich sage ihm, dass es sich bei den Persern, zumindest bei denen, denen ich in meinem Leben begegnet bin, um hochgebildete, feine Menschen handele und die Frauen unschlagbar schön seien.

Er fragt: »Aber riechen die nicht komisch?«

Was ist denn das für eine Frage? »Nein, die riechen nicht komisch.«

»Aber sie hassen alle Israel.«

Ich: »Die, die ich kennenlernen durfte, interessieren sich nicht im Geringsten für die Zerstörung des Staates Israel. Jeder ist einfach nur auf der Suche nach einem besseren Leben. Jeder strebt nach Glückseligkeit. Im Iran, in Israel. Überall. Man darf nicht den normalen Menschen mit Ajatollah Chamenei verwechseln.«

»Pass auf«, sage ich ihm, »wenn wir in Jerusalem sind, trinken wir einen Kaffee und dann logge ich mich mit Tinder in Teheran ein und dann gucken wir uns mal die Mädchen an.«

Er ist einverstanden.

Nach einer Stunde Fahrt sind wir am Ziel. In einer Shopping Mall in der Mamilla Avenue, im Schatten der Altstadt, setzen wir uns in ein Café. Ich erkläre ihm, wie Tinder funktioniert. Er ist begeistert. Ich bin – ohne dass er es weiß – bereits in Teheran eingelogged. Wir gehen alle Mädchen in Ruhe durch. Er kommt aus dem Schwärmen nicht mehr heraus. Dutzende schauen wir uns an und er findet jede toll. Wirklich jede. O. k., mit 60 Jahren hat man auch eine ganz andere Perspektive auf die Dinge bzw. auf die jungen Dinger.

»Und weißt du was«, sage ich zu ihm, »das sind alles Mädchen aus Teheran.«

Er grinst und glaubt das erst einmal nicht. »Sieht so aus, als sollte ich meine Einstellung mal überdenken. Wenn ein Volk so tolle Frauen hat, kann ich mir nur wünschen, dass wir nie Krieg gegeneinander führen. Weißt du, Gott hat wirklich gewollt, dass wir uns treffen. Du hast mir gerade gezeigt, dass ich mit meinen Vorurteilen falschliege. Danke dafür.«

Ich bin wirklich stolz. Ein wunderschönes Kompliment. Kann es sein, dass Tinder es gerade geschafft hat, die Sichtweise eines Menschen auf die Welt zu ändern? Zumindest ein bisschen?

»Komm, ich zeig dir jetzt Jerusalem. Die Klagemauer, Grabeskirche, Al-Aqsa-Moschee, Via Dolorosa.« Statt mit einem Date ziehe ich also mit einem Taxifahrer durch die engen Gassen der Altstadt. Endlich rede ich mal wieder mit einem Mann. Hatte ich schon lange nicht mehr. Höchstens mal mit einem Portier oder einem Barkeeper. Das war es dann auch schon.

Die Straßen sind voll. Viele Soldaten. Viele sehr junge Soldaten auf Schulungsreise. Dazwischen Gläubige. Tausende. Juden, Christen, Katholiken oder Orthodoxe, Muslime. Ein Wahnsinnsgewusel. Erinnert mich an Istanbul. Nur religiöser.

Ich genieße es. Irgendwann stehen wir auf einem Platz mit direktem Blick auf die Klagemauer. Im Hintergrund sind die Kuppeln des Felsendoms und der Al-Aqsa- Moschee zu sehen. Die Sonne scheint. Es sind 24 Grad.

»Soll ich dir Stift und Zettel besorgen, damit du deinen Wunsch in die Mauer stecken kannst?«

Ich bedanke mich, antworte: »Ehrlich, ich bin glücklich, ich habe keine Wünsche. Ich bin dankbar für das Leben, das ich führen darf.«

Er lacht. »Kein Wunder, bei deinen ganzen Dates, die du hast. Geh aber trotzdem runter. Ich warte hier oben auf dich. Links die Männer, rechts die Frauen.«

Schnell passiere ich die Sicherheitsschleusen und dann steh ich direkt vor der Mauer. Ultraorthodoxe beten, es sind Hunderte von Gläubigen, und ich bin der Einzige ohne Kippa, der traditionellen jüdischen Kopfbedeckung. Da steh ich nun auf dem Fleckchen Erde, das mit dem Blut aller Religionen getränkt ist. Seit Jahrtausenden wird um diesen Ort gekämpft. Heute ist es friedlich. Ich versuche, Gott zu spüren, doch da ist nix. Schade. Ich hatte mich auf ein spirituelles Erlebnis gefreut, aber der Herr schweigt. Mein Date mit Gott ist gescheitert. Aber das Wetter ist toll!

Als ich zurückkehre, ist mein Taxifahrer Ben nicht mehr alleine. Neben dem Sechzigjährigen sitzt ein Siebzigjähriger. Michel ist sein Name, ebenfalls Taxifahrer. Die beiden kommen aus der gleichen Stadt, kennen sich seit Jahrzehnten. Er ist mir unheimlich sympathisch. Michel fährt ein Großraumtaxi und hat gerade acht Filipinos an Bord, Seeleute, die er aus Haifa herangekarrt hat und die Jerusalem angucken wollen.

»Was hat er dir abgeknöpft?«, fragt Michel. »600 Schekel? Ich hätte dich für 450 gefahren. Gib ihm 300 und ich fahre dich für 100 zurück. Er wird das Geld sowieso nur ins Bordell tragen.« Michel lacht. Ben lacht. »Und du, du kaufst doch davon eh nur Drogen, statt dich um deine Frau zu kümmern«, sagt Ben. Michel gibt zu, dass er Kiffer ist. Immer vor dem Einschlafen einen Joint. Ein 70-Jähriger. »Beim Fahren bin ich allerdings nüchtern.« Hoffentlich. Die Filipinos kommen von der Klagemauer zurück und unser Tross setzt sich in Bewegung. Zwei alte Taxifahrer, acht Seeleute und ich ziehen durch Jerusalem. Lustige Truppe. Obwohl ich mir meinen Trip anders vorgestellt habe. Nachdem wir alles besichtigt haben, verabschieden wir uns von Michel und den acht Matrosen. Ben fährt mich zurück nach Tel Aviv. Im Taxi versuche ich noch, ein Date für den Abend klarzumachen. Aber da wir Sonntag haben, also im Prinzip Manic Monday, klappt nichts. Wochenanfang ist immer schwer. Muss man nur wissen. Am Ende der Fahrt umarmen wir uns. Ich bedanke mich für den tollen Tag und gebe ihm die 600 Schekel. Keine Angst, liebe Buchhaltung, diese Runde geht auf mich.

Zum Sonnenuntergang sitze ich wieder auf meinem Dach. Diesmal nicht alleine. Ein Ehepaar aus New Jersey ist frisch eingetroffen. Small Talk lenkt mich vom Tindern ab. Dennoch denke ich pausenlos darüber nach. Tel Aviv ist meine letzte Station und mir fehlt schlicht und ergreifend das Ende für mein Buch. Was soll ich nur schreiben? Dass ich am letzten Abend meiner Reise kein Date mehr auf die Reihe bekommen habe? Dass ich ein Versager bin? Vielleicht ruft ja plötzlich Lara aus Leipzig an und sagt, dass sie sich vom Sachsensack getrennt hat und ihr Herz nur noch für mich schlägt? Wäre ein schönes einfaches Ende, aber das Telefon bleibt ruhig. Ich schaue aufs Meer, das die Sonne verschlingt. Die Dunkelheit bricht heran. Das Paar verabschiedet sich und ich bin nicht nur allein, ich bin einsam.
Doch wenn du glaubst, es geht nicht mehr, kommt von irgendwo ein Match daher ... und eine Stunde später sitze ich auf der Terrasse eines Restaurants. Maya hat sich plötzlich gemeldet, die mutige Frau, die mich gestern in der Strandbar angesprochen hat. Ob wir noch einen Israel-Abschiedsdrink nehmen wollen. Klar, wollen wir. Wir verabreden uns im Yassou in der Frishman Street, einem griechischen Lokal mit schrecklicher Livemusik. Wir schauen aufs Meer und trinken griechischen Wein. Wir sind entspannt und reden über internationale Flirtkultur. Die beiden besten Geschichten von Maya:
Als sie in Vietnam ist, tindert sie einen Strandbarbesitzer, mit dem sie gleich am ersten Abend himmlischen Sex hat. Der Typ lässt anschlie-

ßend alles stehen und liegen und begleitet sie danach für drei Wochen kreuz und quer durch das Land. Problem: Er ist nicht der Klügste und irgendwann geht ihr seine Dummheit auf den Geist.
Die zweite Geschichte spielt in Japan. Sie tindert einen US-Marine-Soldaten, der auf Okinawa stationiert ist. Sie sind beide Juden und ihre Großeltern stammen beide aus dem gleichen klitzekleinen rumänischen Dorf. Kein Zufall. Gottes Wille. Sie weichen auf Skype aus und sprechen rumänisch. Dann entfernt er sich unerlaubt von der Truppe, um mit ihr ein Wochenende zu verbringen. Sie sind immer noch in Kontakt, aber Amerika ist weit. Japan auch.

Ich berichte von zahllosen Kindergärtnerinnen, kiefermassierenden Künstlerinnen und Pariserinnen mit Periodenproblemen. Es ist herrlich, die Wahrheit erzählen zu können. Wir haben einen Mordsspaß, lachen viel und lästern über die Menschen, die im Lokal sitzen und sich diese griechisch-jüdische Kitschmusik anhören. Die Frauen nennt sie »cheap«, was ich mit »Tussi« übersetze. Der Laden ist voll mit Tussis. Irgendwann ist es ein Uhr nachts und der Kellner bringt die Rechnung. Ich zücke ängstlich meine Kreditkarte. Natürlich funktioniert sie nicht. EC auch nicht. Euro wollen sie nicht. »Ich übernehme«, sagt Maya, »du machst das mit dem Trinkgeld.« Es ist mir wirklich unangenehm. Doch irgendwann werde ich einen Automaten finden und meine Schulden zurückzahlen.

Wir schlendern durch die verlassenen Straßen, ich habe keine Lust, mich von ihr zu trennen. Der Abend macht Spaß. Ich berichte ihr von meinem Hauptquartier, der Dachterrasse mit Hollywoodschaukel. Da können wir hin, wenn wir am Portier vorbeikommen. Sie findet die Idee gut. Vorher besorgen wir uns noch an einem Nachtkiosk koschere Schokoriegel und eine Flasche Wasser. »O. k.«, sage ich, »wenn wir ins Hotel gehen, sagst du maximal ›guten Abend‹ auf Englisch und folgst mir einfach.« Da ist sie wieder, die Portierparanoia. Ich klingel am Nachtschalter. Der Rezeptionist öffnet und sie macht alles falsch. Statt mir zu folgen, geht sie in die falsche Richtung, und natürlich antwortet sie auch auf Hebräisch, als er sie fragt, ob sie im Hotel wohne. Mann,

Mann, Mann. Schlechte Performance. Aber wir kommen an ihm vorbei. 9. Stock. Hollywoodschaukel. Es ist windig. Kaum haben wir uns niedergelassen, steht ein Securitymann vor uns. Ich zeige ihm meine Zimmerkarte und alles ist gut. Er ist freundlich und fragt uns, ob er uns ein paar Kerzen bringen soll, damit es gemütlicher wird. Das ist ja nett, aber wir lehnen dankend ab. Anschließend bemerke ich zum ersten Mal die Überwachungskameras da oben, die Hollywoodschaukel ist allerdings im toten Winkel. Noch dazu ist es wirklich kalt. »Wir können in mein Zimmer gehen«, sage ich. Sie ist sofort einverstanden. Da liegt sie nun auf meinem Bett und schaut mich mit ihren braunen Augen lange an. Mal im Ernst, damit habe ich nicht gerechnet, ich dachte, es wird ein Ausklangabend, aber so, wie es aussieht, werden wir doch etwas länger wach sein. Ich bin mir irgendwie unsicher, ich kann nicht glauben, dass die Frau, der ich alles über mich erzählt habe, tatsächlich den Weg in Zimmer 305 gefunden hat. Ich bin etwas gehemmt. Nach wenigen Minuten sagt sie: »Gott, bist du schüchtern. Kannst du mich jetzt bitte endlich mal küssen oder soll ich noch die ganze Nacht warten?«

Verflucht. Ich? Schüchtern? Das lasse ich mir nicht zweimal sagen. Wir küssen uns. Wir küssen uns verdammt lange. So ungefähr die ganze Nacht. Das ist nicht nur Sex, es ist verdammt toller Sex und nicht nur, weil ich dieses Gefühl schon lange nicht mehr erlebt habe. Irgendwann um sechs Uhr früh schlafen wir ein. Ich träume davon, wie der Portier einen tierischen Terz macht und einen Aufpreis verlangt, weil eine »hotelfremde« Person bei mir übernachtet hat. – Portierparanoia. Um acht Uhr verlässt mich Maya. Sie muss zur Arbeit. Sie ist für das internationale Marketing einer großen israelischen Softwareschmiede verantwortlich. Wir umarmen uns im Bett und ich gebe ihr im Halbschlaf noch mal sinnlose »So gehe ich am Portier vorbei, ohne aufzufallen«-Anweisungen. Dann schlafe ich wieder ein.

Um zehn Uhr weckt sie mich. »Ich habe mein Portemonnaie vergessen. Kann ich es in einer Stunde abholen?« Klar. Dusche, Koffer packen. Müde. Um elf Uhr steht sie vor dem Hotel. Die Arbeit hat sie dann mal auf den Nachmittag verschoben. So was geht als Führungskraft in Israel. Find ich gut.

Kurz darauf sitzen wir am Strand von Tel Aviv in einer kleinen Bar. Ich Cappuccino, sie Orangensaft. Wir kuscheln und knutschen wie die Teenager, während wir da auf dem wetterfesten Sofa chillen. Uns geht es gut. Es ist elf Uhr, wir haben 24 Grad, die Sonne scheint. Der Himmel ist strahlend blau.

»Ist das jetzt ein Happy End?«, frage ich sie, und sie lacht.

»In zweierlei Hinsicht ist das ein Happy End«, sagt sie grinsend. »Ich finde, du solltest ganz am Ende deines Buches schreiben, dass die Wahrheit immer gewinnt. Ich war die einzige Frau, die du nicht angelogen hast während deiner Europareise, und wenn ich dir glauben darf, war ich die Einzige, die mit dir geschlafen hat. Und das, obwohl ich wusste, dass du ein Buch darüber schreibst. Aber ich hatte einfach Lust dazu. Ich mag dich sehr gerne.«

Ich wundere mich selber ein bisschen über die seltsamen Wendungen der letzten 14 Stunden. Noch am Abend zuvor saß ich auf meinem Hoteldach und fühlte mich wie ein Möchtegernschriftsteller mit kolossaler Schreibblockade. Und dann diese Überraschung auf den letzten Metern, wie so häufig während meiner Trips. ... Und wenn du glaubst, es geht nicht mehr, kommt von irgendwo ein Match daher. So war es in Baden-Württemberg, in Paris, in Stockholm.

Eine Kunstfliegerstaffel der israelischen Armee dreht über uns ihre Pirouetten. Direkt am Strand. 15 bis 20 Meter über unseren Köpfen. »Die üben für die Feierlichkeiten zum Unabhängigkeitstag«, erklärt sie. Ich springe auf und filme die Viererformation, die über uns hinwegdonnert. Super Strandentertainment.

Kurz nachdem ich mich wieder gesetzt habe, bimmelt mein Telefon. Erika, die Hebamme aus Wien. Mein Milchkaffee-Tinder-Date, samstags bei Regen am Stephansdom, meldet sich per WhatsApp: *Täusch ich mich oder habe ich dich gerade gesehen?? Bist du in Tel Aviv??*

Ich schreibe ihr zurück: *JA* ☺ ☺

30 Sekunden später steht sie vor mir. Sie trägt ein hautenges, grauschwarzes Beachkleid und sieht wirklich toll aus. Sie strahlt. Die gekräuselten Locken sind zum Zopf gebunden. Die braunen Augen lachen.

All das, was ich bisher vermeiden konnte, passiert am Strand von Tel Aviv kurz vor Ende meiner Mission: Mein Tinder-Date trifft mein Tinder-Date. Wien meets Tel Aviv.

Die Österreicherin sitzt nur ein paar Tische weiter und hat zufällig gesehen, wie ich die Flieger gefilmt habe.
Ich freu mich, sie wiederzusehen, wie sie da vor mir steht und strahlt, obwohl es mir auch ein bisschen unangenehm ist. Wie ein Schuljunge, der beim Schummeln erwischt wurde.
Ich mache die beiden miteinander bekannt. Was bleibt mir auch anderes übrig. Erika erzählt, sie sei erst gestern angekommen, gemeinsam mit einer Freundin will sie Party machen in Tel Aviv, ans Tote Meer fahren und Jerusalem besuchen, was man halt so macht in Israel. Nach fünf Minuten freundschaftlichem Geplauder geht sie wieder und wünscht mir einen guten Flug, ich ihr viel Spaß auf dem Rothschild Boulevard.

»Die war ja hübsch«, sagt Maya, »wer war das?«
Ich gestehe, dass das eines meiner Tinder-Dates aus Wien war. Was soll ich auch noch um den heißen Brei herumreden.
»Und was habt ihr gemacht?«
»Kaffee getrunken«, schwöre ich, »mehr nicht, dann musste sie zur Arbeit. Und ich zu meinem nächsten Date«, gebe ich nach einigem Zögern grinsend zu. »Komm, ich zeige dir unseren Dialog auf Tinder.« Ich öffne die App, aber ich finde Erika nicht mehr.

Ich schreibe Erika eine WhatsApp, obwohl sie nur 15 Meter entfernt sitzt: *Ey, du hast mich auf Tinder gelöscht, Erika!* ☺
30 Sekunden später antwortet Sie: *Ich habe MICH gelöscht. Einfach nicht meine Plattform.*

Ich würde ja behaupten dass dieses Wiedersehen mit Erika Zufall war, aber ich habe in Israel gelernt, dass es keine Zufälle gibt. Solche Zusammentreffen sind unumstößlich gottgewollt. Langsam fange ich an, daran zu glauben. Vielleicht sollten es der Herr und ich tatsächlich noch einmal miteinander versuchen?

»Ich glaube, Gott würde es auch ganz gut finden, wenn ich dich jetzt zum Flughafen bringe«, sagt Maya. »Die 250 Schekel kannst du sinnvoller ausgeben als für ein Taxi und außerdem wird deine Kreditkarte sowieso wieder nicht funktionieren.«

Natürlich nehme ich ihr Angebot an. Ich checke aus dem Savoy aus. Nein, ich muss keinen Aufpreis zahlen. Ich bedanke mich noch mal für die schönen Sonnenuntergänge, die ich in meinem Hauptquartier in der Hollywoodschaukel auf dem Hoteldach genießen durfte. Anschließend wuchte ich meinen Koffer in den silbernen Subaru von Maya. Eine halbe Stunde später sind wir am Flughafen Ben Gurion.
Sie nimmt mein Telefon und tippt ihre Nummer ein. »Wenn du Schwierigkeiten mit der Security hast, dann ruf einfach an, ich rede dann mit denen.«
Wir schauen uns in die Augen, umarmen und küssen uns. Wir versprechen, uns wiederzusehen. Am besten in Israel. Und dann gehen wir gemeinsam nach Yad Vashem, in die Holocaust Gedenkstätte. Die Israelin und der Deutsche. Versprochen. So hatten wir es uns noch in der Nacht versprochen.
Manchmal schreibt das Leben schon schöne Geschichten. Wieso habe ich ihr eigentlich bei unserem ersten Treffen in diesem Strandrestaurant die Wahrheit erzählt, frage ich mich. Klar, weil Gott es so wollte. Weiß ich ja mittlerweile, aber es stimmt einfach: Ehrlich währt am längsten. Und der Beweis dafür sitzt angeschnallt neben mir am Steuer und lächelt.
Ein letzter Abschiedskuss, bevor ich gefühlte tausend Mal meinen Pass an der Security zeigen muss. »Weißt du, wofür ich dir dankbar bin?«, sagt sie als Letztes. »Dass ich die Einzige bin, zu der du ehrlich warst, und wir vielleicht auch deshalb miteinander geschlafen haben. Schön, dass wir den Moment gelebt haben. Aber was wäre bloß passiert, wenn du allen Frauen die Wahrheit erzählt hättest?«

Ja, was wäre bloß passiert, wenn ich allen die Wahrheit gesagt hätte? Dieses Kopfkino begleitet mich auf meinem gesamten Rückflug.

Nachwort

Nachdem ich wieder in Berlin gelandet bin, rufe ich Ebru an. Ich gestehe ihr, dass ich sie bei unserem Sonnenuntergangsabend angelogen habe.

Sie: »Du bist verheiratet?«

Ich: »Nein!«

Sie: »Du hast Kinder.«

Ich: »Nein, ich ...«

Sie: »Du bist schwul.«

Wir lachen.

Ich: »Nein, ich habe mich nie mit türkischen Journalisten getroffen.«

Sie: »Nein? Was hast du dann gemacht?«

Ich: »Ich schreibe ein Buch über Tinder.«

Sie: »Wie? Ich komme in deinem Buch vor? Das ist ja toll!«

Ich: »Ernsthaft?«

Sie: »Wenn ich gut wegkomme?«

Ich: »Wir hatten einen tollen Abend, auch wenn wir den ganzen Abend nur an der Bar saßen. Darüber musst du dir überhaupt keine Gedanken machen.«

Sie: »Deinetwegen war ich betrunken.«

Ich: »Du hast die zwei Mai Tai bestellt.«

Sie: »Aber du die Runde danach. Du kannst übrigens echt von Glück sagen, dass du mich jetzt anrufst. In zwei Tagen treffe ich deine angeblichen Zeitungsfreunde. Das hätte mich schon ganz schön dumm aussehen lassen, wenn ich von dir erzählt hätte.«

Ich: »Vergibst du mir?«

Sie: »Ich vergebe dir. Du kannst das in Istanbul mit einem Abendessen wiedergutmachen.«

Ich: »Bist du Mitte Mai da?«
Sie: »Definitiv.«

Nachdem wir aufgelegt haben, führe ich noch zwei Telefonate. Eines mit meinem Reisebüro und eines mit Bahar, auch einer neuen Freundin von mir. Sie besitzt ein Hotel nahe der Blauen Moschee. Ich habe bei ihr noch ein Versprechen einzulösen ...

Danksagung

Ich bedanke mich bei Johanna Michels, Serran Ciftci, Esra Ergün, Laura Schlüter, Kathi Bösenecker, Carline Mohr und Anne Pauly für ihre Unterstützung und ihre weibliche Sicht auf die Dinge, bei Moritz für den wunderbaren Austausch von Tinder-Anekdoten. Bei Sarah Schöbel für ihre Geduld. Bei Julian Reichelt, Martin Brand, Daniel Böcking, Kay Fischer, Jan Wachtel und Stephan Pallmann.
Dank an BCD Travel für die Flugbuchungen und die Hotelauswahl. Danke an Knuth Lampe und Carsten Spengemann (!) für das erste Lektorat, an Daniela Krüger für ihre Tinder-Anekdoten und für ihre große Sehnsucht nach der ewigen Liebe. Ich bedanke mich für ihre redaktionelle und grafische Betreuung und Umsetzung bei: Bettina Kochheim, Sandra Spieker, Katrin Cremer, Philip Blencke, Dirk Aschhoff und Daniel Opderbeck. Dank, Felix Seidel, für die juristische Beratung. Dank an Mark Schilkowski, DJ Sammy und Sven, die dafür gesorgt haben, dass ich während des Schreibens dieses Buches immer ausreichend Wasser zu trinken hatte.
Zuletzt möchte ich mich beim riva Verlag dafür bedanken, dass er mit Hartnäckigkeit so lange nachgehakt hat, bis aus der Serie ein Buch wurde. Danke für den Glauben an den Erfolg dieses Buches!

Palma de Mallorca, im Mai 2015